图书馆管理与阅读服务创新

李永钢　张海静　王　力　主编

中国纺织出版社

图书在版编目（CIP）数据

图书馆管理与阅读服务创新 / 李永钢，张海静，王力主编．-- 北京：中国纺织出版社，2017.11

ISBN 978-7-5180-3412-3

Ⅰ．①图… Ⅱ．①李… ②张… ③王… Ⅲ．①图书馆管理②图书馆服务 Ⅳ．① G25

中国版本图书馆 CIP 数据核字 (2017) 第 053580 号

策划编辑： 汤　浩　　**责任编辑：** 汤　浩

责任设计： 林昕瑶　　**责任印制：** 储志伟

中国纺织出版社出版发行

地　　址： 北京市朝阳区百子湾东里 A407 号楼　**邮政编码：** 100124

销售电话： 010-67004422　**传真：** 010-87155801

http: //www . c-textilep. com

E-mail: faxing@c-textilep. com

中国纺织出版社天猫旗舰店

官方微博 http：//weibo. com/2119887771

虎彩印艺股份有限公司印刷　各地新华书店经销

2017 年 11 月第 1 版第 1 次印刷

开　　本： 787× 1092　1/16　**印张：** 16.75

字　　数： 265 千字　**定价：** 62.00 元

前　　言

图书馆在人类文明的传承中发挥了极其重要的作用，以我国古代的藏书阁和藏书楼为例，与国家的藏书机构相互结合，众多经史典籍都能在其中找到抄本。其后的近现代图书馆引进了国外图书馆的相关模式与内容，使得我国的图书馆与世界接轨，信息量更大，功用更全面，服务范围也更广泛。

然而，随着时代的变迁，社会的进步，信息传播方式的改变以及人们阅读习惯的改变，无形之中弱化了图书馆的传统作用。很多人已经很久没有去过图书馆。新形势下，我们需要结合互联网时代的信息传播与存储方式，以更好地发挥图书馆的原有功能，拓展适应新环境的新功能。

改革开放以来，我国为全面提高全民素质，让社会更加和谐文明，连续出台多种政策法规，制定实施细则，让图书馆建设从高校到小学，从城市到农村都有法可依、有章可循，稳中有进地开展图书馆的普及工作。经过多年的不懈努力，我国图书馆建设的数量与质量显著提高，社区图书馆、乡村图书馆的出现更是让图书馆走下神坛，进入到千家万户中去，让图书馆在人们的生活中更加可感可知，可以有效使用。

本书从图书馆的前世今生，从图书管理、图书管理员素质提升，图书馆相关政策与立法，以及未来图书馆的发展与研究等方面作深入浅出的探讨，希望能起到抛砖引玉的作用，让更多人关注我国的图书馆工作。

目　录

第一章　图书馆发展的历程……………………………………………………1

第一节　图书馆的起源与发展……………………………………………………1

第二节　近现代图书馆的发展轨迹 ……………………………………………15

第三节　图书馆文化及其功能性介绍 …………………………………………38

第四节　图书馆在人类发展史上的价值…………………………………………44

第五节　从图书馆事业发展看我国文化事业的发展现状 ……………………48

第二章　图书馆现状分析与评价 ……………………………………………52

第一节　图书馆建设事业获得迅速发展…………………………………………52

第二节　图书馆现代化建设获得历史性突破 …………………………………66

第三节　图书馆学与多学科交叉的现状分析研究 ……………………………70

第四节　文献信息服务出现新面貌 ……………………………………………75

第五节　从国家历次“五年规划”看我国图书馆事业的重要性…………81

第三章　图书馆的管理与服务…………………………………………………87

第一节　图书的管理制度 ………………………………………………………87

第二节　图书馆员发展的职业化…………………………………………………98

第三节　图书馆服务新理念 …………………………………………………115

第四节　读者的阅读需求与管理服务 …………………………………… 119
第五节　图书管理员职业化建设的思考…………………………………… 138

第四章　图书馆的法制建设……………………………………………… 142

第一节　图书馆立法 ……………………………………………………… 142
第二节　图书馆立法中的问题及解决方法 ……………………………… 150
第三节　图书馆法制建设和业务规范初见成效………………………… 168

第五章　图书馆发展存在的问题与对策………………………………… 172

第一节　图书馆发展存在的问题………………………………………… 172
第二节　图书馆服务文化建设存在的问题及对策 ……………………… 175
第三节　图书馆可持续发展的对策性研究 ……………………………… 180
第四节　城镇化进程中我国图书馆事业的发展………………………… 191

第六章　图书馆的发展未来……………………………………………… 198

第一节　图书馆面临的挑战 ……………………………………………… 198
第二节　传统图书馆与数字图书馆的互融共促作用 …………………… 207
第三节　数字图书馆是图书馆发展的主流方向………………………… 219
第四节　图书馆的发展呈多维状态 ……………………………………… 240
第五节　图书馆未来发展的趋势………………………………………… 249

第一章　图书馆发展的历程

第一节　图书馆的起源与发展

图书馆是整理、保存、传播文献并提供利用的科学、文化、教育机构。它的产生和出现是以文字的产生为前提的。在我国，它经历了漫长的“封建藏书楼”时期，发展至今已有数千年的历史。图书馆起源于奴隶社会，成熟于封建社会，那时文献流通量小，重藏轻用，是农业文明的产物。近代图书馆是工业文明的产物，对文献藏用并重。现代图书馆是信息时代的产物，是全面开放的信息系统。未来的图书馆将是无纸社会的产物，是没有围墙的图书馆。图书馆的存在形态必须与社会发展相适应，在社会变革的挑战面前，图书馆只有与时俱进，才能求得生存与发展。

一、图书馆发展历程

在我国古代封建社会，“图书馆”主要是典籍收藏的一个场所。封建社会的藏书楼是从战国直至清代末叶，中国长期的封建社会中央集权制的巩固，促进了官府藏书体系的形成、发展和兴盛。写本书的盛行和印刷术的推广，学术文化的繁荣，促使私家藏书连绵不绝。宗教的传播，为佛寺、道观藏书提供了有利条件。书院的创立和发展，促成了书院藏书系统的建立。

当时，我国古代的图书馆大体可以分为四个体系，即官府藏书、书院藏书、私人藏书和寺观藏书。用于收藏典籍的图书馆几乎贯穿着我们整个封建社会的历程。它的主要特点是以藏为主，图书馆文献仅为少数人利用，所以人们普遍称这个时期的图书馆为藏书楼。可见古代图书馆以收藏和保存图书为主，基本上属于宫廷和神学的附属品。

根据文献和考古来看，我国的官方藏书早在夏朝就已出现。关于图书的起源，《易·系辞上》说："河出图，洛出书"，可见在周代以前就有了藏书之举。商王朝从商汤开始就有典籍记载了推翻夏王朝的历史，并设有史官负责收藏商王的言行、前朝的文献和刻辞甲骨。其中刻辞甲骨是今人所见最丰富的原始文献，主要有干支表，记事刻辞和卜辞。甲骨卜辞更可视为一部编年体的商代百科全书，记载占卜与应验情况，是统治者寻求神权统治的依据，文献多贮藏于宗庙"龟室"中。

我国图书馆起源于周朝，周代除王室有收藏文献的库室外，各诸侯国也有本国的文献库室。另外，周朝设有专门收藏典籍的机构"盟府"，并配下史一职进行管理。

《史记》记载，老子曾任周朝的"收藏室之史"。班固在《汉书·艺文志》也说，老子做柱下史，博览古今典籍。随后，从春秋到战国，我国由奴隶社会向封建社会过渡。由于"士"阶层的出现和壮大，出现了中国历史上第一个文化大发展、学术大繁荣的时期：诸子蜂起，百家争鸣。同时社会上开始流行以竹木和绵帛为载体的文献，更加方便了社会信息的记载和传播。藏书事业也由官府著述、垄断藏书发展到公私并存，官府与知识分子俱有。这时出现了许多著名的藏书家，如孔子、老子、墨子、庄子、荀子、韩非子等。他们收藏书籍用于著书立说，即出现了私家藏书这种新形式。秦始皇统一中国后，已经有大量藏书，又将周朝与诸侯六国的藏书集中起来，使秦朝藏书大大增加。但战国时的语言文字多是"言语异声，文字异形"，并且没有文献记载秦进行过有目的地整理。而是采纳了李斯的建议，颁布了"挟书律"，推行愚民政策，焚毁民间藏书，于是一场规模空前的"焚书"活动开始了，许多重要的先秦文献古籍付之一炬。民间藏书保留三种：一是记载秦国历史的秦记，二是由于职务需要，秦博士个人自藏的书籍，三是官府所藏的医药、卜筮、种树之书。但到秦末，楚霸王项羽入关火焚秦宫，秦代官府藏书也损失重大。秦始皇焚书坑儒，使藏书遭到一次毁灭性的洗劫。西汉王朝建立后，实施扶植文化的措施，并用法规的形式加以确定，完成了向封建大帝国的转型。西汉政府重视图书事业。西汉初，相国萧何在未央宫正殿北面盖了三座藏书阁，其中石渠阁和天禄阁后来成了皇家藏书馆的别称。汉武帝时，第一次由政府下令在全国征集图书，广开献书之路，同时组织人员抄写，定出标准本收藏，在宫内建立了颇具规模的收藏图书的馆舍，“建藏书之策，置写书之官，下等诸子传说，皆充秘府。”其中“秘府”又称“秘阁”，就是皇家藏书馆的名称。到了东汉有了专门的“书市”，人们能够方便地买到要看的书籍。汉代的刘向、刘歆父子更是以藏书、校书显世。汉代，奠定了我国皇家图书馆的基础，中国古代藏书事业从此走上了持续发展的历史轨道。

秦汉以后，图书馆工作逐渐与档案管理和史官职责相分离，开始走上独立发展的道路。汉代造纸术的发明与改进，为纸质文献的产生提供了条件。

竹木简是秦汉时期最主要的书写材料，将字刻在竹或者木削后的片上。竹木简最大的缺点就是比较重，刻字很麻烦，根据史料记载，秦朝时期，秦始皇每天批阅奏章就达到100多斤。竹木简的长度不一，用途也各有不同。长简一般是用来书写国家的法律法规，抄写各种经书。由于其较长的特点，因此被称为“大册”或者是“典”。而短的木简则用来写传记等，字数多少没有定数，少的可以一两个，多的达到几十个。秦朝时期对简的长度相比于汉朝较严格，秦朝对竹木简的大量使用比较常见。

帛书出现时间相对竹木简晚，但是在使用时间上却是同时的。帛相比竹木简最大的优点是书写简单，重量轻。但是帛由于其比较贵重，因此在秦汉时期，帛书和竹木简并行使用，帛书并没有代替竹木简。帛书的长短是比较随意的，可以根据内容大小随意改变。

石刻书籍形式。秦汉时期出现了石刻文字，石鼓文发起，使得秦汉时期的石刻比较兴盛。秦始皇巡游时，经常在石头上刻字，当年的琅琊山石刻依然存在。而汉朝时期的石刻最早兴起于鲁孝王的“五凤石刻”。其后出现了石碑刻字，用来颂扬死去的人，或者用来赞扬某大型劳动工程。直到东汉灵帝时期，石刻书籍出现，它是书法家把经书抄写在石碑上，这种工作主要由专门的木匠完成。石刻书籍促进了雕刻印刷术的产生。

纸本书籍形式。西汉以前的帛书和竹木简都存在各种缺点，直到西汉宣帝时期，发明了麻纸。此时麻纸比较粗糙。东汉中期蔡伦发明蔡侯纸，促进了我国造纸术的产生。蔡侯纸价格低，容易书写，作为我国四大发明之一的造纸术的产生，促进人类文明的发展。

三国魏晋南北朝由于战争频仍，无论是各国的官府藏书，还是私人藏书，都历经几度积累、破坏和恢复，但图书馆总体仍呈现曲折上升的趋势。隋唐之际，魏征、虞世南、颜师古相继出任秘书省官员，广购天下图书，并选拔书法好的人抄书，然后收藏于秘书省内。玄宗也特地修建书院，专门抄校书籍。还聘用女子管理员，在长安就抄写了5100多卷书，并且把这些书装饰得非常考究：玉轴牙签，肖锦飘带，不同种类着不同颜色。

宋代太宗建立崇文院，专作藏书之地，后来又另设书库，叫秘书阁。当时著名的个人藏书家宋敏求藏书三万卷，让别人借阅，与现在的阅览室差不多。

元朝，专门收藏书籍的图书馆，先有宏文院，后有艺林库。至明清两代，国家藏书得到空前发展，明朝宫廷建有文渊阁。我国最大的类书，世界上第一部大百科全书——《永乐大典》，在明迁都北京时搬到文楼。

清朝的藏书处所之多，拥有图书之丰富，都远远超过以往任何朝代。有名的国家图书机构，北京有文渊阁、文源阁，承德有文津阁，沈阳有文溯阁，镇江有文宗阁，扬州有文汇阁，杭州有文澜阁等。《四库全书》被抄写成七份，分别收藏在这些阁中。我国古代的图书馆，大都用亭、台、楼、阁、斋、堂、轩、居、室、庵之类作名称，其中尤以阁、室、院、馆为多。不过，这些藏书并不会对外公开，一般的老百姓是读不到的。

1. 商、周时期图书馆的发展

图书馆在我国起源较早，早在商周时期，就有图书馆的存在。当然，那时的图书馆与我们现在的多功能图书馆功能差异较大，完全是两个概念。彼时，图书馆主要用来收藏典籍，图书馆的使用功能极其小，只有特定的人群才能用得上。

典籍收藏的起源，中国文字起源很早，文字的创制为典籍的出现准备了条件。河南安阳小屯村殷墟出土的大量甲骨文，是具有严密文字规律的古代文字。公元前11至前8世纪，处于奴隶制社会的商、周王朝，已有担任文化事务的史官和宗教事务的卜、贞人。他们把占卜时间、占卜者姓名、占卜的结果等卜辞刻于甲骨上，形成早期的文献。《尚书》载“惟尔知，惟殷先人，有典有册”，考古发掘和文献记载都说明商代已有记录史事的典、册。

既有文献，且有专门史官管理。史官对这些文献进行有目的的收集、积累、整理和储藏，是古代典籍收藏的雏形。

西周至春秋时期，史官增多，有专司文件起草与发布，典籍管理与提供检阅利用的史官。史载老子为周守藏室之史，各诸侯国亦有史官专门记言记事。官守其书。先秦文献记载有策府、天府、盟府以及室、周室、藏室等称呼，可能是分别收藏文献的处所，并由史官管理。史官对典籍产生、收藏、传播和利用起着重要的作用。战国以前的这种藏书室就是中国图书馆的起源。

2. 秦、汉、魏晋、南北朝时期图书馆的发展

秦朝结束了纷乱的战国时代，对中国实现了大一统，秦始皇在统一了度量衡的基础上，对相关的典籍也进行了统一。简册、帛书盛行时期的官私藏书秦汉的宫廷中都设置专门官吏管理图书典籍。秦末焚书，先秦图书遭受损失。汉初，宫廷中建造专门楼阁贮藏书籍，如天禄阁、麒麟阁、石渠阁。汉武帝建藏书之策、置写书之官，宫廷藏书初具规模。西汉末，朝廷中外有太常、太史、博士之藏，内有延阁、广内、秘室之府，初步建立起宫廷藏书与官署藏书。刘向等整理官府藏书，使藏书制度逐步完善。西汉末，藏书散失，但东汉之兰台、东观仍为朝廷中重要藏书和校书的机构。恒帝延熹二年（159 年）朝廷设置秘书监，官府藏书开始有专门机构进行管理。私家藏书在战国时出现，但当时藏书家不多，藏书数量不大。两汉私人得书较易，学术研究和文化交流又需要自备藏书，私家藏书逐步增多。宗室刘德、刘安和学者扬雄、马融、蔡邕都有藏书，有的达数千卷。

三国以后，图书以纸写本为主，书用纸卷写作，制作方法简便，利于流传，图书数量激增，从而全面促进各种藏书处所的建立。三国两晋间，于秘书省下设秘书监，主管艺文图籍和著述、编纂，官府藏书迅速发展。晋之东观、仁寿阁，南朝宋之聪明馆、齐之学士馆、梁之文德殿，以及北朝北齐之仁寿阁、文林阁，后周之麟趾殿，都富有藏书。秘书监官吏众多、分工明确，不断进行官府藏书的整理、编目，积累了历代著作并收集当时行世的重要著述，还利用藏书培养宗室子弟和新进士子，官府藏书成为朝廷重要文化学术机构。官吏和文士皆以藏书相尚，晋朝张华有书 30 乘（车），连官府也向他借抄。梁朝沈约有书 2 万卷。梁朝任昉藏书万卷，多异本，可补官府藏

书之不足。佛教藏书因佛教的流行和道教的兴盛得以发展，佛教寺院既是译经、传经之地，也是佛教典籍收藏之所。两晋、南北朝寺院林立，藏经甚多，梁代宫廷中有华林园藏佛典，编成《华林殿众经目录》，著录佛经3700卷。定林寺编成《定林寺经藏目录》。道教典籍在逐步积累中也形成专藏。但按道教教规，典籍一般不广泛流传，只秘藏道教宫、观中。南朝刘宋的崇虚馆通仙台、齐的兴世馆、梁的华阳上下馆、北朝北周的玄都观、通道观等都富有藏书。

3. 隋唐时期图书馆的发展

隋唐是中国藏书事业发达的时期。隋唐图书编纂与著述的兴盛，文化学术的繁荣，促使公私藏书空前兴盛。隋代秘阁藏书各写若干副本，以书轴装潢不同颜色区分等级，两京各有藏书多处，西京长安的嘉则殿、东都洛阳的观文殿，在藏书数量，书库装饰，管理秩序上都名噪一时。唐代官府藏书设置更多，如弘文馆、史馆、集贤书院，都是规模很大的藏书机构。各处均分设专门官员，由秘书省组织图书的收集、整理、抄录、入藏事务。唐代官府藏书在提供朝廷政事参考、编纂史书、校勘经典、培养宗室子弟与新选进士等工作中，都起过重大的作用。安史之乱，唐代官私藏书多有损失。唐末五代时，藏书又有继续发展。隋唐时期，私家藏书多集中于京都等大城市及四川、江南等地，如李泌藏书称插架3万轴。有些藏书家开馆供四方人士阅读。私家藏书在社会上产生了比较广泛的影响。隋唐时，宗教藏书更趋兴盛。唐时长安有大兴善寺，洛阳有上林园设立译场，翻译佛教经典。玄奘回国带回佛典，于长安大慈恩寺译经，长安大慈恩寺、弘福寺等都有大量佛典收藏，封建统治者采取统一译经、抄写，分送各地寺院收藏的办法，使全国各地寺院大量收藏佛典。佛教僧侣还编制佛经目录。道教典籍的积累和收藏在唐代最为丰富。官府组织编纂与抄录，分送各地宫观，逐步形成唐代道教的藏书体系。

4. 宋元时期图书馆的发展

印本书时期的官私藏书和书院藏书。唐初，雕版印刷术发明后，逐步推广于民间。五代以后，印本书兴盛。从宋代至清末，出现各种印刷方法，图书生产和流通趋向专业化，官刻、私刻、坊刻系统形成，是中国古代藏书体系走向全面发展的重要时期。宋初在收集五代十国官府藏书基础上建立了庞大的官府藏书体系。公元978年，崇文院建成。崇文院东廊为昭文书库、南廊为集贤书院、西廊为史馆书库，分经、史、子、集4库。又抽取珍善藏本别建秘阁。宫廷中还建有太清楼、龙图阁、玉宸殿、四门殿等藏书处所。专藏历代皇帝御笔文集、真迹、书画。北宋末，藏书多有散失，南宋在临安(今杭州)建秘书省，收藏和整理图书，并有补写所从事书籍抄写。此外，各地诸州学也建阁藏书。辽道宗时，有乾元阁。金章宗时，有宏文院。元代统一中国后亦广事收罗，元文宗时，有艺林库，皆以书籍积累众多闻名。宋以后，私家藏书遍于各地。北宋著名文学家、史学家皆以藏书辅助写作活动。如江正、李昉、宋敏求、王钦臣等。司马光藏书注意保护，传为佳话。李公择置书于庐山僧舍，可供众人阅读。蜀之晁公武，浙之陆游，闽之郑樵，江南之尤袤、陈振孙、周密等，皆是著名藏书家。由于藏书版本增多，数量剧增，私家藏书目录相继编制和流传，部分藏书家藏书公开，亦有利于文化交流与学术发展。和官府、私家藏书相互辉映的还有书院藏书。书院是宋元时兼有讲学、研究、进修诸种职能的文化教育机构。宋代如白鹿书院、岳麓书院、睢阳书院、嵩阳书院皆备有书籍，供学者和生徒使用。书院藏书的来源，有朝廷赐送、私人赠送、书院自行购置等。藏书有专门楼库收藏，并有专门人员管理。藏书利用甚为普遍，在各种藏书类型中独树一帜，特别在书院教学、著述和研究活动中发挥了巨大的辅助作用。

5. 明清时期图书馆的发展

明清两代是古代藏书事业最为繁荣的时期。明初，明太祖朱元璋收集元朝遗留图书，置于文渊阁。明成祖朱棣编纂《永乐大典》时，广泛利用文渊阁藏书。

1407年，《永乐大典》编成，入藏于文渊阁，后迁至北京。明代中期，整理文渊阁书籍并编制目录。嘉靖时还建造了皇史宬，建筑全部是石头结构，收藏皇帝事迹、实录、宝训、玉牒于金匮中，取“金匮石室”之意，至今无损。宫廷中亦设置多处藏书楼阁。此外，国子监等官署亦编书、印书、藏书。各地州县学亦积累藏书，成为地方性官府藏书。清立国后，除保留文渊阁藏书外，还建立了多处藏书楼阁。乾隆帝弘历在编成《四库全书》后，分别抄写7部，并建楼收藏，其中江南三阁供士子借读，可视为公共藏书楼(见四库七阁)。此外，宫廷中有养心殿的“宛委别藏”，还有五经萃室、紫光阁、南薰殿、味腴书屋等处收藏图书。刻书处武英殿，官署的翰林院都有藏书，形成了庞大的官府藏书体系。

1776年，设立文渊阁职官，有领阁事、直阁事、校理、校阅等官吏，直接管理整个官府藏书的工作。在近代频繁的战乱中，清代各处官府藏书楼，都遭受不同程度的损失，四库七阁中的文宗、文汇、文源等阁彻底被焚毁。明清时期，私家藏书在社会生活中产生巨大影响。明初，私家藏书继承元代私家藏书的遗风，并略有发展，如明宗室和诸大臣均富有藏书。明代中期后，江南藏书家唐顺之、王世贞、刘凤、钱谷、沈节甫、茅坤均名著一时，特别是嘉兴项元汴的天籁阁，鄞县（今浙江宁波市）范钦的天一阁均为较大藏书楼。万历以后赵琦美的脉望馆、毛晋的汲古阁、祁承㸁的澹生堂和陈第的世善堂、徐（火+勃）的红雨楼等，在私家藏书中又属佼佼者。明末清初，江浙继起的藏书楼有钱谦益的绛云楼、黄虞稷的千顷堂、徐乾学的传是楼、曹溶的倦圃、朱彝尊的曝书亭，皆名重一时，尤以黄宗羲之续抄堂，其抄书目的和藏书利用为时人所称道。

清乾嘉年间，学术研究的繁荣，促使私家藏书楼遍及各地，并出现嗜书成癖的收藏家，专收宋元版本的鉴赏家，从事书籍校勘整理的校雠家，黄丕烈、周仲涟、顾之逵、吴又恺被称为乾嘉四大藏书家。鲍廷博、卢文弨、顾广圻、孙星衍、张金吾等亦以藏书、校勘、刻书闻名于世。鸦片战争以后，各地藏书之风仍然兴盛，如钱塘丁氏八千卷楼、常熟瞿氏铁琴铜剑楼、聊城杨氏海源阁、归安陆氏皕宋楼，被称为清末四大藏书楼。至于苏州潘氏宝礼堂、江阴缪氏艺风堂，以及海盐张元济、江安傅增湘、德化李盛铎、武进董康、长沙叶德辉、吴兴刘承干（见嘉业堂）等，都在藏书家中占有重要地位。明代以后，各地书院继续发展，全国书院达1300多所，书院由政府控制，其作用由讲学发展而至考课。书院藏书不仅为山长教学所必需，而且可供生徒学习参考，故普遍建成藏书楼，藏书数量和管理方法更趋完善。清代书院更为发达，成为讲学、研究、著述兼备的学术研究和教育、文化机构。藏书来源更为多样，书籍内容广泛，藏书楼有专门管理人员，兼制定管理条例与规则，成为书院重要辅助部分。

1901年，清廷诏令各省省城书院改为高等学堂，各府厅书院改设中学堂，州县书院改设小学堂。书院藏书成为各地中小学校图书馆藏书的重要来源。

当然，这些所有的图书馆具有浓厚的封建社会氛围，就算是较为发达的明清阶段，其图书馆的主要功能仍是进行典籍收藏，而且功能性、目的性甚是单一，与近现代的图书馆大相径庭，完全是两个概念。

二、对图书馆的认识

通过我们古代一直到今天的图书馆发展历程，我们可以对图书馆有一个全面的认识。

很早以来，国内就有学者对图书馆发展及其规律进行研究。但是，这方面的研究多数都是针对某个阶段所做的，全面系统性的研究不够。在图书馆发展阶段的划分上，存在标准模糊和结果相异的问题，主要表现在对近代图书馆、现代图书馆和后现代图书馆三个时期的划分上。另外，缺乏对图书馆最高发展目标的研究，导致对图书馆发展方向认识不清，对发展规律把握不准，对发展思路亦没有厘清。

图书馆主要职能（第一职能）这一特征划分图书馆发展阶段，认为每一阶段都有一个主要职能，不同阶段的主要职能不同，主要职能变化导致阶段变化。同时，以主要职能的变化为主线，对各阶段图书馆形态进行研究，认识图书馆发展特点，预测图书馆的未来，以为图书馆学提供可资借鉴的理论指导。

长期以来，图书馆人一直在探寻图书馆的本质，追问图书馆到底是什么。有人认为图书馆是“信息中心”，这并不确切，因为图书馆中的内容不是信息，而是知识，知识是系统化了的信息。在互联网这个信息世界面前，图书馆拥有的信息显得更为渺小。近年来一些有识之士提出公共图书馆要发展成为百姓的“公共书房”，“书房”和“图书馆”本质上讲没什么区别。还有人提出图书馆是“第三文化空间”，很有现代气息，但这一提法过于泛指。根据美国社会学家雷奥登伯格的定义，家庭和工作场所之外的文化空间都属所谓的“第三文化空间”。

“知识宝库”和“知识殿堂”体现了社会对图书馆的重视，但含义并不贴切，大体上没有超越对藏书楼的认识。《公共图书馆宣言》提出，图书馆是“信息公平的守望者”，受到国内图书馆界，尤其是公共图书馆界的热捧，但是这一定位也不准确，在西方社会也未得到广泛的认同，在中国社会就更不合实际。“信息公平”是政府的责任，图书馆的作用是有限的。对公民影响最大的、关乎民生的信息并不属于图书馆工作范畴。博尔赫斯“图书馆是天堂的模样”的诗句，让一些图书馆人陶醉，其实这是诗的语言，不是规范用词，更不是科学语言。客观地看待图书馆的历史定位，科学总结图书馆的发展特点，正确地把握图书馆的未来，是历史赋予当代图书馆人的神圣使命。

1. 客观看待图书馆的历史定位

(1) 图书馆的前身是古代藏书楼——藏书中心。天一阁、文渊阁、文津阁等是中国早期的“图书馆”。准确地说，它们都是藏书楼，而非现代意义上的图书馆。藏书楼是图书馆的前身，是藏书中心，即文献的档案馆或博物馆。藏书楼与图书馆有根本区别，藏书楼重藏轻用，其职能是收集、整理、保存和传承图书文献。图书馆则相反，强调藏是为了用，用是目的。

藏书楼只为极少量的社会“精英”服务。皇家藏书楼为帝王将相服务，寺院藏书楼为内部僧人服务，民间藏书楼只为自家人服务，他们多数也是富豪权贵。藏书楼是农耕社会的产物，在印刷出版业不发达的情况下，它使图书文献得以保存和传承。

(2) 近代图书馆是阅读中心。由以“藏”为主向以“用”为主转变，面向社会大众开放是近代图书馆的主要特征。近代图书馆是受变法、维新等外来思想的影响而建立的。早期的汉语中并没有“图书馆”一词，该词是后来由梁启超先生从日语中转译过来的，是个外来语。图书馆强调藏书的目的是为了使用，1921 年刘国钧先生在《近代图书馆之性质及功用》一文中就精辟概括了近代图书馆应该是为广大平民提供借阅服务的机构。“故其目的在使凡有阅读之能力者，不问其年龄阶级与性别之如何，皆得有适当之读物。”为普通民众提供阅读服务，提高大众文化素养是近代图书馆最主要的社会职能。

(3) 现代图书馆是知识公园。图书馆往往并不是知识的直接生产者，但是图书馆是知识的收集、加工与保存的场所，这些知识一旦进入图书馆，图书馆就成为知识的载体，向公众开放。高校图书馆本身就比较侧重该项服务，而目前，即使是公共图书馆，也越来越多地倾向于向读者提供知识服务，包括数据库、阅读推荐等显性知识，也包括阅读沙龙、知识讲座等。

图书馆是知识公园，自然而然，无门图书馆是公共图书馆发展的必然趋势。公园和百姓很亲近，没有心理隔阂，没有门槛，更没有门锁。图书馆像公园一样，普通百姓可以自由出入。图书馆从有门到无门，不仅仅是形式上的变化，更重要的是观念上的改变。“殿堂”的主人不可能是百姓，公园的主人才是平民百姓。读者进出无门图书馆，就像进出公园一样自由自在，因为他们是主人。现代图书馆是信息社会的产物，旨在满足信息社会人们对知识的需求。知识是现代图书馆的核心，尤其在数字图书馆背景下，知识服务更是成为其不可或缺的价值所在。开放与平民化是现代图书馆的时代特征。因此，知识公园是现代图书馆的准确定位。

2. 科学总结图书馆的发展特点

(1) 图书馆发展的基本特点。纵观图书馆的发展历史，从古代藏书楼到近代图书馆，再到现代图书馆，不难发现，图书馆的发展有两条基本路径：一条是服务方式从封闭走向开放；另一条是服务对象从精英到平民大众，而且，二者是并行的、同步的。

古代藏书楼闭而不开，近代图书馆服务方式从闭架到半开架，现代图书馆从开架到全开放，进而发展成为知识公园，是一个从封闭到开放的过程。

古代藏书楼只服务帝王、僧侣和富豪权贵等少数社会精英，近代图书馆的主要服务对象也只是社会知识精英，现代图书馆则扩展到全社会平民大众，这是从精英化走向平民化的过程。

(2) 图书馆最重要的价值。阅读和共享是图书馆的最重要价值之一。图书馆强调藏书的目的是为了使用，这里讲的使用其实就是阅读。通过阅读，获取知识，然后再发挥其他职能。图书进入图书馆以后，可以提供给不同人阅读使用，这是图书馆文献共享最原始、最本质的精神内涵。图书进入图书馆以后，实现了共享，使图书利用率大大提高，这是图书馆生命力之所在。现在我们说的文献共享一般是指不同图书馆之间的共享，只是图书馆文献共享内涵的外延扩展，是重要的，但不是本质的。因此，可以说，图书馆是图书文献共享阅读最重要的实施机构。

(3) 图书馆的灵魂。图书馆是有灵魂的，即文化。对于这一点，业界已没太大异议。需要强调的是，图书馆不应被技术的神奇迷失方向。各种高新技术在图书馆广泛应用，极大地推动了图书馆事业的发展，使图书馆日新月异，这些事实无可否认。但是，技术毕竟只是手段，只提供了发展的动力，不能掌控发展的方向，因此，技术不是图书馆的灵魂。图书馆收藏的图书文献是人类的精神产品，图书馆的服务满足的是社会大众的精神文化需求，图书馆的发展方向受社会文化所指引。因此，文化是图书馆的灵魂。

(4) 图书馆的职能。为了准确把握图书馆的职能，笔者将图书馆职能分为原生职能和次生职能。所谓原生职能是指有生以来固有的、伴随图书馆发展全过程的职能，是不可或缺的。次生职能是指随图书馆的发展而产生，由原生职能演化而来的职能。次生职能的出现顺应了图书馆的发展，扩大了图书馆的社会功能。它是图书馆某个阶段特有的产物，不是不可或缺的。

阅读是图书馆的原生职能。它随图书馆的产生而出现，随图书馆的发展而发展，是教育、信息和文化这三项图书馆职能的基石。没有阅读职能，就没有教育、信息和文化职能，后三者是图书馆的次生职能。

(5) 图书馆的基本服务。

与图书馆阅读、教育、信息和文化 4 个职能相对应，衍生出阅读、学习、信息和文化 4 项服务。阅读服务包括纸本阅读和数字阅读。流通外借、开放阅览是阅读服务的形式，但绝不是全部。书刊推介、精品书评、阅读沙龙等活动是现代公共图书馆组织阅读、引导阅读的创新性体现，提高全民阅读率是图书馆的重要职责。

学习服务依赖于图书馆的学习平台建设。网络学习平台 (E - learning) 建设是图书馆的重要任务，其作用是辅助课堂教育，支撑终身学习。

信息服务是为用户提供文献信息保障。数字图书馆的发展极大地提高了图书馆信息服务的能力。数字图书馆联盟为稀缺信息资源的获取提供了保障。文献传递是数字图书馆信息服务的重要手段。

文化服务现阶段主要是指为社会大众文化交流提供服务，其形式有讲堂、沙龙和展览等。今后文化服务会朝着为社会大众提供精神关怀服务的方向发展。

以上 4 项服务在图书馆的不同阶段都是存在的，只是各自比重不同。眼下，学习服务正在突起，文化服务势头强劲，各种名人讲座、沙龙和文化展览成为各个公共图书馆重点推出的特色服务。

3. 认识中国图书馆发展的特殊性

我们既要善于借鉴国外图书馆的成功经验，又不能全盘照搬。认识图书馆总体发展特点的同时，还要看到中国图书馆发展的特殊性。总体而言，中国的数字图书馆技术并不落后，但服务能力远远不够；图书馆的信息服务成效显著，但阅读服务的潜能远远没有发掘出来。

中国传统的纸本阅读至今尚未普及，国内市民公共图书馆持证率与发达国家相比相去甚远。发达国家传统纸本阅读始终受到追捧，尽管近些年网络数字阅读发展很快，但纸本阅读和数字阅读相行不悖，相得益彰。而中国传统的纸本阅读始终没有得到普及，近些年还受到网络移动设施的冲击和影响。国人的阅读习惯至今没有建立起来，这也是制约图书馆发展的重要因素。数字阅读的发展对传统纸本阅读的影响是有两面性的：一方面，冲击了传统的纸本阅读；另一方面，也培养了年轻国民的阅读兴趣和习惯。年轻一代习惯甚至喜欢数字阅读，忽视纸本阅读。但也应该看到，国民总体每年人均阅读量、纸本阅读量和数字阅读量都呈上升势头。国民阅读情况同经济状况有关，随着中国社会经济发展水平的提高，未来国民阅读率总体将呈上升趋势。

中国图书馆传统服务也难以令人满意。例如，普遍缺少诚恳的态度，鲜见馆员微笑服务，借阅期规定刻板，缺乏弹性。英美一些国家图书馆的借阅期通常是同读者预约制度相配合的，读者已经借出的图书一旦有另外的读者预约，系统将自动缩短借期，并自动通知前面的读者提前归还，使读者满足率和图书利用率大为提高。国内基本没有全天 24 小时开放的图书馆。为读者提供坐垫、躺垫等人性化、细节性服务者更是难见踪影。讲座、沙龙等引导阅读的活动还不够丰富和普及。总之，中国图书馆传统服务总体上与国外图书馆的差距较大。

4. 正确把握图书馆的未来发展

正确把握图书馆的未来发展，正确、客观看待图书馆的发展历史，科学总结图书馆的发展特点，我们就有可能正确把握图书馆的未来发展方向。

(1) 后现代图书馆是学习中心。现代图书馆正处在转型期，而成为后现代图书馆。现代图书馆以数字图书馆为依托，以信息服务为核心，呈现快速发展的势头。数字图书馆早期以单馆服务、单库使用为特征，可以满足读者一定程度的信息需求。近年来，数字图书馆联盟得到了较大发展，实现了多馆合作服务、多库统一检索，通过文献传递提高了对信息需求（稀缺需求）的满足程度，图书馆信息服务能力得到较大提升。但与此同时，图书馆的创新发展受到制约，必须另谋发展空间。为此，图书馆必须转型，寻找新的发展机会。随着学习型社会建设的需求日渐迫切和大量网络学习资源的出现，图书馆将继续发挥终身学习机构的作用，建设后现代图书馆学习中心是图书馆当前发展的新机遇。作为学习中心的后现代图书馆具有三个明显特点：一是教育职能成为主导性职能和最重要的职能；二是用户教育成为图书馆的核心工作；三是图书馆社会教育成为图书馆学研究的核心内容。

(2) 未来图书馆是社会交流中心。图书馆交流职能与阅读职能形影相随，有阅读就有交流，通过阅读实现书面交流，并可能拓展为多层面的交流。图书馆交流职能很早就为人们所认识，20 世纪 30 年代，美国图书馆学家谢拉提出图书馆是社会书面交流机制的执行机构。

图书馆的交流职能一直在不断发展，已从最早的书面交流，发展到现在的网络交流，还有现场交流。讲座、展览、沙龙、课堂、会议等就是现场交流的有效形式。人类对传统交流（现场交流）的守望使得传统图书馆不会消失。图书馆提供交流的内容丰富、形式多样，因此，图书馆将是人类最理想的社会交流机制的执行机构。

(3) 图书馆是人类理性的精神家园。

人类社会靠什么生生不息？靠文化，靠信仰。信仰是文化的重要体现。没有信仰，就没有道德，社会发展就不可能长期维持。道德是以信仰为基础的。因此，一个文化绵延数千年，不可能没有信仰的力量。

图书馆的功能就是组织国民阅读，实现全社会的“理性普遍化”，建设理性社会，达到社会和谐。因此，图书馆是社会理性的源泉，也是人类理性的精神家园。家园是人类生存和生活的归宿及寄托，精神家园则是人类精神的归宿和寄托。精神家园分有两类：一类是神秘的，即宗教；另一类是理性的，就是图书馆。图书馆是人类智慧的结晶，也是人类智慧的源泉，是人类理性的精神家园。

只有对图书馆有了清晰的认识，才能更好地提升我们的图书馆使用价值。客观认识图书馆的历史定位，科学总结图书馆的发展特点，正确把握图书馆的发展未来，是图书馆学研究的重要使命。图书馆发展的过程与特点揭示出，图书馆正在成为百姓的知识公园、人们的学习中心和社会的交流中心，并正在走向人类理性的精神家园。图书馆并非行将消亡，相反，还正处在蓬勃发展中。阮冈纳赞“图书馆是生长着的有机体”的论断并未过时，依然可为当前和未来图书馆的发展特点提供佐证。传统的图书馆虽然有太大的时代局限性，但是，对我们今天的图书馆事业的发展，仍有着积极的指导意义。

第二节　近现代图书馆的发展轨迹

我国的近现代图书馆发展分成两个特征鲜明的阶段，近代图书馆是在全盘西化的基础上重新架构我国的图书馆体系，希望借鉴西方先进的图书馆经验和馆藏书对社会全方位的影响，理想是美好的，现实面前却无法全部满足，有很多功能难以得到实现。现代图书馆更着手于在国民素质的提高等方面，让我国的图书馆建设在传承古代的藏书楼方式与风格的同时，吸收西方近现代图书馆建设的先进经验，兼收并蓄地发展我国的图书馆事业，并根据社会变化进行更切合实际的变化，让图书馆事业更全面发展。

一、我国近代图书馆的发展历程

近代图书馆的发展是随着封建社会的没落而兴起的。近代图书馆的发展与西方资本主义的侵入有着不可分割的关系。19世纪中叶以后，中国进入半殖民地半封建社会。封建政治、经济的衰落，农民战争的冲击以及外国资本主义势力的侵入，改变了我国延续2000年的封建文化传统。

鸦片战争以后，封建时代的图书馆事业逐渐向近代公共图书馆事业过渡。在实现由古代藏书楼向近代图书馆转变的进程中，有两个因素至关重要：西方传教士所办图书馆的示范作用和维新变法运动的推动作用。古代那么多的藏书处，其名称都不叫图书馆。首先以“图书馆”正式命名的是1905年的湖南图书馆。正式公文中确认“图书馆”这个名词是在清末宣统元年

(1909年)制定的京师及各省图书馆通行章程上。鸦片战争中，西方列强的坚船利炮打破了中国紧锁的国门，西方传教士们伴随着侵略者的步伐和西方文化纷纷来华，并在中国一些城市的教堂和教会学校建起一座座新式图书馆，开启了中国藏书楼走向近代图书馆的进程。西方传教士创办的图书馆是我国近代史上最早出现的新式图书馆，其启蒙和示范作用是不可低估的。

首先，公共、开放、共享、服务的西方图书馆新观念与我国古代藏书楼藏而不用或藏而难用的保守观念形成鲜明对比。

其次，带来了西方近代图书馆建设的思想和模式。西方传教士在华创办的图书馆在图书收集、管理与利用等方面，都采用了西方较为先进的理论、技术和方法，为中国近代图书馆的产生树立了榜样，在一定程度上促进了中国图书馆界的传统思想及服务概念的变革与进化。1877年3月22日《申报》曾载文说："本埠西人设有洋文书院，计藏书约有万卷，每年又添购新书五、六百部。阅者只需每年费银十两，可随时取出取阅，阅毕缴换，此真至妙之法也。"可见这些洋式图书馆当时已引起中国士人的关注和羡慕。1906年陈洙撰写的《上海格致书院藏书楼书目序》(光绪三十三年商务印书馆出版)中说"上海向有格致书院，近由西士傅兰雅君商诸各董，添设藏书楼……吾知登斯楼者，即佩诸君之热诚毅力以惠我士林，而尤不能不为内国士大夫愧且望也。"并疾呼："禆益学术，光我文治，抗衡欧美，将在乎是!"奋起效法之情溢于言表。由此可见，西方传教士创办的图书馆促进了公共图书馆观念的形成。

1890年维新变法运动兴起，维新领袖梁启超在《戊戌政变记》中提出"开办图书馆"是强学会的五件大事之一。在维新思潮的推动下，一些开明大臣也纷纷向朝廷建议设置新型藏书楼。为实施变法方略，维新领袖康有为等人首先在北京、上海、湖南、广东、天津等地的维新学会中办起了学会藏书室，所藏图书以西书、新书为主，管理制度也比较完善，对图书采访、分类、编目、流通借阅都做了详细的规定。读者对象，除了维新派成员，还包括一般士大夫和普通市民。可见，学会书楼已经初步具备了社会文化机构的性质，是我国近代图书馆的萌芽。1902年，真正意义上的中国近代公共图书馆出现了，这就是徐善兰在浙江绍兴设立的"古越藏书楼"。徐善兰是光绪二年举人，他热心公益，造福乡梓，又受到维新思想的影响。他创办"古越藏书楼”宗旨为“阁邦人士之观摩，府县学堂之辅翼。”徐善兰模仿教会图书馆模式，参照西方资本主义近代图书馆的建设原则及管理思想。力破千年陈规陋习，在藏书内容和分类法上都突破经、史、子、集的传统框架，按“学部”，“政部”分类，在传统典籍外，收入声光电化等“新学”书籍及图画、报刊、共七万余卷。编目方法，也有许多创新，著录详细，方便读者。借阅方式既可馆内阅览，又可借回家中。古越藏书楼的办馆理念、方式和方法很快为社会所接受，受到广泛的欢迎。古越藏书楼的创建，标志着中国近代图书馆的诞生。

1902年7月，清政府诏颁《学堂章程》规定“大学堂当附属图书馆一所，广罗中外古今各种图书，以资考证。”明确要求在学校设图书馆。在这以后大量的公共藏书楼和大学图书馆建立起来。1909年底，清政府正式颁布（京师及各省图书馆通行章程）：规定图书馆应“保存国粹，造就通才，以备硕学专家研究学艺，学生士人检阅考证之用。以广征精彩，供人浏览为宗旨。”这是我国近代有关图书馆的第一次立法。它的颁布，说明到此时，中国近代图书馆事业已初具规模。辛亥革命的胜利，对我国的图书馆事业产生了深刻影响，促使中国近代图书馆（或称公共图书馆）向前发展，由萌芽走向兴盛。整个发展过程前后大约经历了20年，即从1901年到1918年。1912年，京师图书馆正式开馆。1928年，改名为国立北平图书馆。1934年，其馆藏已达40万册，其读者服务与书目工作的开展，使国立北平图书馆成为国内藏书中心和书目工作中心。据1916年教育部公报公布全国共有图书馆260所，其中，以独立图书馆命名的22所，以通俗图书馆命名的238所。学校图书馆的发展是这一时期的重要成就。辛亥革命后，国立大学、学院和专科学校都着手建立图书馆。

中国近代图书馆在古代封建政治、经济、文化的衰落。近代西方图书馆文化理念的输入在维新派公共藏书思想及图书馆实践活动的促使下产生；在近代出版业、近代公共藏书楼的创办和国粹思潮的影响下形成。在新文化运动、新图书馆运动的影响和图书馆法规制定的推动下，由私有垄断文化向阶级专享文化、服务大众文化转变，同时各类型图书馆大规模创建、图书馆数量剧增、业务水平得到提升、图书馆学著述硕果累累、图书馆学教育兴起。中国近代图书馆的形成，经历了一个比较漫长和复杂的过程。它的产生和发展是伴随着西学东渐的发展而产生和发展的。随着西学东渐和中国社会近代化的发展，中国图书馆事业逐渐进入近代化，并经历了从公共图书馆运动到新图书馆的发展，促进了中国古代藏书楼向近代图书馆的转变。在特性上从私有、封闭、专享，向公共、公开、共享转变，图书馆一词就是在此时产生并具有了公开、公共、共享的近代化特性。从藏书楼到近代图书馆的发展进程中不难发现，藏书楼到图书馆的演变史实际上是一种由私有垄断向阶级专享、服务大众的转变。

近代以前，中国私家藏书楼颇为发达，藏书家多将所藏古籍珍本贮于专楼密室，并取斋堂号以为名。至清代末期，由于封建政治、经济、文化均处于衰落状态，私人藏书楼也深受影响，藏书楼数量较清中期以前大大减少，并趋于集中化。导致传统藏书楼衰落的主要原因是社会经济的发展变化和战乱的破坏。1840 年以后，中国传统封建社会沦为半殖民地半封建社会，藏书楼所赖以建立的封建经济基础逐渐瓦解。而民国时期的诸大藏书家，投入工商业的资本和规模已不断扩充，使私家藏书楼的稳定性大大降低。

近代中国风起云涌的农民革命加速了封建藏书楼的衰落过程。连年战争直接导致对社会生产力的破坏和对文化事业的摧残。太平天国农民革命使浙江一带曾盛极一时的封建藏书楼大规模损毁，私人藏书流散亡佚严重。而且太平天国政权对儒家典籍采取毁弃的政策，规定如有敢念诵教习者，一概皆斩。如有私留者，搜出斩首不留。在战争重创之区，藏书楼之藏书或损毁，或流失；未经战火之地，一些乡村地主因受战争威胁或自然经济的被破坏，无力维持藏书楼，逐步将藏书典当出卖。原集中在城镇乡村的藏书，渐渐流向城市，古籍所具有的经济价值愈加显著。近代战乱和封建经济被破坏，使私人藏书大量流散，并集中于财势雄厚的藏书家之手。

随后，西方传教士在中国创办藏书楼和图书馆。鸦片战争以后，伴随着第一批不平等条约的签订，外国资本主义对中国的文化侵略也随之而来。西方列强是在文化上的先锋。西方传教士们，想利用教育文化这个阵地来征服中国人根深蒂固的传统文化。他们在中国传教，大办教会学校、医院、报馆、出版发行书刊的同时，也开办教会图书馆。在中国的北京、上海、广州、汉口等城市，教堂机构和教会大学中创建了一座座令中国的藏书家瞠目结舌的新式图书馆。其中最为著名的有北堂图书馆、徐家汇天主教藏书楼、工部局公众图书馆、亚洲文会北中国支会图书馆、格致书院藏书楼、圣约翰大学图书馆、武昌文华公书林。

1. 辛亥革命前的图书馆发展

清朝末年，近代图书馆的发展是当时改良派努力的结果。近代图书馆兴起于19世纪末叶，改良维新派人士首先倡导公共藏书楼的开设。1896年李端荣上书，请求于京师及十八省会设立大书楼（图书馆），“许人入楼观书”（《请广学校折》）。1898年维新派梁启超等创设学会藏书楼，作为学会活动和会员研习西方政治学说的场所。各地成立的学会附设藏书楼，它们有明确的办理宗旨，有藏书和借阅制度，各种阅览活动吸引了广大读者，已具有公共图书馆的性质。与此同时，新式学堂的设立，也促使专门图书馆开始出现。1904年，湖南、湖北开始出现正式以“图书馆”命名的省级公共图书馆。至辛亥革命前夕，全国大部分行省均先后倡设省级公共图书馆。1908年倡设的省份有江苏、直隶（今河北）、山东、奉天（今辽宁）等省；1909年倡设的有安徽、浙江、河南、吉林、黑龙江、广东、云南、陕西等省；1910年倡设的有四川、甘肃等省。实际上多数省份的图书馆至辛亥革命后才正式开馆。1908年，清廷学部筹办京师图书馆。

此外，在辛亥革命前，各种类型的图书馆纷纷出现，包括私人图书馆，如1904年开办的绍兴古越藏书楼；学校附设图书馆，如1902年建立的京师大学堂藏书楼；机关附设图书馆，如1906年建立的邮传部图书馆；在上海等地还出现了资本主义国家传教士设立的图书馆。1910年清廷颁布《京师及各省图书馆通行章程》明确规定：“图书馆之设，所以保存国粹，造就通才，以备硕学专家研究学艺、学生士子检阅考证之用，以广征博采，供人浏览为宗旨”。这样的图书馆已初具我们现代图书馆的雏形。

2. 辛亥革命后的图书馆发展

辛亥革命推翻了封建统治，也给我们的图书馆发展带来了新的文化。辛亥革命以后，中国近代图书馆事业得到了迅速的发展。1912年，江翰任京师图书馆馆长，京师图书馆正式开馆。该馆由夏曾佑、周树人（鲁迅）等筹划奔走，藏书逐步充实。1928年，改名为国立北平图书馆，次年，蔡元培任馆长。1934年，馆藏已达40万册，其读者服务与书目工作的开展，使国立北平图书馆成为国内藏书中心和书目工作中心。

1915年，北洋政府颁布《图书馆规程》《通俗图书馆规程》，促进了各省市图书馆和通俗图书馆的建设。据1916年教育部公报公布，全国共有图书馆260所，其中以独立图书馆命名的22所，以通俗图书馆命名的238所。通俗图书馆发展最多的是河北、山东、河南、福建、浙江、湖北、湖南等省。

学校图书馆的发展是这一时期的重要成就。辛亥革命后，除原有的少数学校外，国立大学、学院和专科学校建立颇多，它们都着手建立图书馆。北京大学图书馆在李大钊负责馆务后，藏书内容和工作方法多有变革，1923年馆藏达18.4万册，为各校藏书最多者。清华学校1920年藏书量达5.3万册。1919年后，这些学校图书馆分别延聘回国留学生担任馆职，重视新的科学技术书籍的收藏，制定新的管理条例与规定，采用科学分类法与编目条例，改变工作制度，方便读者利用，成为中国近代图书馆中工作最富有生气、馆藏最为丰富、服务效果最显著的一部分。

3. 建党后图书馆的发展

中国共产党的建立是中国历史上浓墨重彩的一笔，共产党人对于文化的重视，比任何一个阶段都要多。1921年后，随着中国共产党在工人集中的地区开展宣传组织工作的深入，出现了少数工人图书馆，如天津工人图书馆、唐山工人图书馆和南方工矿区工人俱乐部，这些工人图书馆收集通俗图书，目的在于增进工人知识、促进工人觉悟。第一次国内革命战争时期，在工农运动高潮的湖南等地，还设立了农村图书馆。早期在中国共产党人领导和影响下，曾出现少数进步图书馆，例如，毛泽东在湖南长沙创办的湖南青年图书馆，李大钊支持设在北京大学的“康敏尼特”图书馆。1921年，由上海进步青年筹办的上海通信图书馆，以后由于受中国共产党的影响，逐步成为颇有成绩的图书馆。

1927年后，中国图书馆事业发展迅速。除国立北平图书馆作为国家图书馆外，南京国民党政府亦于1928年筹建中央图书馆，1936年正式开馆，1937年藏书达18万册。这一时期，全国各省市图书馆数量达到近代图书馆史上的最高峰，据第二次《中华民国教育年鉴》统计，1935年，全国各省单独设立的省市图书馆达34所，其中藏书量超过10万册以上的有14所，藏书最多的有浙江省立图书馆（32万册）、江苏省立国学图书馆（21万册）、云南省立昆华图书馆（20万册）；附设于民众教育馆的图书部达990所，其中浙江、山东、河北3省，每省均有100所以上。

学校图书馆的发展也颇具规模，据第一次《中华民国教育年鉴》统计，1931年，全国公私立大学及学院73所，其附设图书馆共藏有图书270万册，平均每校的图书馆藏有图书4.5万册，藏书量达20万册以上的私立燕京大学、国立北京大学，藏书10万～20万册的学校图书馆有6所，5万～10万册的有13所，接近5万册的有36所，藏书达1万册的有13所。全国专科以上学校30所，其附设图书馆共藏有图书30万册，平均每校的图书馆藏有图书1万册，其中藏书最多的是福建法政专科学校和武昌文华图书馆学专科学校。专门图书馆的发展不平衡，大都集中于北京、南京、上海等地。私人开办的图书馆中，如商务印书馆附设的东方图书馆，1931年藏书量达50万册。

上海私人开办的图书馆还有申报图书馆等。此外，研究机构图书馆中以北京故宫博物院图书馆最著名，国民政府机关图书馆和其他社会团体图书馆也有一定规模。上海徐家汇藏书楼作为教会图书馆，30年代藏书量达20万册。

1928年以后，在中国工农红军创建的江西苏区中心瑞金等地，于1932年曾创办中华苏维埃中央图书馆，以苏区政府工作人员、红军官兵、工农群众为读者对象，积极从事为革命战争服务的图书流通借阅工作。当时还有大量机关图书馆、学校图书馆，虽然藏书数量不多，工作水平有限，但他们的图书利用和服务效率却很高。

在上海等大城市中，还创办了如蚂蚁图书馆、申报流通图书馆等进步文化团体图书馆。这些图书馆主要以宣传进步文化，加强读者指导，团结进步青年，扩大革命影响为宗旨，在上海学生、市民和部分职工中曾产生广泛的影响。

4. 抗战时期图书馆的发展

在抗战时期，中国的图书馆事业发展遭受了重创。1937年，中华民族全面抗日战争开始，由于日本帝国主义的侵略，中国沿海和内地大城市图书馆遭受重大损失。早在1932年，上海东方图书馆遭到日本空军的轰炸，藏书全毁于战火中。1937年后，天津南开大学、上海暨南大学、长沙湖南大学和浙江、上海、南京等地的图书馆，也遭受重大损失。东北、华北等地图书馆则全部被日军窃夺和控制，部分馆藏甚至被偷运至日本。新办的国立西北图书馆、国立罗斯福图书馆也只能以有限的经费来维持馆务。但是，抗日战争期间的国立图书馆在收集整理抗战文献、抢救部分藏书家散出的珍本秘籍，推动大后方地区图书馆事业方面也曾作出积极的贡献，如国立北平图书馆在1947年的馆藏和代保管的图书总计达115万册。

5. 抗战胜利后至建国时期图书馆的发展。抗日战争胜利后的1947年，全国28省、6市共有图书馆46所，统计有藏书的24个馆总藏量为264.2万册，超过10万册的有11个馆，如浙江省立图书馆33万册，湖北省立图书馆30万册，台湾省立图书馆25万册。1947年，全国通俗图书馆716所，比战前略有减少，学校图书馆（包括国立和私立大学、学院、专科学校和中小学）计有1492所，全国社团机关图书馆减少更多，以上数字说明近代图书馆在1937~1949年期间趋向于衰落。延安抗大学员捐献图书办“中山图书馆”。1937年后，中国共产党领导的广大解放区，由于实行新民主主义文化教育政策，开展广泛的文化教育活动，图书馆事业相应得到迅速发展。1937年5月，延安中山图书馆成立，此外还有鲁迅图书馆、绥德子洲图书馆，并成立中共中央马列学院、鲁迅艺术学院等机关院校图书馆。这些图书馆在抗日战争的艰苦环境下积极积聚藏书，加强图书流通工作，为抗日战争的总任务服务，取得了丰富的工作经验和显著的工作成绩。他们的干部和工作经验，促进了抗日战争胜利后东北、山东等解放区图书馆事业的发展，也为中华人民共和国建立后的图书馆事业的发展作了物质和人员方面的准备。

近代图书馆的发展为我们现代图书馆发展打下了坚实的基础。近代图书馆的发展是我们现代图书馆发展的初级模式，虽然在功能上与现代图书馆的差异仍然巨大，但其宗旨与现代图书馆已经大同小异，且对现代图书馆的发展有着重大的指导意义。

二、我国和世界现代图书馆的发展历程

1949年10月中华人民共和国成立后至今，中国图书馆事业的发展进入了一个新阶段。现代图书馆的现代技术应用于图书馆各方面的工作。现代技术主要是指第二次世界大战以来出现的各种新技术，它和图书馆工作结合后，使图书馆工作发生了深刻的变化，图书馆事业从而进入一个新的发展阶

段——现代化图书馆阶段。

(一) 现代图书馆的发展阶段

现代图书馆事业发展可概括为以下 4 个阶段：

1. 新中国成立初期的第一阶段 (1949 ~ 1953 年)

在新中国成立之初，人民政府除继续巩固、发展老解放区图书馆外，接管了国民党政府遗留下来的各级图书馆并大力进行改造：确立了以马列主义、毛泽东思想为指导的原则；调整藏书成分，补充马列经典著作和进步书刊；对旧有藏书严格审查，剔除反动、淫秽、荒诞书刊；积极开展图书流通工作，完善工作环节，使馆藏为人民群众所用；改革不合理的规章制度，整顿干部队伍；在北京大学、武汉大学和西南师范学院建立图书馆学专修科，培养人才。经过几年努力，使旧图书馆面目一新，成为传播马列主义、毛泽东思想和学习科学文化的重要设施。这时的现代图书馆虽然技术相对落后，但是功能完善，相对于共产党，乃至社会各界，无疑有重大的意义。

2. 1954 ~ 1965 的第二阶段

在这一阶段，我们的图书馆事业有了巨大的发展。

为发展图书馆事业，1955 年 7 月，文化部发布了《关于加强与改进公共图书馆工作》的指示；1955 年 8 月，中华全国总工会发布了《关于工会图书馆工作的规定》《关于清理工会图书馆藏书的决定》；1956 年 7 月，文化部社会文化事业管理局向全国图书馆工作会议提出《明确图书馆的方针和任务为大力配合向科学进军而奋斗》的报告；1956 年 12 月，高等教育部颁布了《中华人民共和国高等学校图书馆试行条例》(草案)；1957 年 9 月 6 日，国务院全体会议批准了《全国图书协调方案》；1962 年 12 月，中华人民共和国科学技术委员会和中华人民共和国文化部拟订了《1963 ~ 1972 年科学技术发展规划》(草案) 图书部分等，对加速图书馆事业的建设起了重要作用。

公共图书馆除通过文献流通向人民群众广泛传播马列主义、毛泽东思想，进行文化教育工作外，还明确提出了要为科学研究服务。加强基础工作，清理积压图书，补充馆藏，进行集中编目，编制联合目录，改进目录组织，完善规章制度等。

在北京、上海建立全国性中心图书馆委员会，在天津、哈尔滨、沈阳、兰州、西安、成都、南京、武汉、广州等地建立地区性中心图书馆委员会，以促进全国图书馆馆际协作。聘请苏联图书馆学专家来华讲学，组织翻译苏联图书馆学著作，学习列宁关于图书馆事业的理论和苏联图书馆的实践经验。

1956年，改北京大学和武汉大学的图书馆学专修科为4年制的图书馆学系，并在各系统图书馆广泛举办业余学校和培训班，培训在职干部。各种类型图书馆得到较大发展。1949年，全国县级以上公共图书馆有55所，至1965年发展到573所；高等学校图书馆由1949年底的132所发展到1965年的434所；工会图书馆由1949年底的44所发展到1963年的43546所。在边远地区和少数民族地区也建立了一批新馆。采取馆内、外结合的办法，积极主动地开展多种形式的服务。开展图书馆学的研究，加强对基层图书馆的业务辅导。

3. 1966～1976年的第三阶段（1966～1976）。

许多图书馆被迫长期关闭，把大量书刊作为"封、资、修"毒草封存起来，禁止读者使用。图书馆数量大为减少，县以上公共图书馆由1965年的573所减为1970年的323所，高等学校图书馆由1965年的434所减为1971年的328所，工会及中小学图书馆（室）大多被迫闭馆，大量书刊散失。1966～1971年高校图书馆学专业停止招生，恢复招生后又把学制缩为2年，教育质量急剧下降。

4. 改革开放后的第四阶段（1976年至今）

1976年是中国历史上相当重要的一年。在这一年，"文革"结束，各行各业又恢复了活力。尤其随着改革开放的开始，各行业又都展示了勃勃生机，图书馆事业在这时候迎来了巨大的发展机会。1976年10月粉碎"四人帮"后，图书馆界按中共中央部署，进行拨乱反正，图书馆工作得到了迅速恢复和发展。

1977年8月，在大庆、哈尔滨召开文物、博物馆、图书馆工作座谈会；1978年4月24日，国务院批转国家文物事业管理局《关于图书开放问题的报告》；1978年8月，教育部下发了《关于加强高等学校图书资料工作的意见》的通知；1978年11月13日，国家文物事业管理局颁布了《省、市、自治区图书馆工作条例》（试行草案）；1978年12月，中国科学院颁布了《中国科学院图书情报工作暂行条例》(试行草案) 等，进一步明确了各系统图书馆的方针和任务。

1980年5月，中共中央书记处专门听取了关于图书馆问题的汇报，通过了《图书馆工作汇报提纲》，决定在文化部设图书馆事业管理局，管理全国图书馆事业。1982年11月，在国家“第六个五年计划”中提出了“基本上实现县县有图书馆”的要求等。这些文件对推动中国图书馆事业的全面发展起了重要的作用。1985年7月17～23日，中共中央宣传部和文化部在北京联合召开全国图书馆工作会议，回顾了中国图书馆事业的发展历程，讨论了文化部提出的“关于改进和加强图书馆工作的报告”。1987年8月，国务院和中共中央领导同志同意将“关于改进和加强图书馆工作的报告”由中共中央宣传部、文化部、国家教委、中国科学院印发全国执行。

各种类型的图书馆得到了迅速发展。到1987年底，县以上公共图书馆已达2440所，高等学校图书馆1158所，专业图书馆4500所 (其中中国科学院系统图书馆140所)，工会图书馆 (室)24.6万所，军队图书馆32264所。

图书馆的馆舍得到改善，新技术开始被采用。1978～1988年十年间，各类型图书馆的馆舍有不少进行了改建、扩建和新建。国家列入重点工程的北京图书馆于1987年10月竣工，建筑面积14万平方米，可容纳2000万册藏书，有3000个座位。到1988年，省级以上公共图书馆及一些高校图书馆都有了静电复印机，其中一部分馆还有了缩微摄影机、拷贝机、阅读机、计算机、视听设备和防火防盗设备等。据不完全统计，到1987年，仅全国普通高等学校图书馆已拥有计算机505台，不少图书馆在外借、检索、编目、采访等方面使用了计算机；全国高等学校已建立数据库77个，开发软件131个，终端331台，有的还设置了国际联机终端，开展国际联机检索服务。

20世纪80年代各系统图书馆在基础工作、服务方式、服务质量等方面都有了改进。如各级公共图书馆分别制订了工作条例，整顿了藏书和目录，普遍实行部分开架阅览，延长了开馆时间；高等学校图书馆重视藏书质量，清理积压图书，剔除陈旧书刊，建立健全各项规章制度；科学和专业图书馆普遍重视对文献资源的开发，提高加工速度和质量，为科研工作提供情报服务等。普遍进行改革，实行馆长负责制、岗位责任制和职务聘任制等。图书馆的正规学校教育和在职教育得到了较大的发展。广泛开展学术研究和国际交流。

20世纪80年代中期以后，受国内外书刊价格上涨因素的影响，图书馆界普遍面临经费不足、文献购置量下降等问题。各图书馆除要求增加文献购置费外，还加强了协调合作（尤其在文献采集方面），更加注重地区的、系统的和全国的整体化文献资源建设。管理体制中各类型图书馆由于隶属部门不同，自然地形成了几个系统，分别由相应部门领导和管理。公共图书馆由中华人民共和国文化部及各地的文化行政机关管理；高等学校图书馆由国家教育委员会、有关部（委、局）和各省（市）教育厅（局）以及所在学校分别管理；专业图书馆由各部（委）和各地有关部门管理；工会图书馆由中华全国总工会及其所属各级工会管理；中小学图书馆由各地教育机构及所在学校管理等。各类型图书馆间的联系与协作，1966年以前根据1957年6月国务院批准的《全国图书协调方案》，由国家科委下属的图书组负责；1987年以后由部际图书情报工作协调委员会负责。中国的国家图书馆是北京图书馆，其前身是清末筹建的京师图书馆，1982年起正式接待读者。1987年10月开放的新馆舍在北京西郊白石桥路紫竹院公园北侧。在文津街设有分馆。

（二）公共图书馆

公共图书馆的兴起是图书馆事业进入现代化的一个重要基础。公共图书馆是为市民服务的图书馆，一般由政府税收来支持。与专业图书馆不同，公共图书馆的服务对象可以从儿童到成人，即所有的普通居民。提供非专业的图书（包括通俗读物、期刊杂志和参考书籍）、公共信息、互联网的连接及图书馆教育。这类的图书馆也会收集与当地地方特色有关的书籍和资讯，并提供社区活动的场所。

1.公共图书馆的区域划分

中国公共图书馆一般按照行政区域设置。包括：国家图书馆（北京图书馆），省、直辖市、自治区图书馆，地（盟）、市图书馆，县（旗、区）图书馆，农村乡镇和城市街道图书馆（室）等。到1987年底，共有县级以上公共图书馆2440所，藏书2.7亿册，全年接待读者1.16亿人次，借阅书刊1.73亿册次；农村乡镇和城市街道图书馆（室）一般由乡镇街道举办或民办公助。到1987年底共有约5.3万多个。每个馆（室）的藏书从1000册到几万册不等。此外，全国县级以上（含县级）少年儿童图书馆有50多所；在县级以上（含县级）公共图书馆内设有儿童阅览室的有1100多个。

高等学校图书馆。中国的高等学校图书馆包括大学、学院及高等专科学校图书馆。它又分为普通高等学校图书馆和军队高等学校图书馆。中华人民共和国成立初期，全国只有132所普通高等学校图书馆，馆藏总数794万册。随着教育事业的恢复和发展，1989年全国有普通高等学校图书馆1075所，藏书3.82亿册，工作人员4.64万人（其中，资料室工作人员约1万人），馆舍面积411万平方米。藏书在300万册以上的有：北京大学图书馆和复旦大学图书馆；藏书在200万册以上的有：中山大学、南京大学、中国人民大学、武汉大学、清华大学、上海交通大学、北京师范大学、华东师范大学等大学的图书馆。

1986年底，全国有军队高校图书馆105所，藏书1900万册，工作人员1679人，馆舍面积288975平方米，其中较著名的有国防大学图书馆、国防科技大学图书馆、空军政治学院图书馆等，它们的藏书都比较丰富。

2. 公共图书馆的特点

公共图书馆内收藏学科广泛，读者成分多样。由国家中央或地方政府管理、资助和支持的、免费为社会公众服务的图书馆。它可以是为一般群众服务，也可以是为某一特定读者如儿童、工人、农民等服务。它是人类社会文明发展的产物，其主要特征是：

（1）开放性。公共图书馆是由国家政府所创建的，是一项利国利民的公益事业，向所有居民开放。

（2）免费性。公共图书馆的所有经费来源于地方行政机构的税收，对老百姓是免费开放的，不收取任何费用。

（3）合法性。公共图书馆的设立和经营必须有法律依据。公共图书馆的发展对我们国家图书馆事业的发展起到巨大的推进作用，对我们国家文化素质普及教育也有着重大的促进作用。公共图书馆的发展，体现了政府对文化教育的重视，是政府为广大百姓提供的文化福利。

（三）专业图书馆

专业图书馆主要包括研究机构、厂矿、机关和团体的图书馆。它们通常只收藏本专业或与本单位业务有关的资料，专业性强。在中国，这种类型的图书馆数量较多。据不完全统计，到1987年底，全国有专门图书馆4500所。中国的专门图书馆主要有下列几种类型：

1. 研究机构图书馆。研究机构图书馆可分为一般科研系统图书馆和国防科研系统图书馆。随着科学技术的发展，这类图书馆发展很快，有些已在本系统内形成具有全国规模的专业图书馆网。如中国科学院、中国农业科学院、中国医学科学院、中医研究院等研究机构的图书馆（有的称“文献情报中心”“文献信息中心”等）都形成了网络。其中，中国科学院系统的图书馆1949年为17所，藏书63万余册；到1990年底，已发展到143所，藏书达3000多万册（件）。中国农业科学院系统图书馆到1986年底，已有14个省、市、自治区的院属所、社中心图书馆（室)34个，藏书达160万册，工作人员247人。国防科研系统图书馆约有1500个，各馆的藏书量从几千到几十万不等，该系统的主要图书馆有：国防科技信息中心资料馆（成立于1959年，1987年藏书202万册）、军事科学院军事图书馆（成立于1948年，1987年藏书184万册）、军事医学科学院图书馆（成立于1951年，1987年藏书47万册）等。

2. 厂矿图书馆。这类图书馆仍然有着鲜明的时代特色，这是在当时刚刚改革开放，事业刚刚起步阶段的图书馆。由于技术的局限性，当时的厂矿图书馆在现在看来，水平太低级，但是在当时，这类图书馆却为厂矿发挥了重大的作用。这类图书馆主要为本部门生产科研服务。较为著名的有鞍山钢铁公司技术图书馆、上海宝山钢铁公司图书馆等。

3. 中共中央及国家机关图书馆。这类图书馆是共产党领导下的国家机关级图书馆，馆内主要以专业性的理论知识书籍为主，功能单一，专业性较强。比较著名的如中共中央马恩列斯著作编译局图书馆、中共中央文献研究室图书馆、中共中央宣传部图书馆、外交部图书馆、地质矿产部图书馆、铁道部图书馆等，它们的藏书都在10万册以上。

4. 社会团体图书馆。即一些社会团体主办的图书馆，服务对象比较广泛，比较知名的如中国科学技术协会图书馆、中国佛教学会图书馆等。

5. 企事业单位图书馆。这类图书馆因事业单位的特色性，藏书非常丰富，且质量很高。如人民日报社图书馆、《求是》杂志社图书馆、人民出版社图书馆、中华书局图书馆、商务印书馆图书馆、中国历史博物馆图书馆、故宫博物院图书馆等，藏书都比较丰富。

6. 工会图书馆。中国的工会图书馆包括全国总工会及其所属各级工会的图书馆（室）以及厂矿、企业的工会图书馆（室）等。中华人民共和国新中国成立初期，全国只有工会图书馆（室）44 所。1963 年发展到 43546 所。到 1988 年底，全国的工会图书馆（室）已达 246901 所，藏书达 54341 万册，专职工作人员达 92875 人。工会图书馆中藏书比较丰富的有：中华全国总工会图书馆、上海市工人文化宫图书馆、北京市劳动人民文化宫图书馆、重庆钢铁公司工会俱乐部图书馆等。

7. 军队图书馆。军队图书馆是为中国人民解放军干部和战士服务的文化设施，分别设在军区、集团军、师、团和连队。据不完全统计，到 1987 年底全军已建立图书馆（室）32264 个，藏书达 1864.3 万册，其中团级部队图书馆 2997 个，平均每馆藏书 3000 册；连队图书馆（室）29267 个，平均每馆藏书 350 册。其中藏书较多的有，广州军区俱乐部图书馆、海军俱乐部图书馆、沈阳军区俱乐部图书馆等。

8. 中小学图书馆。中华人民共和国成立后，一些有条件的中小学陆续建立了图书馆（室）。但各地发展很不平衡，据国家教育委员会对北京、成都、上海、常德等地抽样调查，1987 年中学设有图书馆（室）的占 70%，各馆藏书平均 1.35 万册，每馆有管理人员 2.5 人；小学设有图书馆（室）的占 40%，每馆藏书平均 3100 册左右，专职管理人员 0.5 人。其中，天津南开中学图书馆、北京第四中学图书馆、内蒙古师大附中图书馆、华南师大附中图书馆、上海大同中学图书馆等藏书都在 7 万册以上；北京市第一实验小学图书馆、辽宁省实验小学图书馆等藏书都超过 1 万册。

（四）智能图书馆

智能图书馆常见于学校、社区、科研中心，方便人们查阅资料，扩充知识面。因为传统设计的图书馆，有着一定的缺陷。比如，要借的图书不在指定的书架上；借还书耗费时间长；图书类别多，管理烦琐等。随着物联网技术的发展，图书馆也将在其影响下，产生翻天覆地的变化。智能图书馆的技术、组成，将新时期图书馆的特点充分地展现出来。

1. 智能图书馆的概念。智能图书馆亦称为智慧图书馆，是把智能技术运用在图书馆建设之中形成的一种现代化建筑，是智能建筑与高度自动化管理的数字图书馆的有机结合和创新，是在二者共同发展的基础上产生的，它应同时具备两者的设计思想、基本要求、特征和功能。智慧图书馆 = 图书馆 + 物联网 + 云计算 + 智慧化设备，它通过物联网来实现智慧化的服务和管理。本文认为智能图书馆是利用物联网等感知技术让图书馆的建筑环境、设备资产、文献资源以及读者等主要构成因素能够“说话”，即能够实时主动地获取相关感知数据。并在对感知数据分析和处理的基础之上，为图书馆工作人员提供一个智能化的管理平台，为读者提供一个无处不在的智能化的服务环境。

传统的图书馆图书管理大多采用二维码技术，需要人工扫描、分类、盘点，消耗了大量的人力资源。为了提高工作效率、降低资源损耗，以物联网技术为基础的智能图书管理技术应运而生。感知人员、感知环境、感知图书是智能图书馆的三个最基本的要素，与传统的图书管理相比，智能图书管理最大限度地节约了人力资源，使图书管理更加智能化，并可对环境因素做出及时判断与反映，大大提高了安全系数。

近年来中国智能图书馆建设逐步发展，2011 年中央财政将新增经费约 18 亿元投入公共图书馆等领域的建设，然而中国现有的图书馆建设还存在诸多问题，与国外图书馆建设相比较，还有一定的差距。例如，不能实现自助借还书业务、不能实时预警监控、图书馆人性化服务水平和图书流通效率普遍较低。

2. 物联网在图书馆中的应用。物联网技术虽然是最近几年才诞生并发展起来的新兴技术，但是由于备受学术界和工业界的共同重视，因此在较短时间内，物联网已在多个行业和领域中得到了广泛应用。其中应用最为广泛的主要是在工业自动控制、智能家电、智能交通、智能物流等领域。以工业领域的智能控制系统为例，应用物联网技术之后，相对于传统的控制领域，最本质的区别是在信息采集部分，由传统的单个信息采集点演变为由大量传感器节点所组成的网络来实现信息的采集。另外一个特点是，每个传感器节点都具有一定的信息处理和传输能力，各个传感器节点所采集的信息，可以通过相互之间的信息交流实现信息的预处理和信息汇总功能。

物联网（Interne tof Things）是将各种信息传感设备，如射频识别装置、红外感应器、全球定位系统、激光扫描器等种种装置与互联网结合起来而形成的一个巨大网络。物联网不仅创新了图书馆自动化管理模式，而且实现了图书馆与读者互动的人性化服务，提高了馆员的工作效率，加强了图书藏、借、阅一体化的功能，增强了图书馆的安全性、准确性、可靠性和扩展性，具有良好的发展前景。物联网实现用户间的通信、用户与图书馆间的通信、用户与信息资源的通信以及信息资源间的通信。

物联网技术在当今图书馆领域的应用同样受到人们的重点关注，并陆续开展了一些相关研究。由于图书馆主要是以图书资源和读者信息为管理对象，更多时候它们呈现出的是一种静态的、被动的传统特性。而物联网技术的核心思想是将物理世界与信息世界联系在一起，形成一个有机的整体。因此，就应用背景和需求条件而言，将物联网技术应用到图书馆领域是一个很好的结合思路。

（五）图书馆服务的发展历程

图书馆服务经历了从封闭到开放，从仅提供一次文献到兼提供二、三次文献服务的漫长历史过程。对图书馆服务的认识也是逐步提高的。在西方，图书馆服务可以远溯到公元前6世纪到公元前5世纪。在雅典出土的古希腊一个图书馆的墙壁上曾发现刻有“不得将图书携出馆外”的阅览规则。但在印刷术发明前的很多世纪，藏书只能被少数人拥有和使用，且多限于馆内阅览。到中世纪初、中期，在修道院基础上发展起来的大学图书馆已开始重视借阅工作，但那些稀有珍贵的书籍仍被金属链锁住，以防读者携出馆外。17世纪，德国图书馆学家G.诺德提出图书馆不应只为特权阶层服务，应该向“一切愿意来图书馆学习的人开放”，服务时间也相应地延长，诺德主持的马萨林图书馆1645年起每周开放一次，1648年以后每日开放。约在同一时期，把图书馆喻为“人类百科全书”“一切科学宝库”的另一位德国图书馆学者G.W.莱布尼茨认为，“图书馆头等重要的义务是想方设法让读者利用馆藏，配备完整的目录，延长开放时间，不要对出借图书规定太多的限制”。1735年，法国皇家图书馆向民众开放。受莱布尼茨思想的影响，1752年格丁根大学明文规定，除星期日外每天开放10小时，读者可以自由地利用馆藏。

19世纪上半叶，美国出现了指导读者利用图书馆的业务。1894年，美国丹佛公共图书馆率先开辟了儿童阅览室。20世纪初，美国出现了农村图书馆和流动书库，英国开始使用流动书库并开展邮寄借书，许多国家的大型公共图书馆和大学图书馆设立不同学科的参考咨询、文献检索部门，配备学识渊博的专家指导阅览，开展参考咨询和情报检索等工作，许多公共图书馆还设立讲演厅、展览厅、电影放映室，出借唱片等音像制品。针对图书馆服务问题，许多著名科学家、思想家发表了精辟论述，对图书馆服务工作的发展起了良好的指导、促进作用。例如，美国图书馆学家M.杜威在长期寻求把书和人联系起来的最有效的方式的基础上，提出任何图书馆都应向读者提供情报，解答咨询。列宁说过："值得公共图书馆骄傲和引以为荣的，并不在于它拥有多少珍本书，有多少16世纪的版本或10世纪的手稿，而在于如何使图书在人民中间广泛地流传，吸引了多少读者，如何迅速地满足读者对图书的一切要求，有多少图书被读者带回家去，有多少儿童来阅读和利用图书馆。"(引自《列宁论图书馆工作》)。

第二次世界大战以后，由于图书馆事业的发展，图书馆服务的内容和方式日益多样化，影响越来越大，一些国家开始制订图书馆服务方面的法律、法规。其中，具有代表性、影响较大的是美国国会于1956年制订的《图书馆服务法》(1964年发展成《图书馆服务与建设法》)。这类法规对于促进图书馆服务逐步走向法制化、科学化和现代化，更好地搜集、整理、保存和提供人类已有知识发挥了重要作用。20世纪中期以后，许多国家努力实现图书馆资源共享，广泛开展馆际协作，向各类型读者提供深入、系统和便捷的文献和情报服务。

图书馆其实早在公元前4世纪就已经出现。亚述巴尼拔图书馆是世界上最早并且保存完整的图书馆。我国作为有着五千年历史的文明古国，图书馆也历史悠久，只是在我国古代不叫"图书馆"，而是称作"阁""院""斋""堂"等。之所以会这么早出现图书馆，这也许跟图书馆本身的职能是分不开的。图书馆是收集文献、资料、信息的地方，用来供人们查阅、参考资料的机构。图书馆在人类文化发展上起着非常重要的作用。每一次文化的变革，思想的进步，图书馆都承载了记录其历程的使命。同时，从古代到现代图书馆的发展及变化也能够从侧面反映出文化发展对图书馆的影响。

图书馆发展至今，已经成为了我们生活中不可或缺的一部分。现在，图书馆不仅仅只是一个机构，还由此产生了一门学科——“图书馆学”。图书馆的发展与图书馆学的发展有着重要的联系。

图书馆学，是研究图书馆的发生发展、组织管理，以及图书馆工作规律的科学。其目的是总结图书馆工作和图书馆事业的实践经验，建立科学的图书馆学的理论体系，以推动图书馆事业的发展，提高图书馆在人类社会进步中的地位和作用。目前，图书馆学还是一门新兴学科，正在不断发展中，有着很好的前景。

图书馆学的研究发展是从近代开始的，其间经历了漫长的发展时期。最著名的图书馆学家就是美国的约翰·杜威。他是19世纪后期最伟大的图书馆学家，是图书馆学的集大成者。杜威，生于1851年，21岁在Amherst学院图书馆当学生助理。在那里，杜威创立了《杜威十进分类法》(DDC)。DDC是杜威1873年创立的，1876年正式出版。DDC创立的标记符号制度以简明的方式改变了图书馆的目录排列和图书排架的制度，使图书馆的知识组织现代化，有效地提高了图书馆的工作效率。由于DDC的简明性与科学性，DDC已经成为了被世界上最多图书馆使用的分类法，已被135个国家的图书馆使用。不仅如此，他于1876年发起了费城的首届图书馆员大会，它是世界上第一个图书馆协会——美国图书馆协会（ALA）的前身。他担任过美国第一个现代大学图书馆——美国哥伦比亚大学图书馆馆长，美国第一流的州立公共图书馆——纽约图书馆的馆长。他还创办了世界上第一个正规的图书馆学教育机构——哥伦比亚大学图书馆管理学校。

在理论价值取向方面，杜威倡导的图书馆学十分注重理论的实用性。他的图书馆思想广泛传播，它鼓励图书馆工作人员着眼于实际工作，多做有益于读者的事情，从而推动了图书馆学实践的发展。但同时，它也禁锢了人们的思想，延缓了图书馆学的科学化进程。

紧接着，在20世纪中期，迎来了图书馆学的理性主义思潮。这一时期涌现出的思潮和图书馆学家对杜威的经验图书馆学提出了极大的挑战。

1928年芝加哥大学成立了一所具有博士学位的图书馆学院（GLS）。从GLS成立到1942年为止，GLS是美国唯一具有博士课程的图书馆学校。GLS

的学风和理论追求影响了整整一代图书馆学家。GLS 成立后，该校师生致力于发展具有高度理性的图书馆学知识体系。他们从历史、文化和社会的角度思考图书馆活动的哲学问题，同时也以社会科学中流行的实证方法或思辨方法研究图书馆基础理论。这一具有鲜明学术特色的学术群体，被后人称为“芝加哥学派”。提到芝加哥学派，便不能不介绍巴特勒。他是芝加哥大学 GLS 最早引进的具有社会科学背景的四位教师之一。他最具代表性的著作是 1933 年出版的《图书馆学导论》。巴特勒对图书馆学的研究方法基本上是社会科学的方法，他抓住图书馆作为社会的一种现象来研究，而正是凭借这些与杜威完全不同的理论主张，他在学院派图书馆学中赢得了巨大的声望。

在 20 世纪 40～60 年代，虽然没有出现许多激烈的理论争议，但却是公共图书馆发展的重要时期。这一时期有许多图书馆学家提出了自己关于公共图书馆的伟大设想以及出版著作。1949 年，联合国教科文组织通过了《联合国教科文组织公共图书馆宣言》，这是图书馆事业史上重要的事件之一。它是图书馆事业在世界范围内发展成为一种社会事业的标志，使图书馆活动成为了国家民主化建设中的一个组成部分。这一宣言不但阐明了公共图书馆由公共资金支持、以同样条件对社区所有人免费开放、承担社会教育职能等早期形成的公共图书馆理念，而且很好地解释了公共图书馆平民化的基本理由。

随着科技的不断发展，图书馆的发展受到了信息技术的冲击。在 20 世纪 60～90 年代，以计算机技术为核心的信息技术，真正应用到了图书馆领域，它给图书馆学带来许多积极的影响。

在现代图书馆业务活动中，编目工作是图书馆中花费最大的工作之一。由于同一种文献常常由不同的馆重复收藏，因而各馆需要对同一文献重复编目。计算机出现后，图书馆界希望利用这一先进的信息技术，把书目数据变成机读形式，并通过机读目录的发行，实现编目资源的共享。因此，编目成为了图书馆自动化最早涉及的领域之一。

1966 年，美国国会图书馆开始实施 MARC 试验计划，吸收了 16 个图书馆参加，制定了 MARCI 格式。1968 年开始了正式的 MARC 计划，70 年代 IFLA 开发了通用 MARC 格式，进一步推动了国际间的合作及各种 MARC 格式间的数据转换工作。之后又出现了更为先进的联机图书馆中心（OCLC）以及联机公共检索目录（OPAC），对图书馆编目工作起到了至关重要的作用。中国的图书馆历史悠久，源远流长。但由于长期受封建社会制度的制约，“保存藏书”一直是其主要功能，很少对外开放服务。尽管明末曹溶曾在其所著《流通古书约》一书中，提倡用传抄和刊刻方法扩大藏书的流通和传播范围。清代周永年的籍书园和国英的共读楼等私人藏书楼曾准许少量读者定期入内阅览，但影响都不大。真正向社会开放、服务的是1904年的浙江古越藏书楼和在此前后的一些省立公共图书馆。辛亥革命以后，中国图书馆的服务对象逐渐扩大，如京师通俗图书馆设置新闻阅览室、儿童阅览室，并在一些县设立巡行文库。1919年五四运动前后，李大钊（当时任北京大学图书部主任）强调图书馆的教育职能，提出公共图书馆应向工人、市民开放，实行开架阅览。杜定友、刘国钧等也主张图书馆为民众服务，要用各种方法吸引读者，并辅导他们自学，李小缘强调图书馆应发挥“消息总机关”的作用，向社会提供咨询服务。中华人民共和国成立后，公共图书馆、高等学校图书馆、科学技术图书馆等各类型图书馆分别根据文化部、教育部和科学院等部门制定的图书馆条例中的有关规定，通过阅览、外借、复制、参考咨询、文献检索、宣传报导、定期情报提供、情报分析等方式，广泛地为人民服务，为经济建设、科学技术和文化教育事业的发展服务。由于代查、代借、代复制、邮寄借书和流动图书馆服务的开展，使远离图书馆的读者也可获得图书馆服务。

现代科学技术，特别是计算机技术、声像技术、通讯技术、缩微技术等在图书馆的广泛应用，使图书馆服务方式和服务手段日益多样化，服务范围也日益扩大和发展，服务效率不断提高。同时，随着互联网技术的普及，开始出现电子版图书，使信息的载体更加丰富，让人们可以更方便快捷地获取信息。随着人们信息价值观念的变化、科学技术的进步和文献资源共享的逐步实现，图书馆服务正沿着社会化和自动化方向迅速发展，图书馆服务在人们的物质生活和精神生活中将发挥越来越重要的作用。

图书馆服务的不断发展、变化，与社会的发展是息息相关的。总体来说，图书馆服务的发展过程，是从起初的不重视，到后来的很重视，再到现在包括将来的，以服务为核心的一个转变过程，是非常符合社会发展和市场发展的规律的。

(六) 现代图书馆的新发展

中华人民共和国成立后，中国的图书馆学研究进入了新阶段，图书馆界力图用马列主义的立场观点和方法来研究图书馆学。50年代初主要围绕新中国图书馆的性质、作用和工作方法进行探讨。50年代后期，图书馆学的研究逐步深入，从技术方法转向科学理论的研究。这个时期先后提出了"要素说""矛盾说""规律说"等观点。

文献分类学、目录学、馆藏建设、读者工作等分支学科也开始研究，并编写出《图书馆学引论》《藏书与目录》《读者工作》和《目录学》等教材。"文化大革命"期间，图书馆学研究曾一度中断。1978年中共十一届三中全会以后，图书馆学的研究受到空前重视，相继恢复和成立了一些研究部门，如北京图书馆图书馆学研究部、武汉大学图书馆学情报学研究所、北京大学图书馆学情报学系的图书情报管理研究室等。

1979年7月中国图书馆学会成立，建立了11个专业研究组，以推动图书馆学的研究工作。从1979年7月到1989年，中国图书馆学会及其所属学会组织了近百次学术活动，其中，仅全国性的学术讨论会就有25次，参加会议的有2300多人次，提出论文2000多篇。40年间共发表论文4万多篇，其中涉及基础理论、读者工作、目录学、分类编目、科学管理、古籍版本、新技术的应用、建筑与设备和图书馆学教育等各个方面；出版专著1500多种。

图书馆界为了交流工作经验，探讨学术问题及推广先进技术，从1949年到1989年，全国共出版图书馆学期刊130多种，1989年还在出版的有100多种，其中《中国图书馆学报》《图书情报工作》《图书馆学研究》《四川图书馆学报》《图书馆杂志》《大学图书馆学报》《图书馆理论与实践》《图书馆工作与研究》《图书馆情报知识》《黑龙江图书馆》《图书馆》等较有影响（见图书馆学期刊）。

国际交往与学术交流。新中国成立初期，中国图书馆界就建立了与国外图书馆界的联系。当时对外交流的重点是苏联、东欧和一些第三世界国家，后来逐渐发展了与其他国家的联系，交往的途径主要是国际书刊交换和人员互访。1978年中共十一届三中全会后，随着中国对外开放政策的实施，图书馆界对外交往也有了很大发展。到1989年底，已与120多个国家和地

区的图书馆界建立了联系。具体情况是:

1. 参加国际图书馆协会和机构联合会(IFLA)等国际组织的活动

中国是IFLA的发起国之一，新中国成立后，曾一度中断联系，1981年正式恢复了中国图书馆学会在IFLA中的国家协会会员的地位。同时，北京图书馆、中国科学院图书馆、清华大学图书馆、北京大学图书馆学系等9个单位也相继参加了IFLA，成为其机构会员。自1981年起，中国每年都派代表参加该组织的年会并提交论文。此外，中国图书馆界还先后派代表参加全球性的国家图书馆馆长会议(CDNL)、亚太地区国家图书馆馆长会议(CDN-LAO)、国际标准化组织(ISO)和国际连续出版物数据系统(ISDS)等举办的会议，以及英、美、日、澳、新西兰等国图书馆协会的年会。

2. 国际书刊交换

1949年以后，北京图书馆、中国科学院图书馆和北京大学图书馆等单位就开展了国际书刊交换工作。80年代这项工作有了较大的发展。除已开展这一工作的单位继续进行书刊交换外，一些省级以上的公共图书馆、高校图书馆和科研图书馆，也与国外的相应机构进行书刊交换。据1988年统计，仅公共图书馆与国外建立交换关系的就有15个。

3. 国际书刊互借

从1956年起，北京图书馆先后与苏联国立列宁图书馆、苏联科学院图书馆、朝鲜国立中央图书馆和英国不列颠图书馆等建立了国际书刊互借关系。到1988年，该馆已与英、法、日、苏、朝鲜、印度和津巴布韦等35个国家的94个图书馆建立了书刊互借关系。

4. 人员互访

几十年来，中国先后组织代表团访问英、美、法、苏、日、澳、加等50多个国家和地区。与此同时，也接待了英、美、苏、日、法等31个国家和地区的代表团。

5 交换馆员、互派留学生和进修生

自1980年以来，中国图书馆界先后派出专业人员和技术人员到英、苏、澳、美、日和联邦德国等10个国家去进修和培训，英、日、澳等国的图书馆员也到中国图书馆进行短期学习。中国图书馆界还派人到英、苏、美、日、澳大利亚和联邦德国等国留学，同时也接受了外国的留学生。

6. 举办国际学术研讨会和展览

1980年3月，中国图书馆学会与美国国际交流总署联合在北京、上海举办图书馆业务研讨会。1982年5月，中国医学科学院等和美国洛克菲勒基金会在北京联合举办医学图书馆管理讨论会。1986年9月，中国图书馆学会和IFLA共同在北京举办图书馆学情报学教育与研究国际研讨会。1987年7月，中国图书馆学会在北京举办美国大学东亚图书馆馆长代表团业务报告会等。1981~1988年，中国先后在日、美、加、新加坡和香港等地举办了中国古代书籍史展览、中国现代书籍展览和中国古代版画展览等。1951~1989年，中国先后邀请了美、英、日、苏、澳和联邦德国等国图书馆学专家来华讲学。与此同时，中国也派出古籍专家和图书修复专家到印度、美国、英国和新加坡等国讲授古籍及其装修知识。通过国际交往和学术交流，中国图书馆界不仅了解了国外图书馆的现状和发展趋势，同时也对外介绍了中国图书馆事业的发展与成就，加深了相互了解，增进了友谊。

总之，现代图书馆事业只有在时间上着眼长远，在空间上拓展视野，才能真正做到战略意识上的服务创新。从现代图书馆的发展阶段我们可以看出，图书馆的发展与我们国家的经济发展、国家的重视程度息息相关：当我们国家遭受重大灾难，遭受到天灾人祸时，图书馆的发展也止步不前，甚至走向了下坡路；当我们国家经济腾飞，迅速发展时，我们的图书馆也得到了巨大的发展。

第三节　图书馆文化及其功能性介绍

图书馆是给人学习文化的场所，但是图书馆的管理本身就是一种文化。图书馆文化是指人们关于对图书馆活动的认识、观念、规范及与之适应的工作方式、执政理念和社会评价等。具体含义是工作人员的图书馆观念、意识、价值、评价等。文化决定观念、观念决定心态、心态决定行为、行为决定习惯、习惯决定未来。这说明，文化对于人的行为具有永久性的影响，短期的号召或专项突击式行动，远抵不过文化教育的内在驱动作用。建立良好的图书馆文化事关图书馆发展进程、全体馆员的根本利益。从理论上分析，图书馆文化是图书馆建设的深层次软件要素，是一种潜在的无形的力量，是一种道德的软约束。因此，推广良好的办馆理念，培养良好的图书馆文化意识是非常有益和十分必要的。

公共图书馆是人民的终身学校，是一个城市文明程度的直接标志。作为重要的社会文化基础设施，它担负着向广大群众传播科学文化知识的重要使命。如果说，从提高生产力的角度看，公共图书馆是推动经济发展的加速器，那么从社会稳定的角度看，公共图书馆则是舒缓各种矛盾情绪的减压阀。公共图书馆作为公共设施，它的各项免费服务，实质上是以整个社会的名义体现同情、善意和关怀。作为公共图书馆一个分支的社区图书馆，是通过文献信息的选择、组织和传递来为一定地域内的所有居民服务。它具有区域性、全民性、系统性和多样性等特征，是普及科学文化知识和提高全民素质最有效的途径之一。

现代化的社会是不断变化的，尤其是21世纪的图书馆为适应随时代变化带来的竞争，就必须努力提升办馆实力，从而提高整体服务水平。考察一个图书馆的办馆实力，除了图书馆的设施、馆员力量等现实能力外，还有一种容易被人们忽略的隐性实力。这种隐性实力就是指适应时代的办馆理念、服务读者方面的具体价值取向及独具特色的专业建设指向等。这两方面的实力结合在一起，才能体现图书馆的整体水平。而所谓的隐性实力，在某种意义上指的就是图书馆文化建设的水平。

图书馆文化是包括图书馆建设实施环境、馆内文化活动及馆内隐性服务读者方面的文化。这种文化是在社会大文化背景取向下，全体馆员在馆长率领下，经过长期服务实践所形成的服务取向的共同认可、共同追求的心理特征，富有进取性的精神风貌及独具特色的服务风格。它具有对传统文化的继承，又具有符合时代精神的特色。

图书馆文化是指图书馆的整体布局设计，独具匠心的场馆建设、建设的特色风格及别致的花草树木、引人注目的展板标语等各个方面。将这些看似表象的东西赋予深刻的寓意，使它变成馆舍内一曲无声的歌，成为具有灵性的陶醉怡情、探索的工具。图书馆文化同时还包括了对图书馆服务本质的认知，对图书馆功能的思考，对图书馆社会责任的理解。馆内的人际氛围，领导和员工的互动，昂扬奋进的精神面貌，时代特征的充分体现，团结友善的亲和关系，民主平等的愉悦气氛，馆内各种运作中产生的那种心灵上的默契等，这些因素一起构成了完整的图书馆文化。

图书馆文化亦指图书馆在馆长的带领下，馆内领导、员工在长期服务中培养而形成的那种共同的价值取向、共同的精神追求、共同的探索指向等，它影响到馆内管理、服务的风格、政策目标的制定及运行的模式等各个方面。它是图书馆发展的精神上的内在驱动力，它反映一个图书馆办馆品味的高低。图书馆之间的竞争除了硬件设施、馆藏信息及馆员水平外，更加实质的差距就是在服务质量上。服务质量包括服务态度和读者所需信息量的多少。两个需求相同的读者在提供的服务质量不同的图书馆里，得到的服务态度和所需的信息量是完全不同的。

而图书馆最重要的文化内容是图书馆对读者的影响。除了良好的读书环境外，还有馆员与读者之间互动的和谐默契，以及通过这一切反映出图书馆内明显的价值取向和共同的理想目标愿望及追求。实质上这些无声无形的东西才是图书馆服务读者所需要的最重要的内容。图书馆是一种特殊的行业，其主要目的不仅是吸引读者，更是为前来的读者提供良好的服务。读者是接受图书馆服务的直接对象，我们看重读者是因为，读者对提供的服务的满意度，在一定意义上反映了图书馆提供服务的质量。从这个角度看，图书馆努力的首要目标应当是读者所需要的良好的服务质量。要强化和提升图书馆隐性功能，就必须注重图书馆文化的培育和建设，围绕图书馆的目标培育，致力于图书馆独特的文化色彩并具有明显价值取向的图书馆文化建设，才能从根本上提高图书馆的服务质量。

1. 图书馆文化的特征

图书馆文化的特性可以概括为以下几个方面：

(1) 开放性。图书馆文化的开放性主要表现在：图书馆是一个传播知识、获取知识的平台，而知识是没有贵贱之分的，任何人都享有阅读、获取知识、奋发向上的权利。所以我觉得图书馆应该完全向社会公众开放。

(2) 时代性。时代性的特征指的是图书馆是社会的细胞，社会的发展、时代的进步对图书馆文化具有强烈的制约作用。反过来，图书馆的发展目标、群体意识、价值取向也应该反映出鲜明的时代特征，与时俱进。

(3) 继承性。图书馆的浩瀚的馆藏不是一朝一夕就能完成的，而是日积月累形成的，图书馆的精神、理念、制度等也不是一蹴而就的，而是在几代人不断地继承和发展中形成的。无论是图书馆的物质组成部分还是精神组成部分，都需要继承与发展。

(4) 公益性。图书馆文化的公益性主要是针对公共图书馆来说的，公共图书馆的经费主要来自地方财政，这也就决定了公共图书馆的公益性。

2. 图书馆文化的结构

图书馆文化的划分主要有两种，它们分别是：

(1) 根据包含的内容不同，将图书馆文化分为物质文化、精神文化、制度文化和管理文化。认为图书馆文化的物质要素主要包括馆藏文化、馆舍文化和环境文化。图书馆的精神文化由图书馆哲学、图书馆价值观、图书馆服务文化、图书馆精神、图书馆形象、图书馆风尚等构成。图书馆的制度文化是图书馆在长期的服务管理活动中生成和发展起来的，以提高图书馆服务质量和服务效益为目的。其主要包括行业规范、业务管理制度体系和行政管理制度体系。而图书馆的管理文化就是以人为中心的管理文化。

(2) 根据图书馆文化的特征，将图书馆文化结构划分为图书馆物质文化、图书馆制度文化和图书馆精神文化三部分。

物质文化是以物质为形态的表层文化，是图书馆文化的最表层，它存在于图书馆的环境、建筑、设施、布局、美化等各个表面，它是图书馆精神文化的外在表现，它受图书馆制度文化和精神文化的制约，具有从属性、被动性。

制度文化以规章制度作为存在方式，是图书馆文化的中间层，它以图书馆内部先进的组织管理模式以及各种成文或约定俗成的规章制度为表现形式，是图书馆群体应共同遵循的行为准则的总和。

精神文化是在图书馆发展过程中形成的一种意识和文化观念，它是一种以意识为形态的深层文化，主要表现在图书馆工作人员的价值观念、思维方式、思想意识、文化素质和职业道德等多个方面。它是整个图书馆文化的核心部分，既体现了历史精神，又充满了时代气息，这是图书馆文化的精髓，它维系着图书馆文化发展的命脉。

3. 图书馆文化的功能

图书馆的文化功能主要分为教育功能、组织功能和辐射功能、凝聚功能、激励功能、约束功能、导向功能、融合功能等。

(1) 教育功能。图书馆在某种意义上与学校的功能一样，都是让人学习的地方。图书馆的教育功能是在图书馆发展初期，即书院阶段就已经形成的文化功能，近代图书馆则是将开发智力资源、进行社会教育和传播民族优秀文化作为一项重要的内容，今天图书馆更是成为进行社会教育的大课堂。正如教育家陶行知先生所说：“一种生机勃勃、稳定和谐、健康向上的环境氛围，本身就具有广泛的教育功能。”

(2) 组织功能。图书馆的组织功能是指经过若干年的历史发展和沉淀，图书馆已经是一个组织非常完善的机构，体现在它已经能够通过自身所创造的物质、精神财富来稳定和约束职工队伍，并建立和形成了一套完整的规章制度和职业道德规范，对图书馆职工的思想、行为起引导作用，使之与图书馆的目标相符，并使职工不断去追求、实现自己的价值，完善自身的形象。

(3) 辐射功能。图书馆的文化，对社会各行各业都有一定的影响。图书馆的辐射功能是指图书馆文化是社会文化系统中的一个子系统，处在各种社会文化环境的巨大磁场下，受到来自各方面的影响，比如网络文化环境的影响、大众消费文化的影响，等等。但是，图书馆文化的辐射功能又体现在它接受影响的同时也将自身的影响辐射到整个社会，给周围社会文化产生不可忽视的影响。

(4) 凝聚功能。图书馆文化的凝聚功能是指用共同的价值观与共同的信念使图书馆上下团结一致，众志成城。一个单位要在强手如林的竞争中谋求发展，不仅需要物质力量，同样也需要精神力量。良好的文化扮演的角色就是强大的精神力量，它能将一盘散沙与卵石，凝聚成坚固的混凝土。图书馆文化就是通过改变人的观念和精神面貌来带动图书馆整体面貌改变的。

(5) 激励功能。图书馆文化的激励功能指激励员工向困难挑战，向自我挑战。优秀的文化模式一旦形成，并形成良性发展，那么在图书馆内部就会形成一个良好的工作氛围，图书馆文化的激励作用就能起到物质所不能起到的作用，使全体人员产生责任感、荣誉感和进取心，激励工作人员与图书馆同呼吸、共命运。

(6) 约束功能。图书馆文化的约束功能指通过制度文化约束馆领导及馆员的行为，保证每项成文的或约定俗成的规章制度被严格执行，从而提高图书馆运行的效率。这种制度文化的约束作用是一种硬性约束，它对图书馆每一个成员的思想、行为起着有力的约束作用。

(7) 融合功能。图书馆文化的融合功能指对图书馆内部成员进行潜移默化的引导，使其自然而然地融合于团体之中。图书馆文化中的共有价值观念，一旦发育成长到习俗化的程度，就会像其他任何文化形式一样，产生强制性的规范作用。

当前是一个网络化的现代化社会，网络化在图书馆系统的应用也是一样。网络化是数字图书馆的基础建设，是图书馆深化服务、实现资源共享、整合资源最重要的基础技术保障。纵观历史发展，每一次技术革命，都对图书馆的发展起到了积极的推动作用。特别是在经济全球化的今天，现代信息技术的飞速发展，也为世界各国的同行们积极谋生，区域性、地区间、国际的交流与合作创造了十分便利的条件，并共同应对新形势下的各种挑战。

任何一种新技术的发明都为人类创造了一个全新的、更高层次的生存环境。计算机技术、通信技术、网络技术使图书馆的职能、服务方式等发生了重大的变化。图书馆的绝大部分工作都已经基本摆脱了传统手工作业的方式，实现了网络化的计算机管理，读者可以在任何时间、任何地点，使用任何的数字手段检索到所有的人类知识。可以说，信息技术的独有魅力是有史以来的任何一种技术形态都无法比拟的。然而，信息技术固然是一个伟大的发明，但它也仅仅是个手段、工具而已，本质上说，他并没有从根本上改变图书馆的属性——服务。数字图书馆无论在战略规划、内部机制、人事管理各方面采取什么样的新措施，最终都要落实在服务上，服务是图书馆的天职，没有服务，图书馆就不存在。

新的形势和环境无疑给图书馆的传统理念带来了挑战。因此，数字图书馆面临的一个首要问题就是确立怎样的服务理念。而当今社会，信息产业的飞速发展已打破了图书馆的信息垄断地位和一切优势，迫使我们站在知识经济的高度和图书馆生存发展的高度，认真思考和研究如何借助当今社会一切现代化手段和先进的技术支持，真正进入为社会经济发展服务这一严峻问题。为此，我们必须摒弃一切旧有的观念，树立全新的服务理念。

观念和思想一直以来都属于社会体系中最深层次的部分。当社会面临变革时，人们关注的往往是社会表层那些看得见，摸得着的属于器物的东西，而文化深层中内涵的概念则往往容易被人忽视。实际上，在新技术条件下，图书馆理念、数字图书馆馆员的观念、思想意识才是长期影响和制约图书馆发展的最重要的因素。

4. 图书馆理念

图书馆是为人准备的，所谓图书馆理念，最核心的理念是树立"以人为本"的服务理念。众所周知，图书馆的社会责任就是满足人民大众的文献信息需求。图书馆和馆员只有正确理解自身承担的社会责任，树立起良好的事业理念，才能自觉地履行图书馆馆员的社会职责，全心全意地为读者服务，才能把最大限度地满足读者文献信息需求作为图书馆一切工作的出发点和归宿。因此，服务理念是对图书馆承担的社会责任、社会功能、服务宗旨和认识水平的体现。换言之，只有具有很好的服务理念的图书馆人，才能热爱图书馆事业，才能千方百计地提高服务质量，才能自觉地做好读者服务工作。

图书馆能不能发展、如何发展，从根本上来说，取决于表现在图书馆人身上的图书馆主体性意识的觉醒。数字图书馆馆员主体性意识的觉醒，数字图书馆的发展，最终需要图书馆人来完成。因此，图书馆人如何理解数字图书馆的发展，以什么样的服务理念推动图书馆服务的发展，推动图书馆向什么方向发展，就成了关系到图书馆的存在和未来状况的决定性因素。

信息技术和网络技术的迅猛发展及高科技在图书馆中的广泛应用，把新世纪的图书馆带入到网络化、数字化发展的崭新时期。未来图书馆正在发生两个变化：从"有形"到"无形"的变化；从信息管理到只是管理的转变。这种变革，是图书馆面临的新考验，图书馆馆员必须重新审视自己，抓住契机，适应新环境、新时代树立"以人为本"的服务理念，推动数字组图书馆全面进步和发展，提高数字图书馆的服务功能，拓展数字图书馆的服务领域。

第四节　图书馆在人类发展史上的价值

图书馆是人类学习知识的一个场所，同时，图书馆也是保存人类文化遗产，收集、整理、存储、传递和开发信息，并向社会提供使用的科学文化教育机构和信息服务机构。图书馆的价值主要包括资源价值和社会价值两个方面。

一、资源价值

这是一个很广泛的概念，从天文到地理，从政治到军事，从自然到科学等，无所不包。从图书馆价值的角度来看，最能够体现图书馆价值的资源主要有信息资源、空间资源和文化资源这三类。

1. 信息资源。从根本上来讲，信息资源是图书馆最重要的资源。图书馆，有图书，才有馆；无图书，则不能称之为图书馆；即使是数字图书馆，那个所谓的数字，也不过是电子图书。这是再简单不过的道理，只要是地球人都会知道，但是图书馆界并非人人知道，许多人都是揣着糊涂，装明白。图书馆应该保存一切有文字的纸片，这样的说法虽然有一定的片面性，而且在科技如此发达的今天，这样的观点，无疑让人感觉好笑。但是，殊不知，印刷型文献资料有着不可替代的优越性。虽然电子文献及网络信息资源的存储丰富了图书馆的馆藏形式和内容，但是图书馆的传统藏品中珍藏着许多人类优秀文化典籍。人类不可能将所有的印刷型文献全部转化为数字型文献，传统的纸质型文献资料具有其优越性，图书馆馆藏的文献资料主要是纸质型书刊，这种纸质型文献与电子文献、网络资料相比，具有使用和携带方便的优点，它不需要使用电子音像设备和计算机设备即可阅读。纸质型文献是实现图书馆价值的物质基础。图书馆的未来必须以其自身的永久资源为基础，不能仅以电子数据存储为基础。

拥有是硬道理，获取是迫不得已；能够拥有，绝不获取。上海图书馆崇尚获取理论的人不少，可是这么多年来，上海图书馆一直在悄悄地收集家谱、方志和手稿，以望凭此类藏书独步天下，无处可以匹敌。所以，获取是个烟幕弹，图书馆界的烟幕弹，谷歌的烟幕弹，不要被这种理论障碍了我们的眼睛。

2. 空间资源。图书馆的空间资源是图书馆不可或缺的重要资源。图书馆，有图书无馆舍，则不能成之为图书馆，即使是数字图书馆，也有虚拟的空间。没有图书馆，民众照样可以幸福地生活；有了图书馆，民众就可以生活得更幸福。

图书馆并不是民众不可须臾离开的场所，很多人一辈子没有进过图书馆，你能说他们生活得不幸福吗？即使是天天在图书馆工作的图书馆从业人员，我看也未必都感到幸福，那么艰辛的工作，那么微薄的收入，那么低下的地位，你们感到幸福了吗？从图书馆的价值来看，图书馆的空间资源的确非常重要。空间资源是图书馆赖以存在和发展必不可少的资源。

如今数字图书馆的建设已经达到了相当的程度，可是，近十年来，我国图书馆的馆舍建设比数字图书馆的建设发展得更快，这是特别值得肯定的，具有拨乱反正意义的进步。但是，我们也必须看到，我国的图书馆数量仍然很少，图书馆的馆舍面积仍然严重不足。不要因为有几个省市建立了几个十万平方米的图书馆，就可以说三道四，最正确的观点是，图书馆建得越多越好，越大越好。十八大提出“确保到2020年实现全面建成小康社会宏伟目标”，要“实现国内生产总值和城乡居民人均收入比2010年翻一番”，如果图书馆的建设不能够翻番的话，怎么能叫实现全面建成小康社会宏伟目标呢？

现在的问题，不是图书馆建多了，而是太少了，中国人均拥有的图书馆数量和面积与中国经济的发展都严重失调。政府不是没有钱，而是不愿意把钱花在不增加GDP的图书馆建设之上。所以，我们的任务就是让政府把图书馆做大做强。

我们中国人现在最大的问题就是文化的缺失，精神上“缺钙”。作为拥有五千年灿烂文化的文明大国，文化是我们得以强大的根本。但是，近些年来，随着经济的跨跃式发展，人们的生活得到很大的改善，但是，同时也把我们的精神文化极大地改变了。这与现在的图书馆生存空间较小有一定的关系。

3. 文化资源。文化资源是图书馆的重要资源，事关图书馆的能量是正能量还是负能量，是否给力。有句流行的话：流氓不可怕，就怕流氓有文化。任何东西，只要有文化，就有力量，不可战胜的力量。一个好的图书馆一定是一个有文化的图书馆。曾经有人说：是人就可以当馆长，馆长真不是人当的。前者是嘲讽各地当权者没有文化，胡乱委任图书馆馆长，后者是吐槽一个有事业心的馆长奋斗的艰辛。现在可以在这句话后面再补充一句：馆长不是任何人可以当的。坏人干坏事天经地义，好人干坏事则天地无语。所以，馆长不可怕，就怕馆长没文化。文化资源是图书馆的一个特色，没有文化的图书馆就没有存在的价值与意义。

二、社会价值

图书馆是为人类学习文化所准备的，是社会分工中不可或缺的一块重要拼图。图书馆工作的社会价值，就在于真正实现图书馆藏书的价值，而实现藏书价值的途径就是为读者服务。否则，藏书再多、再好，也是没有意义的。图书馆的社会价值体现在：

1. 图书馆是一个绝佳的学习场所。图书馆是除学校以外的一个好的学习场所。图书馆拥有的文献信息资源浩如烟海，内容涵盖古今中外和各学科门类，载体形式多样，服务手段多样，是取之不尽用之不竭的知识宝库。图书馆是学习的好场所，它有着幽雅的环境，宽敞的馆舍，浓厚的学习风气，营造了一种强烈的文化氛围，能给学习者提供良好的学习环境，无论何时何地，图书馆都是人类接受教育的理想殿堂。图书馆以公益性服务为基本原则，实现和保障公民基本阅读权利为天职，以读者需求为一切工作的出发点。在对外开放不断扩大、信息网络技术迅猛发展、社会主流意识形态受到严峻挑战的时期，图书馆对先进文化的倡导作用更为重要。它通过对文献信息的收集、整理、开发、利用来宣传党的方针政策、国家的法律法规和科学真理，发掘、阐述、转化、继承和发扬积极向上的文化成果，牢牢把握先进文化前进的方向，推动先进文化传播。

2. 图书馆是精神文明建设的重要基地。图书馆是从事信息工作的重要领域，一直以文献信息的管理与利用为主，成为文献信息的汇聚与交流中心，由于图书馆的存在及其职能作用的有效发挥，使人类精神文明的发展有了可靠的保证。正是人们自觉利用和依赖图书馆阅读信息的行为，营造出了良好的社会文化氛围，推动了人类精神文明不断向前发展。

3. 图书馆是信息查询、管理的一个重要部门。图书馆是文献信息资源搜集、加工和管理的重要部门。信息技术和网络技术的飞速发展，拓展了图书馆的信息收藏范围。图书馆的收藏形式日益丰富，由收藏单一的印刷型文献资料，改变为收藏多媒体电子出版物、光盘数据库、网络信息等多种信息存储形式的完整的信息系统。图书馆肩负着信息资源建设的重任，一方面要丰富本馆特色资源，把馆藏信息数字化；另一方面还要对网络信息进行有效的规范管理，对有害信息、虚假信息和垃圾信息进行筛选过滤，对读者需求的信息进行分类、归纳、并将结果通过网络反馈给读者。

4. 图书馆是为社会服务的一个公益机构。图书馆从其出现并为社会公众服务起，就决定了其社会公益性的属性，它的公益性体现在无偿的为广大读者服务。图书馆向读者提供平等的服务，各级各类图书馆共同构成图书馆体系，保障全体社会成员普遍均等地享有图书馆服务。知识一旦生产出来，几乎无须增加任何成本就可供全人类共享，而且不会因为使用而消耗减少。图书馆虽然不是知识的生产者，但其收藏的知识的特征不变。知识一旦为图书馆所收集、加工、保存，同样几乎无须任何附加费用就可以向所有人提供。无论贫富贵贱，无论是大学教授还是平凡的打工者，来自社会各个阶层的人都能平等地获取图书馆资源。

5. 图书馆在服务与管理中体现人文关怀。图书馆致力于消除弱势群体利用图书馆的困难，为全体读者提供人性化、便利化的服务。随着社会发展，越来越多的农村务工者涌入城市，该类读者的社会来源广、构成复杂、个体差异很大，对知识有不同程度的渴求。指导他们正确的使用图书馆，不但能提高他们的自身素质，而且对于社会的安定和谐能起到关键作用。

第五节 从图书馆事业发展看我国文化事业的发展现状

文化产业发展在我国所有建设事业中占据重要地位，其发展水平和发展前景关系到综合国力竞争甚至是中国梦的实现。图书馆事业作为文化产业发展过程中的技术后盾和资源支持，同时起到纠正文化产业发展路线、克服建设过程中不良倾向的作用。本节将通过把握图书馆事业与文化产业发展之间的关系，揭示在现阶段二者协同发展的新局面下，我国文化事业发展的优缺点。图书馆事业和文化事业既有先后和主次之分，也相互融合、反哺，把握图书馆事业对文化事业的影响与引导，是文化事业建设的重要依据。

一、图书馆事业的发展历程

1. 发展初期

我国图书馆事业发展由来已久，早在党的十一届三中全会就已经迎来历史上发展最快、最好的黄金时代。自九十年代起，尤其是党的十四大召开以后，图书馆事业又随着改革开放的深入发展，在思想和实质层面都取得了卓越的成绩。九十年代中期，全国公共图书馆、高校图书馆的数量和面积大幅增长，上海、福建等地相继开设新馆舍，藏书量和工作人员队伍都达到骄人的数值。更值得一提的是，形如科学专业图书馆、军队系统图书馆等专业类别的馆舍也都取得了长足进展，在分类上更加系统化。

2. 管理系统进步

更彰显我国事业实力的是90年代以后对于图书馆自动化管理系统的实际应用，这表明国内自主研发的一些管理系统软件正式投入市场，实现了商品化。目前使用国内管理系统的有深圳图书馆，它的“ILAS”系统还被全国四百多家图书馆同时购入；北京图书馆使用“文津图书馆管理系统”；深圳大学图书馆使用微机局域网系统等，诸如此类，不胜枚举，说明国内管理系统使用率颇高。此外，像清华大学图书馆、中国科学院文献情报中心等均引进国外的先进软件，这种全国大规模的图书馆管理技术革新，彰显了我国图书馆事业发展的无穷潜力。

3. 互联网的兴起

近几年随着各种局域网、校园网等图书馆网络建设的概念兴起，建设规范、标准、合作共享的数据库已经成为新的改造方向。目前全国各地图书馆已建的数据库在数量和类型上都有突破，如书目型、文摘型、索引型等，为检索提供了便利。

图书馆事业说到底也是一种服务产业，因此随着人们对服务方式和内容的要求深化，以及社会主义市场经济体制的确立和精神文明建设的发展，图书馆的服务方式顺应形势也作出许多改进。综合来看，大致体趋势就是把封闭式调整为开放式，从过去的被动服务转变为主动提供服务。对于图书馆事业我们持支持态度，但有鼓励发展也要有评估赏罚。1991年国家就曾把图书馆分为国家级、地区级、学校级和图书馆级，分别进行评估，现在已经基本完成地区级、学校级和图书馆级的评估工作。这项浩大的评估工程对于全面提高图书馆服务质量有着重要作用，通过实地走访还能及时改善部分地区图书馆的办馆条件，帮助主管部门深入了解图书馆事业的实际情况，以采取措施进一步加强事业管理水平，全线提高图书馆工作能力。

二、文化事业发展现状和前景

1. 图书馆是文化事业的知识和技术支持

图书馆作为资源支持和信息来源，始终是文化事业发展过程中必不可少的技术指导，在科学技术进步方面多有助益。文化事业发展的每一个突破和进步，都深深烙印着科技的影子。文化领域的大幅发展，如文化产品产业化、规模化，助力文化产业走向工业化大生产的发展道路等；网络信息产品的问世与普及，电子游戏、网络游戏等新的产业形式出现。凡此种种，都在我国文化地图上开辟了新的领域，创造了不可估量的价值。随着现代大众传媒日新月异的发展，文化传播从此突破了时间和空间的局限，这意味着国家间的竞争已经不仅仅在于经济和军事实力，文化的渗透力也是相当重要的因素。

2. 我国为文化事业作出的努力

20 世纪 90 年代以来，知识经济的兴起对于世界各国都起到了警醒和启发的作用，因而为了占据文化制高点，数字图书馆逐渐兴起并成为各国关注热点，同时其水准也是考量一个国家信息渠道建设的重要依据。我国对图书馆的信息化和数字化建设就十分重视。1998 年，我国启动了“中国数字图书馆工程”——运用现代高新技术，涉及信息资源加工、存贮、检索、传输和利用的全过程，承载了国家信息化建设不可缺少的重要内容，是知识经济的重要载体，也是一项跨地区、跨部门、跨行业的，宏大的民族文化工程。总体来讲，现阶段的图书馆借助数字化的发展契机，从技术层面为文化产业发展提供了强有力的技术支持。

3. 前景及需要注意的问题

实际上，载体并不是衡量文化事业水平的首要标准，内容才是最重要的核心。文化事业的文化含量提高，再依托于技术手段，才能真正抢占市场，最终实现科技与文化的产业融合，为我国文化事业发展开辟新道路。图书馆是保存和传播知识的殿堂，所有文化方面的创作都离不开知识武装。因此，我们必须深刻体会图书馆的文化内涵和文化意义，再发掘其中文化资源对文化产业发展的至关重要的作用。这项工程突出了图书馆收藏、传播文化资源的中心地位，强化了图书馆在文化产业发展中的作用。虽然经历过事业与产业概念混淆，盲目追求经济效益的时期，但现阶段图书馆事业和文化事业都明确了自己的事业性质。积极传播先进文化，妥善处理社会效益与经济效益的关系，坚持把社会效益放在首位，从而使文化事业保持健康发展的态势，稳步向前。

文化事业建设当然不会一帆风顺，但总体而言还是朝着正确的方向发展，图书馆事业在其中功不可没。我国依然要继续高举先进文化的旗帜，准确把握文化事业的发展潮流，并充分发挥图书馆提供的资源优势，把握历史机遇，不仅开拓图书馆事业发展的新局面，也为文化事业发展谱写出新篇章。

第二章　图书馆现状分析与评价

第一节　图书馆建设事业获得迅速发展

图书馆是社会知识、信息保存与传递、扩散的重要机构之一。图书馆已经存在了数千年，但近年来，随着互联网络在全球的日益普及，人类社会的信息交流渠道不断增加，图书馆作为社会信息交流中心的地位被削弱。我们认为，人类社会与文明的进步发展，是建立在对人类既有的科学技术、文化、经济等成果继承基础之上的。没有继承，就谈不上发展，而图书馆正是这样一种人类文明在时间和空间中得到传承的不可或缺的中介性机构。在知识经济时代，知识、信息成为社会发展最重要的资源，知识管理、信息资源管理具有重要的意义，作为社会信息资源管理机制最重要的组成部分之一的图书馆将继续发挥其不可替代的作用。因而，图书馆将在信息社会中长期存在并为社会信息资源管理做出巨大贡献。

图书馆事业是社会结构中不可缺少的事业，是社会的科学、文化、教育事业的重要组成部分。它作为社会使用文献的一种组织形式，有助于继承和发展人类的知识成果。它的存在价值在于能帮助解决社会所面临的各项经济任务和文化任务。经济、科学、文化的各项成就与文献信息在社会成员中被利用的程度和图书馆事业的发展水平有着直接的关系。因此，图书馆事业的状况及发展水平，是整个社会的经济、文化发展水平的标志之一。

随着国家对精神文明建设的重视，图书馆的建设事业在我们国家有了长足发展，越来越普及，越来越成熟。21 世纪中国图书馆所要达到的目标，是要实现中国图书馆的现代化，实现图书馆的自动化管理，并由现代化带动图书馆事业的全面繁荣，中国图书馆伴随着新世纪的曙光，走上了新的发展征程。此时此刻，了解中国图书馆的现状，对于从中国国情出发牢牢把握好图书馆未来的发展走向是极为重要的。

21世纪中国图书馆所要达到的目标，是实现中国图书馆的现代化，并由现代化带动图书馆事业的全面繁荣，这个目标实际上在上个世纪的80年代、90年代就开始了。30年弹指一挥间，改革开放使中国图书馆发生了前所未有的变化，中国图书馆在改革开放的过程中也了解了自身面临的种种问题。

如果说，19世纪末20世纪初，中国图书馆由封建藏书楼向近代图书馆转型，是中国图书馆历史演进中的第一次转型，那么，20世纪末21世纪初中国图书馆由传统图书馆向现代图书馆转型，则是中国图书馆的第二次转型。这次转型较之第一次转型，其变革的深度和广度都更为艰巨和复杂。“研究新情况、解决新问题”是我们完成这一转型的逻辑过程。中国图书馆向现代化转型无法依靠也不可能依靠他人来完成，只有靠我们自己认真透彻地了解国情，了解世界图书馆的发展动向，通过百折不挠的努力逐步地解决它、完成它。我们坚信，在进入知识时代、信息时代的新世纪，人们对于知识的积累和对信息的需求会进一步加大。图书馆在未来社会仍然拥有自己的地位，中国图书馆在新世纪必将会有更大的发展。

一、图书馆建设事业获得迅速发展

图书馆事业是一种文化现象，图书馆事业建设不能不受社会制度、社会结构和经济发展水平的制约。在各国图书馆事业建设中，有共性，也有各自的特殊性。图书馆事业建设应与国民经济和科学文化教育事业的发展水平相适应。根据经济基础和上层建筑相互关系的原理，图书馆事业的发展水平是由经济发展的水平所制约的，经济的发展水平是影响图书馆事业发展的决定性条件。只有经济发展了，才能为图书馆事业的发展提供物质条件。另外，图书馆事业作为科学文化教育事业的一个组成部分，它又由整个科学文化教育事业的发展水平所决定。只有整个科学文化事业发展了，才能促进图书馆事业的进一步发展。

我国图书馆事业发展历史分期。1949年中华人民共和国的成立，标志着新中国图书馆事业建设的开始。50多年来，我国图书馆事业的发展大体上经历了以下六个阶段：

从1949年到1957年为第一个阶段，这是新中国图书馆事业健康发展、稳步前进的阶段。

从1958年到1962年为第二个阶段，是图书馆事业受“大跃进”影响，盲目冒进，发展大起大落的阶段。

从1966年到1976为第三个阶段，是在“文化大革命”十年浩劫中，我国图书馆事业遭到严重破坏的阶段。

第四阶段，是从1976年10月到1984年，这是图书馆事业获得迅速而全面发展的时期。

第五阶段，从1985年到1991年，这是各类型图书馆全面进行改革，探索办馆模式的时期。

第六阶段，从1992年至今，这是图书馆进一步深化改革，建设现代化图书馆的时期。中国共产党十四大之后，贯彻了邓小平南方讲话精神，我国改革开放不断深入，计划经济逐步向市场经济体制转变，图书馆界思想更加解放。

在过去的30多年中，中国图书馆事业以其不平凡的经历创造了我国历史上从未有过的辉煌。通过国家公布的相关统计资料，我们会对图书馆事业的迅速发展一目了然。

1. 公共图书馆

目前，全国现有县级以上的公共图书馆2767所，1949年只有52所，1978年为1218所，与1978年相比，30多年来县级以上的公共图书馆增长了277.5%。目前，86%的县都建起了公共图书馆。就馆舍建设来看，这30多年间全国有26个省级公共图书馆新建或扩建了馆舍。县级以上公共图书馆的面积由1979年的86.6万平方米，增加到1999年的506万平方米，增长为584.3%。国内31个省、市、自治区的公共图书馆有2/3以上新建或大规模扩建了馆舍，其建筑面积普遍在2万～4万平方米。这样的增长速度，可见公共图书馆建设规模之大，建设速度之快，建设势头之足。

2. 高等院校图书馆

高等院校图书馆从某种意义上来说，是一个国家的民族脊梁。少年强则国强，少年智则国智，少年是一个国家的未来。而高等院校图书馆就是灌溉这些国家未来花朵的甘露。目前，全国现有高等院校（未包括港澳台）已达1020所，高校图书馆达1100多所（含分馆），1949年，全国只有高校图书馆132所，1979年为675所。改革开放30多年，高校图书馆的总数比1979年大体增加了一倍。截至1997年的统计数据，高校图书馆馆舍总面积为627万平方米，而1979年馆舍总面积只有132万平方米，20多年来，馆舍总面积增加了将近4倍。上述数字还未包括各类成人高校、中专图书馆、技校图书馆、各级党校图书馆和军事院校图书馆。这些院校图书馆也都有了长足的进步与发展。

3. 科学和专业图书馆

科学和专业图书馆主要是指中国科学院、中国社会科学院系统的图书馆、中央国家机关、各部委研究院、所所属的图书馆、国家一级总公司下属研究院所属的专业图书馆或情报所。这类图书馆现有10000所左右，1979年大约只有4000所，其总数增长也在一倍以上。

4. 少数民族图书馆

这30多年，中国少数民族图书馆建馆有了空前的发展，民族地区已建有公共图书馆596所，占全国2767所公共图书馆的22%，全国人均40万人才有一所公共图书馆，而我国少数民族地区人均15万人就有一所公共图书馆，是全国人均占有率的2.7倍。广西、宁夏、内蒙古、新疆、西藏5个自治区图书馆面积之和为99238平方米，尤其是西藏自治区图书馆的成立，填补了我国省级图书馆的空白。

5. 基层图书馆

基层图书馆是指乡镇图书馆、城市街道图书馆、社区图书馆、工会图书馆、少儿图书馆和中小学图书馆，它们直接面向基层为广大民众服务。这几年，基层图书馆已呈蓬勃发展之势。全国现已有4万多个乡镇图书馆，自文化扶贫委员会在全国实施“万村书库工程”后，在全国已建有6万多个村图书馆。城市工矿企业建有工会图书馆（室）约16.9万所。全国有8.7万所中学，76.6万所小学，有较好基础的中小学图书馆大约有10万多所。全国已有独立建制的少儿图书馆80余所，其中：省级少儿馆有5所、副省级少儿馆有8所、地市级少儿馆有43所，富有儿童特色的少儿阅览室已发展到近

2000个。全国已有汽车图书馆160余个，它们为边远地区的乡民阅读提供了极大的方便。随着城市住宅小区的建设，社区图书馆也在兴起和发展之中。

事实证明，是改革开放使我国图书馆事业向前推进了一大步。目前全国已有各类图书馆35万所，藏书40多亿册，已达到相当的规模。在基本建设上，过去欠账太多，这几年，图书馆基本建设的步子很快，各地新建或扩建馆舍工作如火如荼，方兴未艾，新建馆舍使图书馆工作条件和对外服务条件有了明显改善。有些馆现已成为国家或某城市的标志性文化设施。例如，国家图书馆，该馆1987年建成，总面积达14万平方米，新馆面积是旧馆面积的3倍，成为亚洲最大的图书馆，世界第五大馆，馆内现代化设施和完备的服务功能已使之成为中国图书馆事业全面发展的重要标志。上海图书馆，1996年12月20日建成开放，总面积8.3万平方米，是世界第7大图书馆，现已是上海信息港的信息枢纽的主要基地。图书馆硬件设施的改善，大大增强了图书馆综合服务能力，提升了图书馆公众形象，使图书馆成为教育、文化和情报的一支活跃力量，也为图书馆在新世纪的可持续发展打下了坚实的基础。我们有理由对中国图书馆的发展持乐观态度。我们所要争取的，只是如何把握好发展机会，力求使中国图书馆能在新世纪获得更为稳步、健康的发展。

二、现代化图书馆在我国快速发展

随着现代科技的发展，社会已经进入了信息大爆炸时代。传统的图书馆已完全不能适应现代快节奏生活的需要，因此，应用现代化技术的图书馆应运而生。现代化图书馆就是将现代技术应用于图书馆各方面的工作。现代技术主要是指第二次世界大战以来出现的各种新技术，它和图书馆工作结合后，使图书馆工作发生了深刻的变化，图书馆事业从此进入一个新的发展阶段。

随着信息时代的发展，特别是网络技术的高速发展，为人类社会的进步营造了一个前所未有的信息空间，也给图书馆这一重要的社会信息服务系统带来了巨大的挑战和提供了难得的发展机遇。图书馆资源数字化、馆舍的虚拟化、服务的社会化、发展集约化成为了图书馆未来发展的最佳模式。

资源数字化。随着信息时代的到来，图书馆也必将是朝着数字化方向发展，建设数字图书馆，这是毫无疑问的，业界也讨论很多。资源数字化包括资源的存在形式（或载体形态）数字化、资源的组织数字化和文献信息服务体系建设。资源的存在形式数字化包括馆藏资源数字和社会资源馆藏化。

馆藏资源数字化。就是根据各馆的特点以及日后的发展规模，确定数据格式标准（这包括多少字段，采用什么格式）、收录范围、时间段和载体形式等，再根据《图书著录格式规范》《非书资料著录规则》等标准，对馆藏资源进行数据收集与加工。数据加工包括书目编目，文献著录、文字录入、扫描、图片处理等，然后建立专业的、特色的文献数据库。建立文献数据库，还依据《数据库著录规则》《元数据的标引规则》、《数据库主题标引规则》、《数据库分类标引规则》等多个规则，使每个文献处理人员有章可循，为高质量完成建库任务打下良好的基础，同时为后期的数据库软件研制工作提供保障。

社会资源馆藏化。现有社会的数字信息资源分为 4 大类：网络数据库、电子图书、专业数据库和学位论文数据库。网络数据库中常见的有：一是中国期刊网：内有 9 个专辑 5300 种 1997 年至今的全文电子期刊，以及 1994 年至今的题录；二是维普中文期刊数据库：内有文理各学科期刊 8000 多种，其中科技期刊较全，收录时间为 1989 年至今；三是万方数据资源系统：以核心期刊为主线，内容涵盖医药卫生、工业技术、农业科学、基础科学、社会科学、经济财政、科教文艺、哲学政法等各个领域，100 多个类目的近 5000 余种核心期刊，三大数据库：数字化期刊全文数据库，万方数据中文知识（链接）门户，数字化期刊刊名数据库；四是中文社会科学引文索引数据库：包含人文社会科学各专业，收录国内外出版的重要的中文、人文科学、社会科学学术期刊 419 种。

文献信息服务体系建设。如果资源的组织与管理模式、相应服务理念与服务方式不能适应数字时代的要求，再多的数字资源也不能构成一个理想的数字化的文献信息服务体系。建设数字图书馆应该全面继承、发展图书馆的资源与服务，通过现代的管理方式和服务理念，采用现代数字技术，使图书馆的各种资源发挥更大的效益。1997 年 3 月，美国国家科学基金会资助召开的“分散式知识工作环境”会议报告提出：“‘数字图书馆’的概念并不仅仅是一个拥有信息管理工具的数字收藏的同义语，它更是一个将收藏、服务和人融为一体以支持数据、信息和知识创造、传播、利用和保存的全过程。”建立数据建设同盟，加大数据开发的比重，建立中数据库产业基地；统一数据库制作标准，提高数字化水平；改进数据库检索技术，采用超文本检索技术，提高检索效率，实现在网上轻松阅读和下载。在网络环境下，数字信息传输将采取长距离、大容量、数字式通讯方式，其范围之大，可以覆盖全球，其容量之大不是以几十兆、几百 GB，乃至几十几百 TB，而是可以建设一套快速、大容量的传输系统以实现网络资源共享。图书管理的网络化以及信息资源的数字化、电子化，使得我们可以获得大量信息，而不必关注其收藏点。数字化图书馆联盟下的子单位，就可根据各馆的收藏和服务特点，为数字化联盟加工、传输、共享本馆的数字资源，这就避免相同资源的重复建设，节省了时间，减少了无用功的损失。这就是先进的数字化信息和数字化传输。

馆舍虚拟化。伴随着全球网络化的迅速发展，特别是 Internet 的出现，已经构成了人类有史以来最大的信息资源网络，在网络环境下，图书馆的资源结构发生了深刻变化。在信息时代的知识社会里，图书馆的发展不再是一个独立的实体，而是信息社会系统里的一个知识功能模块。在实体馆藏资源的基础上，建立具有联机检索功能的数字化图书资源，在当今这个时代，任何图书馆如果离开数字化图书资源而仅靠自己有限的实体馆藏资源来提供广泛的服务，是不可想象的。所以，很有必要在互联网上建立一个统一的、具有全面共享的、高速的、安全的、不受时间和空间限制的、随时随地都可使用的智能化虚拟图书馆。

虚拟图书馆的含义。所谓虚拟图书馆，就是指信息时代馆际之间实施协调合作的一种形式，由若干有着共同目标的图书馆结成网络联盟，为共同开展服务、共同开发信息市场而实施全方位合作的一种虚拟运作模式。从发展的角度看，是当世界进入网络时代，具有不同资源与优势的图书馆为了共同开发馆藏资源、共同开拓信息市场、共同解决个性化和多样化的社会需求，而组织建立的在信息网络基础之上的共享技术与信息，共同分担费用、共同发展的、互惠互利的图书馆联合体。虚拟图书馆的出现改变了藏书建设的概念、理论和方法，改变了图书馆藏书建设体系结构与内容，拓展了图书馆信息资源的空间和服务模式，使多馆协作、资源共享不再是空想。虚拟图书馆是电子化、数字化图书馆，但电子化、数字化的图书馆却不一定是虚拟图书馆。电子化、数字化的图书馆是某一具体的图书馆实体，它是自动化系统发展到一定阶段所表现出的馆藏文献的电子化与数字化，而虚拟图书馆与全球图书馆及全球信息库应是等同的，它没有具体、固定的图书馆形态，也不是单指某一个图书馆电子化、数字化的结果，而是指通过网络远程获取信息与知识的一种方式。可是各个数字图书资源的支撑平台各种各样，如何把全国各地彼此分散的、异构的、杂乱的数字图书资源整合到统一的平台上？刚刚开通的 CRENET2 和不断完善的网格技术，可以实现教育网上所有资源(包括硬软件资源、计算资源、存储资源、通信资源、信息资源、知识资源等)的全面连通。将地理上分布、异构的各种高性能计算机、数据服务器、大型检索存储系统和可视化、虚拟现实系统等通过高速互联网络连接并集成起来，共同完成一些缺乏有效研究办法的重大应用研究问题，实现了对各种计算资源的访问，也实现了对所有数据资源的统一访问。网格技术的根本特征就是资源共享，它把整个网络整合成一台巨大的超级虚拟计算机，实现各种资源的全面共享。

文献信息资源的数字化，图书馆实体的虚拟化，是图书馆发展的方向，真正意义上的数字图书馆可以不受任何约束地通过网络图书馆调出其他馆的文献信息，变缺馆藏为“有馆藏”，真正变为“无墙图书馆”。

图书馆服务社会化。图书馆服务社会是知识经济和信息时代发展的必然趋势。随着知识经济社会的到来，图书馆面向社会开放，为社会大众服务，走社会化之路势在必行。因为知识经济的兴起和网络时代的到来，为知识创新提供了更加广阔的舞台，同时也带来了信息传播方面的新问题。面对“数量”和“复杂度”激增的各类信息，图书馆有责任通过自己的创造性劳动，做深层次的信息加工、鉴别以确定信息的价值，从而保证知识传播渠道的畅通，为广大科研人员实现知识、科技创新创造条件。基于知识、技术创新的大环境，图书馆的服务社会化是在市场经济条件下谋求自身发展的一个必然趋势。

现有资源得不到充分有效利用。图书馆，特别是高校图书馆，作为文献信息的一个汇集中心，拥有浩瀚的文献信息资源。据不完全统计，全国1000余所高校图书馆拥有藏书6亿多册，并拥有大量连续出版物等及时性的信息资源。高校图书馆拥有较强的专业文献资料加工处理能力，在长期的教学和科研工作服务中，高校图书馆积累了大量工作经验和专业信息处理知识和能力，这些知识和能力是其他类型信息服务机构无法比拟的。可以说，高校图书馆是一个学科齐全的多功能的信息处理中心。但是，令人遗憾的是高校图书馆的这些资源优势，如信息资源优势、技术设施优势等并没有得到充分有效的发挥。虽然目前许多高校图书馆已开始向社会开放，但其力度、服务范围和层次还远远不够。高校图书馆的这些资源需要有一个更为广阔的发展领域，让其得到更为有效的利用，高校图书馆需要一个展示自己的社会大“舞台”。

图书馆在服务社会的过程中可以方便地引进外部资源，如资金、技术、管理，借助外部力量进一步深化其内部改革，让图书馆更好地为高校教学和科研服务，并进一步为社会提供更为广泛的信息服务。如今，图书、信息已走向市场化，清华同方的中华知识网、中国期刊网，万方数据，维普中文期刊等网上资源与图书馆的强强联手（建立镜像站等形式），给了图书馆强大的外部资源活力，使图书馆为社会提供服务的工作能够开展得如火如荼。而绝大部分图书馆面对市场经济也不能再冷眼旁观，而应该把目光投向市场、投向长远、投身市场，服务社会化是图书馆走向市场的重要途径。

图书馆服务社会化的体现。进入当今知识经济时代，又是信息经济时代，人们的信息意识不断提高，对信息的需求量越来越大，信息的迅猛增加和高效利用，给图书馆的文献信息资源管理和读者服务工作开辟了广阔的前景。高校图书馆不仅是学校的文献信息中心，而且是学校信息化和社会信息化的重要基地。图书馆应不断拓展自己的教育职能和信息服务职能，把读者第一，服务至上，全心全意为读者服务作为最高宗旨；把吸引读者，争取读者作为重要的策略行动；把拥有最多的读者，最广泛的信息传播面和提高有效的知识流通量作为工作方向；把适应社会的发展，顺应读者服务的发展规律，不断提高为读者服务工作的质量和水平作为自身发展的目标。

读者服务对象的延伸。电子计算机技术、现代通信技术和网络技术在图书馆的广泛使用，将逐步突破图书馆与读者的严格界限。网上读者的出现，将使图书馆的读者范围不断扩大，它不仅有自己特定的读者对象和相对稳定的读者群体，即高校图书馆除有本校的教职员工和学生读者，而且还有社会上其他单位的读者，特别是利用本馆特色馆藏资源和文献信息的读者。图书馆读者对象范围的延伸，反映了图书馆从自我封闭到有限开放，再到全面开放的社会化发展趋势，同时也说明，信息时代的图书馆将承担更多的社会职责，发挥更大的社会教育和服务功能。

随着信息时代的发展，特别是网络技术的高速发展，图书馆应用现代化管理方法和先进的科学技术，加强分工和协作，提高信息资源和经费的利用率，增进图书馆事业的整体效益，是图书馆行业集约化的基本含义。信息社会的来临使图书馆面临着前所未有的挑战。一方面社会信息量急剧增加，单个图书馆越来越难满足本馆读者的信息需求；另一方面信息技术正在改变着图书馆的传统面貌，数字图书馆、虚拟图书馆等新的图书馆概念和形象相继产生。为了共同满足社会的信息需求。图书馆，特别是高校图书馆必须联合起来，实现资源共享就成了历史的必然，而现代信息技术的应用能帮助图书馆克服时间与空间的限制。从技术上支持图书馆信息资源的共享。

在结构上，计算机技术和通信技术在图书馆的应用彻底改变了图书馆的工作方式，使图书馆的各项工作在图书馆内部连成一个整体，实现了图书馆的局域网络化，图书馆作为社会的一个有机组成部分，与网络结合并将其信息资源昭示给社会公众也是大势所趋。以计算机技术与信息处理技术为主的有形的、组织结构精密的现代图书馆网络将取代传统的图书馆网络。在功能上，在未来的知识为基础的社会里，图书馆不仅是人类文化的保存中心，而且将成为真正的知识教育中心和素质教育中心；不仅收藏有丰富的信息和知识资源，而且可以通过各种现代化手段和途径获取并传播人们所需要的各种馆内和馆外的信息和知识资源，从而成为各种年龄和知识层次的人学习和研究的最佳场所；不仅为馆内读者服务，而且还可利用现代化手段，在网上开设远程教育课程，提供远程教学服务，从而成为人们终身学习与终身教育的中心。由于馆藏范围的延伸，图书馆将兼有博物馆、美术馆、纪念馆的功能。但与这些机构不同的是图书馆除了保存功能外，将更加重视藏品的利用，人们可以将其中的一些艺术复制品像图书一样，借回家去欣赏一段时间，从中受到艺术熏陶。从这个意义上说，图书馆还将成为重要的素质教育中心。在馆际合作上，交通、通信的发达，特别是高速信息传输网络的建设，使得国际间的图书馆业务合作和学术交流变得更为方便，特别是网络作为一种全新的信息传递手段，以其信息量大、传输方便、不受时空局限、共享性强等优点显示了强劲的生命力。我们可以通过它检索世界上诸多国家和地区各类图书馆的馆藏目录及各种指南、手册及期刊索引数据库，交换书目信息，实现联合编目，开展学术交流。在发展理念上，图书馆作为信息的集散地，其从业人员的群体观念和个体意识应该是最敏锐最开放的，他们应该时刻获知、鉴别和汲取新的有益的思想。在知识经济时代，社会信息网络以其丰富多变的载体形式、交流形式、服务形式迫使我们重新认识图书馆事业、图书馆信息资源、图书馆读者(用户)、图书馆服务及图书馆人本身，具有时代特色的新观念将层出不穷 . 而那些过时的、不符合发展趋势、落后于客观现状的旧意识将得到更新。

1. 现代化图书馆的发展前景

现代技术在图书馆的应用有一个从低级向高级的发展过程。高新技术还在不断发展，这些现代技术以计算机为核心与图书馆的有机结合，将使电子图书馆成为现实。第二次世界大战以后，发生了以自动化为主要特征的第三次技术革命。70 年代中期以来，又开始了第四次技术革命，其主要特征是信息化并开始向智能化发展。这两次技术革命都和信息处理有密切关系，并促进信息时代的到来。作为信息行业的一个重要组成部分的图书馆，由于文献数量的急剧增长和读者要求的日益提高，传统的工作方式已很难适应工作的需要，因而很自然地引进并应用了有关的新技术。被应用于图书馆的现代技术主要是电子计算机技术、通信技术、存储技术、文献复制技术、文献保护技术、监测技术、自动化传送技术等。

中国图书馆应用计算机是从 1976 年开始的。但在 80 年代初中国图书馆界提出要从传统图书馆向现代化图书馆过渡以来，由于微型计算机的迅速发展和汉字信息处理的突破性进展，图书馆现代技术的应用发展很快。声像技术已被普遍应用，计算机技术经过了准备和试验阶段，正在向实用化发展，图书馆自动化集成系统、光盘等新技术也正在引进发展中。可以预料，中国的图书馆现代化将有一个光明的未来。

2. 现代化图书馆的相关应用

现代化的图书馆主要通过现代化科技手段对图书馆进行完善，从而得以广泛应用。现代化手段在图书馆上的应用主要体现在三个方面:

(1) 计算机技术的应用。现代社会的发展，各行各业如果离开了计算机的应用，那就是濒临淘汰的传统行业，计算机的通用性是其他设备远远不能相比的，具有得天独厚的优势。计算机技术被认为是当代信息技术的心脏，在图书馆现代技术中处于主导和核心地位。目前图书馆业务工作中的文献采购、编目、流通、标引、检索、连续出版物管理、索引编制、参考咨询和图书馆内部管理等都在不同程度上使用了计算机，并通过计算机实现联合编目、馆际互借等，出现了多种图书馆自动化系统，使图书馆工作不同程度地摆脱了手工操作方式，把图书馆工作人员从烦琐、枯燥的劳动中解放出来，大大提高了工作效率和工作质量；还使得图书馆有可能开辟新的、灵活多样的服务项目，如联合编目；计算机技术所提供的快速、详尽和准确的多种统计数字，能迅速、及时地为图书馆领导决策提供准确的依据。不仅如此，计算机对于其他现代化设备还起着控制、联结和转换的作用，使图书馆的各种现代化设备结合成一个有机的整体，以充分发挥它们各自的优越性。

①提供全面的资源共享。目前，各个图书馆中的信息资源都相对比较独立，尽管图书馆中也有充足的宽带资源可以使用，但是大量的信息并没有分享给其他用户。一般情况下，它只能供内部人员查阅，而且其检索功能也有很大的局限性，使得用户使用较为麻烦。而计算机网络技术的引入却能够提供全面的资源共享，消除各个图书馆信息资源之间的相互独立，实现程序之间的相互连通。

②满足用户的多方面需求。随着科学技术的不断发展，社会也开始飞速发展，这便使得用户们对于信息资源的要求越来越高，仅仅一个专业，一个图书馆的信息已经无法满足用户对于信息检索的要求。因此，各个图书馆之间进行相互连通，从而形成跨专业、跨行业以及跨地区的图书馆连通模式显得尤为重要。而计算机网络技术在图书馆中的应用，可以很好地解决这一方面的问题，使得每个图书馆都形成信息资源中的一个节点，各个结点之间的连通可以同时为一个用户提供服务，从而多方面地满足其要求。

③传统的图书馆藏书管理问题比较多，其中主要的问题就是管理的人员很多，但是管理的效率却不高。一般情况下，图书的借阅非常繁杂，让工作人员和学生们都感到比较辛苦。此外，由于都采用库的方式进行藏书的管理，造成了图书容易丢失的现象。再加上所有的图书信息和借阅信息都是通

过文字进行记载，容易出现错误。此外，借阅的时间等方面，也不是非常清晰，容易造成图书的超额借阅。经常会出现，学生们挑选了好久的图书，但是最终想要借阅的时候，会发现已经没有库存了这样的情况。因此，传统的图书管理系统，尤其是藏书管理，弊端较多，并且直接影响了图书馆的整体管理效率。对于管理人员还是借阅的学生们，都有着非常不利的影响。因此，传统的图书馆藏书管理亟须采用先进的管理方式取而代之，从而提高图书馆的藏书管理效率，完善图书馆的功能性作用，加强其实用性。

(2) 通信技术的应用。这里的通信技术仍然指的是基于网络化、电子化的现代通信技术。传统通信技术的主要功能是沟通信息，现代通信技术系统以计算机为核心，加上应用了其他高新技术如光纤通信、卫星通信等，因而除沟通信息之外，还具有分配信息、管理信息和信息咨询等功能，工作效率和工作质量则大为提高。现代通信技术应用于图书馆后，把一个图书馆的各个部门和它们的计算机联结成一个整体，也把各个图书馆联结成图书馆自动化网络。而各种形式的信息如声音、文字、图像等都可以利用现代通信技术进行准确、高速的传送。如利用光纤通信，从美国的华盛顿到洛杉矶，1 小时内就可以传送 4 万册书的全部内容。在这种情况下，馆际互借可以迅速进行，而且需要某文献的图书馆可借到远方图书馆所藏的文献，而被借的文献本身 (文献载体) 仍可留在原来的图书馆中。例如，世界上最大的图书馆自动化网络联机图书馆中心（OCLC)，就和五大洲 26 个国家的 9400 多个图书馆或情报中心相联结，它的联合目录包括了 300 种以上文字的 1900 万种文献，共 3 亿多册，已为各图书馆办理了 2200 万次以上的馆际互借。图书馆员不出门便可为读者借到其他图书馆的文献，并可通过传真在图书馆之间快速传递；各图书馆也可利用 OCLC 进行文献采购、期刊管理等；特别是利用 OCLC 进行联合编目，使每个图书馆 90% 以上的编目业务都可以使用 OCLC 联合数据库中已有的编目数据 (见合作编目)。所有这些既节约了经费和人力，又大大提高了工作效率。

(3) 存储技术的应用。图书馆的存储技术主要是指声像技术和高密度存储技术。传统的图书馆馆藏是以印刷出版物为主的，其缺点是容量小、速度慢和浪费资源，因而应付不了信息膨胀的现实。计算机等现代技术离不开现代存储技术，而现代存储技术由于具有大容量、高速度和价格低廉等优点，也被引进到图书馆中。目前，唱片、录音带、幻灯片、电影片、录像带、激光声像盘和缩微品等都成为图书馆的馆藏。存储在磁盘、磁带和光盘上的电子出版物是出版事业的新发展，也使图书馆馆藏增加了新的品种（见机读文献）。1987年美国出现的超级载体（hypermedia），则通过计算机控制，把各种文献载体和各种内容综合为一个整体，可以同时向读者提供各种形式和各种内容的资料。例如，《秦始皇》就包括了有关秦始皇兵马俑的录像和说明、当代十名专家对始皇帝的评价（文字或录音）、有关的古籍文献和有关的词典等，这些资料的任一部分（如录像中的一幅画面）都可由读者随意检索，并可即时将其复制下来。这种综合性的服务能充分满足读者需求的多样性和全面性，其优越性是显而易见的。计算机与声像技术结合，还出现了多种文字的盲人阅读机。现代存储技术增加了图书馆的信息存储量并大大压缩了存储空间，一些发达国家的图书馆或新建馆收藏的缩微胶卷（片）往往数以万计，又如直径为5英寸的一片光盘可以存储25万页的打印纸，这将使微型图书馆成为现实；存储技术提高了文献的输出、输入和检索速度；并使得被存储的信息可以从一种载体转换到另一种载体。

大数据。众所周知，数字图书馆具有信息资源数字化、信息传递网络化、信息利用共享化、信息提供知识化、信息实体虚拟化等特点。因而，数字图书馆信息服务能力的衡量，也不再以馆藏作为评估标准，而是更多的以其信息资源的有效获取为依据，这就要求数字图书馆的信息服务必须针对市场信息需求进行信息产品的开发和服务。数据是图书馆馆藏资源的重要组成部分，而且学术界也普遍认同：数据作为原始类的产品可经过加工、整理和分析提炼转化为信息和知识，以便在人类生产生活当中发挥更大的作用。因此，对大数据主题的适当研究本是图书馆职业的分内之事，同时也是其认清时代发展方向，主动把脉并参与到社会发展脉动之中的体现，显示出图书馆职业在信息社会中谋求生存和发展能力的迅速提升。图书馆作为现代社会中公共信息服务体系必要的组成部分，不可避免地会受到社会技术应用潮流的影响。随着国内公共文化服务体系建设的不断深入和完善，图书馆事业的民众基础也在不断壮大，相应的读者和资源类数据也在膨胀之中，整个行业在客观上也需要新技术工具的强力支持。

图书馆作为技术敏感度极高的一类机构，其从业者应持续关注大数据，积极思考并尝试解决图书馆信息服务和资源发现中的大数据问题，这也是图书馆克服目前资源发现领域技术上和模式上的局限性，获得创新突破的关键。随着当今社会信息化程度的提高，使各级图书馆的数字信息高度共享成为一种必然的发展趋势，数字图书馆事业的发展迎来了前所未有的挑战和机遇，数字图书馆的建设已经成为当今图书馆建设的新亮点。

另外，文献复制技术的应用使图书馆能迅速地提供读者需要的各种形式的文献复制品；文献保护技术可使图书馆馆藏免受损坏；监测技术可以防止文献被偷盗或被破坏；自动化传送技术则可以减轻图书馆员的劳动强度、并加快文献传递等。由此可见，现代图书馆在我国的发展取得持续进步，尤其是改革开放后的三十年来，现代图书馆的发展有了质的飞跃。我们国家在图书馆的发展速度上很快、数量增长上幅度惊人，更在图书馆发展的质量上有了巨大的提升。现代化的图书馆发展，为我们的阅读、资料查询等带来了无与伦比的便利性，随着技术的不断进步，现代图书馆的发展会更上一层楼。

第二节　图书馆现代化建设获得历史性突破

不同的时代，图书馆承载着不同的功能。现代化社会，我们对于现代图书馆有了不同的要求，传统的图书馆模式已经完全不能满足我们现在生活的需要。随着科学技术的发展，自20世纪80年代开始，中国图书馆也开始了自身现代化的进程。

近些年，图书馆事业在我国的发展，获得了长足而稳定的进步。而随着基于互联网的相关现代化技术在现代图书馆的建设中不断得到广泛应用，现代图书馆的发展也获得历史性突破。现代图书馆已经不再是传统的、为人们简单地提供阅读服务的场所，而是通过现代化技术，声情并茂地让客户体验在现代图书馆阅读的乐趣，也不仅仅是枯燥地查找资料，凌乱不堪地记录相关知识等。现代化的存储技术，让图书馆的信息查询变得相当简单，信息查询只是一个初级功能。如何让人们在阅读过程中享受到最好的服务，才是现代化图书馆发展的一个明确方向。

各种现代技术，如缩微技术、声像技术、计算机技术、网络技术、光盘技术、多媒体技术、数字技术等新技术在图书馆得到广泛推广应用，从而促使中国图书馆面貌发生深刻的根本性的变化。

1. 缩微技术的应用

早在70年代，微缩技术在我国就有图书馆运用了。1984年7月，文化部成立了全国公共图书馆缩微复制中心，并在全国14个省、市图书馆先后设立了缩微点。缩微中心还为各地缩微点装备了成套缩微设备，帮助培训人员，对古籍善本、民国报纸期刊等珍贵资料有计划地开展了拍摄工作，拍成的缩微品经中心检验，合格品的母片由中心保存。

2. 声像技术的应用

声像技术在80年代后期，在我国图书馆也普遍得到应用。一般大中型图书馆都普遍购置了视听设备和视听资料，开辟了视听阅览室、多媒体光盘阅览室，尤其值得一提的是，人民解放军总参训练部投资近千万元为军事院校统一制作并陆续发放了全套的视听设备。

3. 计算机技术的应用

计算机的应用发端于20世纪70年代中期，中国科学院图书馆、中国科技情报所、北京图书馆分别成立了计算机开发和应用专门机构。在此之后，北京大学图书馆、深圳图书馆等也相继建成类似机构，从事计算机管理、文献检索、图书馆办公自动化等方面的研制、引进、推广等工作。国内研制的较有影响的软件系统有：文化部主持，深圳图书馆牵头开发的微机多用户系统；即“图书馆自动化集成系统”（ILAS）软件；北京息洋电子信息研究所等开发的GLIS系统；南京大学图书馆主持开发的“汇文”图书馆集成系统；北京大学图书馆等研制的“NLIS”系统；北京邮电大学图书馆推出的“MELINETS”系统等。

4. 网络技术的应用

图书馆管理网络技术的应用，在目前中国的图书馆里非常普遍。经过10多年的发展，我国图书馆已经由管理自动化逐步进入网络发展阶段，先是局域网，如中关村地区图书馆信息网、军队院校图书馆网络系统、医学系统的文献信息网、中国教育科研计算机网络等。这些网络系统的建成为图书馆网上互访创造了条件，现已发展到与国内、国际主要信息网络互联，实现图书馆在网络环境下的管理与服务。目前，我国县（区）以上的图书馆大约有5000多个，已有2000多个图书馆使用计算机管理集成系统，有5%~10%的图书馆已与国际、国内通信网络互联，并为读者提供网上文献信息服务。我国已建立4个国家级网络，它们是中国INTERNET骨干网（CHINANET），中国教育科研网（CERNET），中科院百所网（CASNET），中国金桥网（CHI-ANGBNET），并于1997年4月完成了四大网的互联，为我国图书馆和其他系统的文献信息交流建立了良好的网络环境。在此期间，我国图书馆开始重视数据库的建设。

5. 光盘技术的应用

光盘技术的应用，对图书馆的数据存储具有划时代的意义。在我们国家，一些大、中型图书馆，在很早的时候就一方面从国外引进CD-ROM数据库，另一方面也在着手自建数据库或购买国内数据库。这些数据库大致有以下几种类型：

（1）文献信息数据库，有书目型数据库，最具代表性的是北京图书馆生产的《中国国家书目光盘数据库》(1998～至今)，《中国国家书目回溯光盘数据库》(1975～1987)、(1949～1974)，中科院文献情报中心生产的《西文期刊联合目录数据库》等。文献题录或文摘型数据库，如中科院重庆分所研制生产的《中国科技期刊文献数据库》，上海图书馆研制生产的《社科报刊文摘数据库》等。全文数据库，如清华同方光盘集团开发的《中国学术期刊（光盘版）》，它包括中国出版的3000多种学术期刊的全文数据。北成集团生产的《人民日报全文光盘数据库》(1949～至今）等。

（2）数值型和事实型的专门数据库，如成果数据库、产业数据库等。以中科院为例，该院文献情报中心组建的《CSDD中国科学文献数据库》，是由数学、物理、化学、天文、地理、生物、光学、计算机、稀土、腐蚀等10多个数据库整合而成，现已发行光盘。万方数据集团还建立了《中国学位论文数据库》、《中国科学技术成果数据库》、《中国企业公司及产品数据库》。化工部信息中心的巧思公司编制有《中国化工产品数据库》等。从书目数据到全文数据，从在局域网上提供CD—ROM光盘数据库服务到联机检索，提供上网服务，由此人们通过网络就可从查询文献线索到获取文献原文，获得自己所需要的各种知识、信息，图书馆也因此迈入了文献资源数字化、网络化的进程。1997 年，我国政府开始关注数字图书馆建设，是年 7 月，国家计委批准《中国试验型数字图书馆》课题（PDLP）正式立项。该项目由国家图书馆牵头，联合上海图书馆、深圳图书馆、广东省中山图书馆、南京图书馆和辽宁省图书馆共同承担。1998 年 8 月正式成立"中国数字图书馆工程筹备领导小组"，1999 年 4 月 14 日，李岚清副总理圈批同意成立"中国数字图书馆有限责任公司"，中国数字图书馆工程开始了具体的实施和运作。《中国数字图书馆工程建设一期规划》(2000—2005) 已初步通过专家论证，将争取列入国家"十五"计划的重点支持项目。中国数字图书馆工程建设是一项宏伟的系统工程，它将给图书馆事业带来一次难得的发展机遇。

6. 多媒体技术的应用

通过多媒体技术的应用，使得现代化图书馆又上了一个新台阶，这也是未来图书馆的发展方向。多媒体技术在图书馆的应用，就是提供多样化媒体的图书馆，相较于传统图书馆主要是提供平面印刷媒体，多媒体图书馆所提供的媒体形式包含了印刷媒体、视听媒体、电子媒体、连线数位媒体等多种形式。例如，交互式光碟、数位影音光碟、影音光碟、音乐光碟、雷射光碟、录像带、幻灯片、录音带等。多媒体图书馆可算是图书馆的一种，现今的图书馆已呈现出能提供多媒体资讯的趋势，这已是无法否认的图书馆发展走向。多媒体图书馆几乎成为现今图书馆的一种别称。

7. 数字化技术的应用

随着数字化技术的迅速发展，信息高速公路的建设与利用为大规模的信息系统、图书馆系统的发展提供了环境和条件。目前，网络信息管理技术、数字化处理技术和数字式信息资源建设已成为国际竞争的焦点，各国都为此投入了相当大的实力进行研究和开发。从此，"数字图书馆"这一新概念、新模式应运而生，并被视为 21 世纪信息产业主要的发展方向之一。

传统图书馆收集、存储并重新组织信息，使读者能方便地查到他所想要的信息，同时跟踪读者使用情况，以保护信息提供者的权益。从数字图书馆角度来看，就是收集或创建数字化馆藏，它集成了各种数字化技术，如高分辨率数字扫描和色彩矫正、光学字符识别、信息压缩、转化等，把各种文献替换成计算机能识别的二进制系列图像，在安全保护、访问许可和记账服务等完善的权限管理之下，经授权的信息利用因特网的发布技术，实现全球信息共享。数字图书馆的结构模式是：在网络环境下，是一个面向对象的、分布式的网络结构模式，它可适应在多种不同的计算机系统运行。一个数字图书馆的构成，主要包含用户接口、预处理系统，又称调度系统、查询系统和对象库等基本构件。

电子图书馆侧重对收藏特色的概括，收藏品基本为电子读物，阅读手段一般通过电脑等，不一定提供网上信息或上网服务。网上图书馆将一定量的信息在网上组织起来，供“读者”查阅和检索，不一定需要对应的图书馆社会实体，它也可以视为数字图书馆的初级形态。“虚拟图书馆”是网上图书馆的别称，侧重其无实体的特征。“数字图书馆”概念一经提出，就得到了世界广泛的关注，纷纷组织力量进行探讨、研究和开发，进行各种模型的试验。随着数字地球概念、技术、应用领域的发展，数字图书馆已成为数字地球家族的成员，为信息高速公路提供必需的信息资源，是知识经济社会中主要的信息资源载体。

第三节　图书馆学与多学科交叉的现状分析研究

我国图书馆学研究与其他学科的交叉日益普遍。通过对我国公共发表的图书馆学论文统计分析可以看出，我国图书馆学研究与多学科交叉存在着涉及学科广泛、程度日益加深、紧贴时代主题等特点。因此，我国图书馆学界应该在今后的研究中打破传统，革新理念；顺应趋势，未雨绸缪；博采众长，发展自我。

当生物医学微纳米技术、基因及非编码 RNA 转录调控模型、网络与信息艺术设计研究、高性能生物信息学算法与软件等艰难晦涩的词语频频出现或不断见诸报道时，我们不能不提及一个名词：交叉科学。交叉科学，一般是指由两门或两门以上的学科相互结合、彼此渗透而形成的新学科。交叉科学出现于 19 世纪 30 年代，自 20 世纪 50 年代起迅猛发展，据不完全统计，目前已有交叉学科 3000 多门，其中“交”两门学科的有 2000 多门，“交”三门学科的有近 1000 门，“交”四门学科的有近 10 门。随着科技的发展和社会的进步，交叉科学正以其无可比拟的优势在各行业出现并发展，且日益得到普遍的认可和重视。图书馆学作为一门独立的学科，随着其研究内容的日渐广泛与深入，与其他学科交叉已成必然现实。为解决目前的困难、促进图书馆事业的发展、实现学科的繁荣，现对我国图书馆学研究与多学科交叉的现状作深入分析，希望能够对我国图书馆学科的发展有所裨益。

一、涉及其他学科的图书馆学专业论文情况

对我国图书馆学研究与其他学科交叉范围及程度有量的描述，专业人士登录 CNKI 中国学术期刊网络出版总库，以“图书馆”并且包含“X”(X 代表某一学科或方法）为检索式进行主题精确检索，得到的检索结果大致可划分为以下 4 类：

1. 运用方法类

运用方法类主要是运用其他学科的理论或研究方法，对图书馆发展过程中的问题进行研究和探讨。

2. 应用技术类

技术的深入发展已经打破了学科的限制，图书馆学与应用技术的融合促进了自身的长远发展。

3. 借用理念类

图书馆学作为众多学科之一，其研究方向及理论探索不可避免地会受到其他学科理念的影响。

4. 围绕社会热点类

当今图书馆学界已经意识到“谈笑有鸿儒，往来无白丁”的心态会导致图书馆被大众所抛弃，开始尝试以平和、平易的姿态参与社会生活，因此图书馆学的研究对象经常涉及时事热点和大众话题。

二、涉及其他学科的图书馆学专业论文统计结果分析

为进一步对我国图书馆学研究与多学科交叉的现象进行深入研究，笔者对上述统计结果进行了综合分析，并得出如下结论：

1. 涉及学科广泛

随着社会的发展及图书馆实践的深入，我国图书馆学界遇到了前所未

有的巨大困惑，当运用图书馆学的学科知识无法化解这些困惑时，向外部寻找解决之道的愿望和需求就显得格外迫切。上述统计结果显示，从资源优化到环境学、从心理学到化学、从计算机科学到泛在网络……图书馆学与其他学科的交叉范围日益广泛，并正在通过与其他学科广泛而主动交叉的方式，积极探索寻求自身发展的新增长点。

2. 程度日益加深

图书馆学最初借用其他学科理念也许是偶然的想法，但是随着图书馆学研究与实践的发展，我国图书馆学界更加深刻地意识到浅尝辄止或“拿来主义”根本不足以应对层出不穷的新问题，只有继续深入研究、在交叉中学习、在融合中成长，才能够真正实现自身的飞跃。统计结果表明，图书馆学的研究重点已经从日常管理层面深入到资源优化层面、从图书馆事业上升到促进和谐社会建设，同时图书馆学与其他学科交叉的程度伴随着研究课题的深入而日益加深。

3. 技术依赖增强

科技正迅速改变着世界，人类落后的生产生活方式已经逐渐被时代淘汰，同时图书馆的文化信息主导地位也在信息爆炸的巨大冲击下显得岌岌可危。在科技时代的背景下，图书馆为了生存，不断适应并满足大众更为苛刻的信息需求，必须学会借助科技的力量。移动图书馆、云技术、网络综合布线技术及图书集成管理软件等新技术的出现使图书馆能够挽留住即将流失的用户，巩固自身在公众心目中的文化信息主导地位。只有依赖技术的革新，图书馆学的发展才会迎来良好的契机。

4. 紧贴时代主题

图书馆作为社会的有机组成部分，其发展与社会的发展息息相关。随着资源消耗增大，环境急剧恶化，整个人类社会都将面临生存和发展的困难，当然，图书馆也绝不可能置身世外。绿色、环保、和谐、可持续不仅是图书馆学研究与时代主题结合的产物，而且体现了我国图书馆学界主动参与社会实践、为社会进步及人类发展不断探索并大胆尝试的积极态度。

三、交叉学科对我国图书馆学研究与图书馆事业发展的启示

交叉学科是当代科学发展的重要趋势和显著特点。一方面，科学研究向纵深发展，学科分支日趋精细；另一方面，传统科学各学科之间泾渭分明的界限已被部分打破，学科之间的关系由过去单纯的线性结构发展成多方位的立体结构。为了适应日益开放和交融的科学体系、不被社会所淘汰，图书馆学界必须积极应对交叉学科为图书馆学研究与图书馆事业发展带来的改变。

1. 打破传统，革新理念

科学研究的对象主要包括物质和意识两大范畴，由于物质和意识处于不断的运动和变化中，因此任何学科都不可能以“闭门造车”应对外界环境的瞬息万变。我国传统图书馆的重“藏”思想极为浓厚，加上图书馆长久处于“知识霸主”的行业地位，使得图书馆学界普遍存在孤芳自赏的不良心态，不愿与其他学科交流，更不屑于向其他学科学习，但是纵观科学发展史不难看出，没有某一门专门学科的研究可以仅靠“单科独进”的方式深入下去。不融于世将导致身处井底，盲目自大将导致故步自封，抱残守缺将导致走向毁灭。因此，为了学科的发展与事业的延续，图书馆学界必须打破陈旧观念，革新思想理念，正视学科交叉现象，发展学科交叉理论。

2. 顺应趋势，未雨绸缪

学科的广泛交叉与不断融合是社会发展的必然选择。图书馆学界身处于这股历史发展洪流中，任何消极的心态或抗拒的行为都有可能导致自身的毁灭。我国图书馆学界应该认清形势，顺应趋势，积极主动参与其中，在学科交叉中交流，在交流中学习，在学习中改善，在改善中发展，为我国图书馆学研究及图书馆事业的长远发展开辟一条崭新的道路。

3. 戒热忌斥，客观对待

图书馆学作为一门学科，其研究对象是图书馆和与图书馆相关的种种事务，当研究对象因素随着时间和空间的变化而发生改变时，图书馆学应做出相应的调整。目前图书馆学研究中出现的与其他学科的交叉现象，正是图书馆学为了应对环境变化而作出的积极调整。我国图书馆学界应该保持冷静

的头脑，客观地看待外界变化趋势，不能一拥而上、盲目跟从，更不能心存芥蒂、妄加斥责，而应以发展图书馆学研究、促进图书馆事业、提升国民综合素质为长远目标，客观面对，冷静分析，理性引导，稳步推进。

4. 积极培养，储备人才

由于受传统单一学科培养模式和学科壁垒等主客观因素的影响，使得其他学科“语言”且有强烈合作意愿的教师越来越稀少，交叉学科的特殊性导致很难通过相应的专业教育培养交叉学科人才，社会对于交叉学科人才需求的增大加剧了这种供需矛盾。我国图书馆学界要想解决这种矛盾，一方面，要加强馆员的继续教育，通过多种形式促进馆员不断学习、掌握先进技术、广泛涉猎其他学科理念、扩大知识面，以适应学科交叉常态化对图书馆服务提出的更高要求；另一方面，要不拘一格招聘人才，除了招聘具有图书情报学专业背景的人才外，还应该聘用具有其他学科背景的人才，通过多学科人才的知识聚合和智力支撑解决自身的发展困难，通过与不同学科的交叉融合来积极谋划图书馆学的发展大计。

5. 博采众长，发展自我

“中学为体，西学为用”是我国19世纪中期“洋务运动”中提出的，主张革新的“洋务派”希望通过吸收西方先进的科学技术和政治体制，巩固清政府的统治地位。事实上，这种吸收和借鉴外部经验以发展自我的实践活动从“刀耕火种”的远古时代就已经开始了，从钻燧取火到结网捕鱼，从原始社会到现代文明，每一次的进步和飞跃都是在不断交融和借鉴中完成的。社会发展如此，学科发展也不例外。因此，我国图书馆学界应该向其他学科学习、借鉴，取长补短，在日益广泛的学科交叉研究过程中博采众长，在提升自身学科实力的同时促进图书馆事业的不断飞跃。

综上所述，我们不难看出：一方面，随着实践的深入与研究的开展，图书馆学与多学科多领域的交叉日益密切，所遇到的问题也日益复杂；另一方面，学科的交叉点往往就是科学的最前沿，是人们在面临重大科技、社会问题时的思维交集，这种交叉有助于图书馆学界解决面临的复杂问题。因此，我国图书馆学界应该保持清醒的头脑，积极行动起来，审时度势，立足长远，博采众长，积极探索，通过借用不同学科领域的知识丰富和发展自身，将自身的特有研究方法和技术向外界推广，在不断交叉中解决困难并促进彼此对未知领域的探索，从而实现双赢甚至多赢。

第四节　文献信息服务出现新面貌

图书馆是人们学习、查阅资料的重要场所，而一个图书馆的文献信息服务水平的高低，直接决定了图书馆的发展空间。文献信息工作属于知识密集、技术含量高、社会效益显著的综合性服务项目，是21世纪图书馆服务工作的重点。随着因特网的迅速普及和信息高速公路建设热潮的兴起，网络更加贴近人们的生活，这种国际社会信息化的大趋势，给文献信息服务工作的开展带来了新的挑战和机遇。作为信息网络的特殊用户——图书馆应熟悉并掌握各类网络中的信息资源种类、结构、范围、深度等，才能为读者提供优质的智能型服务。在网络环境下，图书馆功能得到加强，读者数量呈指数增长。网络环境下，馆藏资源高度共享，读者将不再局限于本单位、本地区，只要有条件上网，都能够利用图书馆的资源和服务。网络环境下，图书馆由于实现了网络化管理和服务，要求读者必须具备一些基本的计算机信息检索、外语等知识，因此，读者的文化层次更高。

图书馆信息服务主要是文献知识服务，知识在经济发展中的举足轻重的地位，必然引起我们对知识的重视。重视知识投资，重视知识的创造、传播和应用，加快传播和获取知识的速度，就要运用高新技术去传播和获取知识。图书馆文献信息资源是传统的信息服务基础，建立“书目查询”网络信息服务非常重要。联机网上书目查询，替代了图书馆传统的卡片式目录，成为现代教学服务工作的一个组成部分，它不但节省了检索信息的时间，提高检索效率，而且促进了馆藏文献的利用，为深化服务，对新到的图书、期刊、光盘和数据库等，可进一步在图书馆网页上建立新的通报、最新期刊目次服务、新到光盘和数据库通报等链接，这样可及时、有效地提示馆藏、开展形式多样的文献查询服务。

文献传递服务主要是解决如何通过图书馆获取自己无法找到的文献资料的问题。文献资料包含国内外的图书、论文和专利等，主要来源于CALIS和CASHL两个文献传递服务网内成员馆馆藏及国家科技文献中心（NSTL）

和中国地质图书馆等。

一、电子图书馆的出现让文献信息服务迈上了一个新台阶

电子图书馆，是随着电版物的出现，网络通信技术的发展，而逐渐出现的。电子图书馆，具有存储能力大、速度快、保存时间长、成本低、便于交流等特点。光盘这一海量存储器，能够存储比传统图书高几千倍的信息，比微缩胶卷要多得多，而且包括图像、视频、声音等。

利用 MicrosoftVisualFoxPro 技术管理图书馆里的图书，对馆外文献信息资源进行搜索、过滤，成为虚拟馆藏，形成更加宽广、快捷的信息通道；通过最现代化的手段——计算机网络操作技术使馆藏文献走向数字化，我们能很快地从浩如烟海的图书中，查找到自己所需要的信息资料。这样，保存信息量的时间要长得多，不存在霉烂、生虫等问题。利用网络，在远在几千里、几万万里的单位、家中都可以使用这种图书，效率极高。

1. 电子图书馆的特点

(1) 文献信息电子化。电子图书馆主要收藏电子出版物，这种出版物是利用大容量电子存储技术生成的，和印刷型出版物不同，它不用纸张为载体，体积很小，价格低廉，信息存取方便。

(2) 以计算机为载体。电子图书馆的文献信息，读者只能通过计算机或终端来使用这些电子出版物，如通过显示屏幕来阅读一次文献、二次文献、三次文献和视频数据等。

(3) 存储量较大，灵活、方便。读者需要的文献 (包括一次文献) 和数据可以打印出来或存储在个人存储载体上，传统的手工借还方式已不复存在。

(4) 文献信息共享。由于电子图书馆借助于网络的快速发展，每个图书馆除了自己入藏的电子出版物外，还可以通过计算机网络使用其他图书馆和信息检索服务系统的电子出版物，图书馆已由个体的概念转化为群体的概念。

(5) 服务功能强大。图书馆在读者和计算机检索部门之间起着中间人的作用。图书馆的服务方式更加多种多样，情报检索、参考咨询等服务将处于更加重要的地位。

(6) 图书馆员的责任和作用将有很大改变。电子图书馆的馆员，他们将

把更多精力用于为读者提供信息服务，如担当顾问、开展读者教育进行情报分析、帮助读者建立提问档、组织个人电子文档、提供最新的情报源等，图书馆员将成为信息专业人员或某些学科的信息专家。目前电子图书馆的一些特点在某些发达国家中已初步呈现出来。可以预料，随着现代科学技术的发展，未来的图书馆必将以崭新的、高度现代化的面貌出现。

2. 电子图书馆的应用

电子图书馆因其存储量大、传播速度快、资源共享等巨大优势，在各行各业都有广泛的应用。

(1) 在政府单位的应用。

政府单位图书馆电子阅览室的建设已经成为政府单位图书馆建设的一个重要内容。许多政府单位都意识到电子阅览室的重要性。电子阅览室使用范围及功能主要有：一是不受复本数限制、亦不占用复本数、可随时查询借阅所有电子资源；二是方便急需使用电子资源的员工无限制的查询使用所有电子资源；三是其他需经常使用资源的办公室，可以方便相关人员了解所有馆藏电子资源，无限制查询使用所有电子资源。

(2) 在普通用户中的应用。

一是在单位内办公室，可以通过电子图书馆方便员工工作时参阅相关电子资源；二是单位员工在家中，可以通过电子图书馆方便员工在家查阅电子资源或阅读单位文化建设的相关资源，丰富员工文化生活，增强单位的凝聚力。

二、“读者至上”的文献信息服务

我们图书馆不断发展的最终目的是为读者创造最大的利益，确定“读者至上”的图书馆文化，以读者对图书馆的满意程度作为衡量图书馆自身工作的主要标准。正因为图书馆坚持处处将读者利益放在主要点来考虑，从而使图书馆文献信息服务出现如下新的面貌：

(1) 长时间、全方位地为读者服务。现在我们很多的图书馆已做到了365天天天开放，每周开放72小时，大大方便了读者，使图书馆真正成为了“读者之家”。

(2) 服务对象更广泛、服务更便捷。扩大服务对象，敞开发证，有些馆已经做到了无证件就室阅览，办借书证也不受任何条件限制，使公共图书馆的大门无条件地向社会公众敞开。

(3) 开放性文献信息服务。现在很多的图书馆馆藏文献实行全方位开架，让读者最大限度地接近馆藏，从而大大提供了读者对文献信息资源的利用率。

(4)提升图书馆的服务空间。设立馆外图书流通点，通过送书下乡、文化扶贫、送书到军营、厂房、工地等，全方位、多角度地拓宽了图书馆的服务空间。

(5)加大对文献资源的开发力度，增强图书馆的信息服务功能。文献服务已由以整本图书或期刊为单元进而以知识、信息为单元，向用户提供针对性服务。图书馆还开展信息咨询、代查代译、专题剪报、定题服务等业务，图书馆服务工作正在逐步向信息服务的方向深化与发展。通过在服务过程中对文献资源的开发、挖掘、引导使读者从中得到受益。

(6)另辟蹊径的特色服务。在特色服务上另辟蹊径，如深圳图书馆设有馆中之馆的法律图书馆、时装图书馆，北京崇文区图书馆设有包装资料馆，上海市曲阳图书馆设有影视文献中心，湖北省宜昌图书馆设有柑橘文献中心，郑州科技图书馆设有饮食图书馆，南京金陵图书馆设有广告人文库。这些馆除了做好常规服务工作，开展专题文献信息服务，成为他们深化服务内容的一大特色。

(7)与活动相结合，形式多样。现在很多的图书馆倡导阅读，开展丰富多彩、健康向上的读书活动和社会文化活动，如举办各种讲座、读书报告会，开展优秀图书推介，新书展览，组织多种多样的读书活动，以激发广大群众的读书热情。如1999年沈阳市开展的“建设新沈阳”“迎接新世纪”百万市民读书活动，新疆维吾尔自治区举办的“全民读书日”，文化扶贫委员会等部门联合举办的全国农民读书征文活动等。日益浓厚的学习风气有效地推进了全民阅读型社会的建立。

(8)借助互联网的发展。现代图书馆是离不开互联网的发展的。开拓网上服务，网络资源更新的速度很快，且具有迅速、交互、图文并茂的特点，图书馆还以积极的姿态培训用户，以求将更多的用户带入一个全新的知识天地。

(9)延伸性服务。业务部门开展延伸性信息服务，如通过科技查新、文献检索、翻译服务、培训服务等，为科研和企事业单位提供服务。如广西壮族自治区桂林图书馆是该区授权的广西科技成果检索查新单位，仅1998年为全区科研课题立项、鉴定查新咨询160多项，成为该区最具活力的科技服务单位，充分显示了它的服务价值。

目前，我国图书馆在文献信息服务方面已拉开了主动服务、知识服务、创新服务、服务多样化的新的一幕。图书馆服务范围的不断拓宽、服务时间的不断延长、服务模式的不断创新、服务内容的不断深化，正是反映图书馆在我国改革开放过程中出现的一种广泛而深刻的变化。图书馆也在这一变化中获得空前的益处和发展。我们有理由说，中国图书馆的现状总体来说是好的，中国图书馆历经艰苦探索与实践，已为21世纪图书馆的可持续发展创下一份厚实的基业。

当然，我们也必须看到，图书馆在发展中仍然存在着许多困难和工作的失范。诸如资金不足，文献入藏量明显不够，文献资源共享程度不高，书刊利用率低下，图书馆现代化进程缓慢，图书馆法制建设滞后，管理体制不顺，图书馆人力资源开发不够，高、中、初人员结构严重失调，未能做到人尽其才。图书馆分布极不合理，东西部地区、经济发达与贫困地区存在着较大的不平衡现象。图书馆基本建设和图书馆现代化缺乏强有力的宏观指导，规模效应与办馆效率还未达到理想程度等，甚至还有许多我们未能感知的问题。基于这一认识，我们有必要抱着积极的心态面对图书馆未来的发展。再造21世纪图书馆事业的辉煌，这是每一个图书馆从业人员都应当关注的问题。

三、文献信息服务的发展趋势

1. 图书馆文献信息服务的完善

图书馆主要以纸质的文献信息为主，在现代化的今天我们应该使图书馆与计算机技术和网络技术紧密结合，利用计算机技术创建适合图书馆规模的数据库，来记录和分析馆内的图书资源，对馆内资源的准确掌握，对管理和发展图书馆至关重要。在进行图书馆文献信息服务时，利用网络资源建立网页和索引来对图书馆中的所有图书进行合理分类，对读者快速合理地查找所需信息十分必要。有了索引的帮助，读者不必为了寻找一本书而穿梭在整个图书馆中，这种既费时又费力的寻找方式将得到有效改善。为了方便客户与读者对知识的获取，在图书馆文献信息服务中还可以采用电话、短信、传真和电子邮箱来为客户进行服务。客户可以将所需的文献信息通过以上方式发送到图书馆有关服务部门，服务部门的工作人员将用最快的速度将准确信息回复给客户。图书馆文献信息服务的发展方向随着信息化技术的不断改变，图书馆文献服务方式也在随之变化。数字化和网络资源的利用使现代的图书馆文献信息服务更加人性化，开创了文献信息服务的新局面。

2. 网络化信息服务

近些年随着网络的迅速发展，它已成为人们生活中不可缺少的一部分。图书馆也在应用网络来完善文献信息服务系统，图书馆功能在应用网络后得到加强，读者数量也随之快速增长。网络的一大特点就是资源共享性，读者将不再受限于不同单位、地区。在权限的允许下，读者可以获得任何单位与地区的知识资源，这样使得读者获取的信息更加广泛准确。利用网络可以使自愿的寻找更加快捷，只要读者掌握必备的一些基本计算机、信息检索、外语等知识，就可以用最快的速度找到自己需要的信息。

图书馆可以利用网络将用户所需的各项服务功能进行整合，使之最大限度地满足用户的各项信息服务要求。在这样网络化的文献信息服务模式下，图书馆得以向读者提供多层次、全方位的信息服务，最大限度地方便用户的查找信息过程。网络环境下搜索引擎提供了多主题自由检索，这种检索方式使信息检索已不再是图书馆专业人员的专利，而是成为了一种大众化工具。

图书馆文献信息服务在现代化高速发展的社会中逐渐完善并继续发展，图书馆已不再是传统的内部开放，而是面向全社会各阶层开放。任何一个公民都有权利在图书馆中寻找自己所需要的信息，图书馆资源也日益区域共享化。同时，网络化文献信息服务的应用不仅方便了读者的需求，还使图书馆管理系统更加完善化，在今后的发展中图书馆文献信息服务将更加完美。

图书馆文献信息服务是未来图书馆的核心竞争力。随着时代的不断发展与科技的持续进步，文献信息服务不断展示了新的面貌。传统图书馆的文献信息服务已经满足不了现代人的要求，结合互联网的电子化、网络化、数字化的文献信息服务已成为当前图书馆的主流。

第五节　从国家历次“五年规划”看我国图书馆事业的重要性

国家历次五年规划对我国社会经济的发展产生了巨大的推动作用，图书馆事业也得到了飞速发展。总体而言，图书馆内涵更为丰富、体系更为具体、地位越来越高、公共文化服务体系逐步建立。在“十三五”建设的新时期，我们要继续贯彻科学的指导思想，争取实现公共文化服务体系质的飞跃，更好地发展我国图书馆事业。

自新中国成立以来，我国图书馆事业已经走过了六十几年的发展历程。在此期间，图书馆事业的发展受到了多方面的影响，有政策方面、技术方面、经济发展方面等。而“中华人民共和国国民经济和社会发展第十二个五年规划纲要”(简称“十二五”)这一规划，其中关于图书馆事业方面的规划将对我国图书馆事业产生巨大影响。在此基础上延伸下去，比较新中国成立以来的历次五年规划，分析其中有关图书馆事业方面的内容，能使我们更好地了解这六十几年来我国图书馆规划的发展特点以及在这些规划的基础上我国图书馆事业的发展轨迹。

一、图书馆规划的发展变化

1. 内涵越来越丰富

从新中国成立到1952年底，是我国国民经济的恢复时期。在这一时期，国家采取了一系列方针、政策和措施，国民经济得到了根本好转，工业生产已经超过历史最高水平。但是那时我国还是一个落后的农业国，为了有计划地进行社会主义建设，我国政府编制了发展国民经济的第一个五年计划。第一个五年计划开始时，我国的工业化水平是很低的，1956年12月7日毛主席在同民建和工商联负责人谈话时说：“现在我们能造什么？能造桌子椅子，能造茶壶茶碗，能种粮食还能磨成面粉，还能造纸，但是一辆汽车、一架飞机、一辆坦克、一辆拖拉机都不能造。”因此“一五”计划的重点是优先发展重工业，关于图书馆方面的内容是包含在“社会文化事业”中，没有具体说明，图书馆的作用只是普及知识，提高人民的文化素养。“三五”计划也是这种情况，仅仅有一句话“相应地发展交通运输业、商业、文化、教育、科学研究事业”，图书馆划归于文化事业。

1978年十一届三中全会之后，中国迎来了改革开放，迎来了经济、文化发展的春天，“六五”计划是改革开放后的第一个计划，对图书馆规划作出了具体的说明，直接提出了要“加强公共图书馆的建设”“发展少数民族地区特别是边远地区的文化事业”；“八五”提出要“进一步办好图书馆等各类文化活动场所”，以基层图书馆建设为中心；“九五”则以少数民族文化和文物保护为重点；“十五”期间社会主义精神文明建设和物质文明建设并重，提出“加强图书馆等文化设施建设”；“十一五”“十二五”则提出了要建设公共文化服务体系，实现惠民工程，图书馆是这一体系中重要的环节之一。

梳理这些规划我们能够看出，有关图书馆的内容越来越具体，从用“社会文化事业”来概括到直接提出“图书馆”，从以省级图书馆的建设为重点到以基层图书馆的建设为重点，从提倡文化事业到提出文化产业这一概念，图书馆规划的内涵是一步一步丰富起来的。

2. 体系越来越明确

从“一五”到“十二五”这十二个五年计划，我们能够找到一条图书馆发展的体系结构。

“一五”中没有明确提到图书馆，只是说“社会文化事业”，“七五”“八五”等则提出图书馆、文化馆、艺术馆等的建设，毫无疑问，图书馆、文化馆、艺术馆等都包括在文化事业当中，这些文化设施的建设归根结底就是为了促进社会文化、经济的发展。

随着时间的推移，城市和农村的文化事业建设逐渐出现了不平衡。“服务的公平和公正是图书馆事业发展中的一个持久的话题”，但是在我国由于认识不够、经费投入不足，只有沿海发达地区、大中城市才有图书馆，农村图书馆建设非常落后。1998年文化部在印发的通知中说道：“有些地方对农村文化建设重视不够，没有摆到应有的位置；对文化事业投入少的问题在农村更为突出；基层文化场所较少，一些地方特别是贫困地区文化设施仍非常简陋，迄今全国还有226个县无图书馆，78个县无文化馆，6974个乡镇无文化站。不少地方农民的文化生活还相当贫乏，封建迷信、赌博等社会丑恶现象沉渣泛起，严重影响农村的社会稳定和精神文明建设。”

为了解决这种服务不平衡的现象，国家在“十一五”计划中规定“加大政府对文化事业的投入，逐步形成覆盖全社会的比较完备的公共文化服务体系”，更在“十二五”计划中提出“增强公共文化产品和服务供给。公共博物馆、图书馆等公共文化设施免费向社会开放”。和“建立健全公共文化服务体系……继续实施文化惠民工程”。

公共文化服务体系的建立不仅能够解决城乡文化事业发展的不平衡，从长远来看又能促进社会文化、经济的发展，这样就形成了一个统一的思路，即图书馆事业从城市到农村全面推进。

二、在图书馆规划影响下的图书馆发展

“规划是指对未来国民经济和社会发展整体性、长期性、根本性问题的思考、考虑和设计的未来整套行动方案。”在国家十二个五年规划中，提出了图书馆的发展规划。这些规划在实际生活中对我国图书馆事业的发展产生了巨大的影响。

1. 图书馆的地位不断上升

纵观新中国成立以来社会发展的历史，政治和经济形势总是处于不断的起伏变化之中，为了适应不断变化的政治、经济形势，国家的五年计划进行着相应的调整和变化，因而图书馆的地位和发展规划也随着不断地变化。

在各个五年计划中，“图书馆”三个字出现的次数越来越多，而且相关规划也越来越长，这充分说明了国家对图书馆的认识越来越深入，对图书馆事业的发展越来越重视。诸如“截至2007年，全国县级以上公共图书馆共有2798个，比2006年增加21个。现有公共图书馆房屋建筑面积724.4万平方米，阅览坐席52.4万个，电子阅览室终端书44623个……公共图书馆财政拨款355185万元，比去年增加64917万元，增幅为22.36%。总支出394440万元，比去年增长80506万元，增幅为25.6%。新增藏书购置费73716万元，其中图书购置费64492万元，比2006年增加11399万元，增幅为21.47%。”这一组数据反映了国家在对图书馆事业关注的大背景下，图书馆的地位明显上升。

2. 公共文化服务体系正在逐步建立

公共文化服务体系中占据重要地位的是公共图书馆，它是由国家和地方各级政府设立、资助和支持下建立的为全社会提供免费服务的图书馆，在行政上属于文化系统管理，各级图书馆由相应级别的地方政府主管。“文革”之前，我国图书馆事业发展缓慢，相应的公共图书馆也没有得到很好的发展，改革开放后我国的公共图书馆事业才步入发展正轨。从“六五”开始，国家就大力强调要发展公共图书馆，在此指导下，“社会各地因地制宜地积极发展公共图书馆事业，涌现出了‘苏州模式’、‘嘉兴模式’、深圳‘图书馆之城’、广州‘流动图书馆’、北京‘社区乡镇图书馆建设’等一批形式多样的公共图书馆服务形式”。为建立公共文化服务体系发挥了巨大的作用。“十一五”在科学发展、以人为本、深化改革思想的指导下，明确提出了“逐步形成覆盖全社会的比较完备的公共文化服务体系”。在现代化建设的新时期，“十二五”也提出“实施文化惠民工程”。

“中国图书馆学会2007新年峰会”还专门研讨了构建公共文化服务体系及总分管建设的议题。这些思想的提出以及全国各地的实践表明，公共文化服务体系正在一步步地建立起来。

三、新时期对图书馆发展提出了更高的要求

2011年是“十二五”规划开始的第一年，怎样使图书馆事业在大发展和大繁荣的趋势中稳步前进，怎样促进我国文化惠民工程和公共文化服务体系的实施，是摆在我们面前的一个艰巨任务。

1. 继续贯彻科学的指导思想

指导思想是各项工作成功的关键因素。新中国成立以来我国图书馆事业的发展经验告诉我们，必须要以科学思想作为指导思想，这样我国图书馆事业才会得到健康的发展。

最开始我们把图书馆看做是政治教育的工具：“中国共产党的意识形态是中国化的马克思主义……它在历史演进的过程中已出现过三种理论形态，即毛泽东思想、邓小平理论和‘三个代表’重要思想。”在其影响下形成了具有中国特色的社会主义理论，既不同于西方宪政国家，也不同于其他社会主义国家。在图书馆事业政策上，建国后较多地学习了苏联的经验。苏联共

产党“把图书馆看成是党组织对劳动人民进行共产主义教育的重要基地，看成是思想教育和科学情报的机构”，中国在一定程度上也受到了这些思想的影响。

随着社会的发展，我们的认识逐步深入。1987年中共中央宣传部、文化部、国家教委、中国科学院共同发布的《关于改进和加强图书馆工作的报告》中提出图书馆是“教育、科学、文化事业发展的一个重要标志和重要组成部分”。“七五”计划提到图书馆要“更好地为广大人民群众服务”，“十五”强调“形成健康向上的舆论环境、文明和谐的社会氛围和丰富多彩的文化生活”，“十二五”提出要“继续实施文化惠民工程”。这些指导思想的提出，将会极大地促进我国图书馆事业、文化事业的发展。

2. 实现公共文化服务体系的飞跃

“十一五”时期，国家提出了建设“覆盖全社会的比较完善的公共文化服务体系”的方针。在这一方针的指导下，全国进行了多种实践活动：建设全国文化信息资源共享工程、探索公共图书馆的总分馆制结构、在乡镇农村建设“农家书屋”、在城市建设市民文化活动中心，并且大力开展流动服务与专业服务，这一时期，公共文化服务体系的覆盖率大幅度提高。“如果说这一时期的公共文化服务体系是在一定程度上实现了科学发展观的‘全面’的话，那么‘十二五’期间的公共文化服务体系的着力点应当进一步实现科学发展观的‘协调’和‘可持续’，即从量的全面发展到质的内涵提升。”

实现“协调”要从以下几个方面入手：第一，以服务的公平、公正作为基本落脚点，做到公平发展，即东、中、西部地区的公平，城市和农村的公平，等等。第二，明确各级图书馆的权利和义务。比如说，国家图书馆统领全国公共图书馆的发展。只有明确了自己的地位，国家图书馆、省市级图书馆、地级图书馆、县级及乡镇街道图书馆等才能做到各司其职，从而做到各级图书馆的同步发展。第三，进一步实现信息资源的共建共享。各地区、各部门图书馆在建设信息总资源时，要分配好任务，避免重复建设，更要发挥自己的所长建设特色资源。“可持续”就是要实现公共文化服务体系的管理机制和投入机制的可持续发展。

总之，通过对“一五”到“十二五”计划中有关图书馆事业的描述及揭示可以看出，几十年来，我国的图书馆事业确实经历了从无到有、从弱到强，大起大落，几经波折，重点建设从城市到农村全面推进，从不受重视到被全社会关注，说明图书馆事业发展逐步走上良性和可持续发展的道路。因此我们相信，在科学发展的指导思想引导下，在全民的共同参与下，以及在图书馆人的共同努力下，我国的图书馆事业必然会朝着更好的方向发展。

第三章　图书馆的管理与服务

第一节　图书的管理制度

所谓图书管理制度，就是图书馆在馆内对所有人的言行、对所有物品的一种约束行为。进入图书馆的人应该严格执行图书馆、阅览室的规章制度，保持馆内的清洁卫生和良好秩序。图书的管理制度对图书馆的管理起到决定性作用。管理和服务密切相关，相辅相成。图书馆管理的好坏直接影响服务质量，而图书服务效果要以科学管理做保障。它们集中体现在为读者提供情报信息，书刊文献的社会需求上，因此，不但要有科学管理，更要有优质服务。

一、图书管理员的职责

图书管理员是图书管理制度的执行者，承担着馆内纪律、安全、卫生各个方面。

一个图书馆的有序工作与管理员的水平有重大关系。图书管理员工作职责具体有：

(1) 严格执行图书馆、阅览室的规章制度，保持馆内的清洁卫生和良好秩序；

(2) 掌握新书出版信息，添购书籍，充实书库；

(3) 新书买到后，及时进行分类编目，尽快介绍出借；

(4) 做好师生借书工作，管好学生阅览室和教师资料室；

(5) 及时做好书报刊订阅工作，月底、年底做好收、装、订、保管工作；

(6) 经常准备好书籍、资料，及时送各相关教研组；

(7) 进行爱护书籍的宣传教育，做好图书的防潮、防蛀的工作和图书修补工作；

(8) 认真落实防火、防盗措施，做好安保工作；

(9) 对读者做好爱护图书和遵守阅览室制度的宣传教育工作，并建立培养一支读者管理图书的服务队伍。

图书管理员的责任重于泰山，要时刻谨慎不得松懈，必须尽职尽责，严格管理好图书馆的各项事物，并做好服务工作。

二、图书阅览室管理制度

图书阅览室主要是供读者阅读的一个公共场所，为了使图书阅览室能够更好地为大众服务，就必须对阅览室制定相应的管理制度，只有大家都遵守规定的制度，才能最大限度地发挥阅览室的作用。具体的制度如下：

(1) 凡进入阅览室的读者，须持图书馆（室）阅览证且经值班人员验证后，方可进入阅览室阅览，包、书籍、书夹不得带入。

(2) 阅览室是文明的学习场所，读者应自觉保持阅览室的整洁、安静，不得在室内吃东西、乱丢纸屑、大声喧哗，不准抢占座位及随意搬动桌椅，不得在阅览室内拨打或接听手机。

(3) 读者取书时，必须将代书板插入新取图书的位置，阅览后自觉归架。

(4) 阅览室图书，只限于阅览室阅览，概不外借，若需复印者，须按书价的5倍缴纳押金后，方可带出阅览室复印，并要求及时归还，对2小时后仍不归还者，每小时处以押金10%的罚款。

(5) 爱护公物，人人有责，读者应爱护阅览室内的一切公共设施，不得在阅览时撕剪、勾画、圈点图书，违者将受到严肃处理。

(6) 为确保图书馆的安全，禁止在阅览室内任何地点吸烟，严禁携带易燃、易爆物品进入阅览室。

(7) 经出口通道时，如遇监测器报警，有关人员应主动接受值班工作人员检查，不应有不文明礼貌的言行。

(8) 有意在阅览场所藏匿书刊资料或未办理手续擅自将书刊资料带出阅览室者，以窃书论处，并以书价的10倍处以罚金，对损坏阅览室书籍资料、设备设施、情节严重者应报学校行政或当地公安部门处理。

这些条款是图书阅览室的基本条款，当然，每个图书馆的阅览室的规定都不相同，各个图书馆应根据自身发展的需要，在实际工作中对条款进行相应的调整。

三、图书借阅制度

读者借阅图书是图书管理工作的一部分，如何确保借阅的图书准时归还、安全归还，如何更好地为读者提供借阅服务，就需要制定相应的图书借阅制度：

(1) 教职工经本人申请可办理借书卡，入学新生由班主任统一组织申请办理借书证。教职工和学生凭借书证 (卡) 借书。

(2) 借书证限本人使用，每次可借 1 ~ 3 本图书，借期不超过 10 天。到期未看完者，须办理续借手续。

(3) 教师借阅与本学期所任课程相关的专业书或专业参考书，借期四个月，到期全部归还。

(4) 工具书和善本书一律不外借，只限在资料室内查阅。

(5) 读者要爱护图书，不得污损、撕毁、批注和丢失，如有上述情况应按制度赔偿。对于违章的读者，在未办妥有关赔偿手续前，暂停其借阅权利。

(6) 借书证限本人或专人使用，应妥善保管，如发生代借、冒借等现象，概由领证人负责。借书证和借书卡丢失，应立即到图书馆挂失，图书馆 (室) 将于每学期初集中办理补发手续。

(7) 书刊遗失，尽量购买原版本图书赔偿，否则以书刊价格的 1 ~ 20 倍赔偿。图书馆 (室) 将所有罚款与赔书款，全部纳入购书经费。

(8) 教职工调离学校，学生毕业离校时应交回全部借书证 (借书卡)，还清所借图书。

图书借阅制度是否健全，对图书的管理工作有巨大的影响。

四、书屋管理制度

(1) 每日按时开放，满足读者要求。

(2) 凡读者来阅览或借阅书刊，持借书证或会员证办理借阅手续。必须遵守“图书室阅览制度”“书屋借阅规定”。

(3) 借阅者要爱护书刊，不得在书刊上批画、撕剪，不得损坏或丢失，否则按规定赔偿。

(4) 图书室工作人员按计划购买图书并进行登记、分类、编号、上架排放和整理。

(5) 每次借书不得超过规定借阅的时间。规定在图书室内阅览的图书、报刊或其他资料，不得拿出室外。

(6) 建立图书目录索引卡片，以便查阅。

(7) 图书室须保持清洁、安静和应有的照明度。

五、图书管理制度

(1) 及时办理登记手续，建好三本簿册，即图书种类登记册、图书分类登记册和图书借阅登记册。凡添置图书要及时上架，图书分类入柜，专柜保管，分类、号目整理有序。

(2) 严格安全措施，防霉、防蛀、防尘、防鼠咬。

(3) 管理员要认真办理借阅登记手续，师生借阅图书一般不得超过十天，超过十天需办理续借手续，超过三十天作遗失处理。对遗失者要追还书款。

(4) 学校图书不对外开放。外单位急需借阅，经校长同意可办理借阅手续。

(5) 管理员要认真负责工作，每月清查图书一次，填写图书变动情况表，室内保持清洁，搞好清卫工作，柜窗上不积悬灰。

(6) 未经同意，非管理人员不得入内。

六、文明读者公约

图书馆是一个文化场所，学习场所，也是一个公共场所。进入图书馆，应首先尊重他人，考虑到他人的感受，注意自己的言行举止。常见的文明读

者公约包含如下内容:

(1) 要举止文明，衣着整洁得体，不穿背心、拖鞋入馆。

(2) 除文具用品，请勿将随身物品携带进入阅览室。

(3) 要保持安静，严禁喧哗、嬉戏打闹，在阅览室区域，请将移动通讯工具处于静音状态。

(4) 要讲究卫生，禁止随地吐痰、乱扔杂物，禁止带食物入馆。

(5) 书屋内严禁烟火，请勿在书屋内吸烟，勿携带易燃、易爆品入内。

(6) 爱护阅览室公共设施、室内用品，禁止污损馆舍建筑和图书阅览设备，严禁随意拆装电脑设施。损坏公物按原价赔偿。

(7) 爱护书籍，禁止在书刊上涂画、撕页，损坏图书报刊。

(8) 要自尊自爱，不做有碍人格和观瞻之举。

(9) 要遵守公德，不抢占座位和任意搬动桌椅，自觉维护公共秩序。

(10) 要遵守规章，按期归还图书资料，逾期主动缴纳罚款。

(11) 要主动关心图书馆建设，积极提合理建议。

(12) 要遵守本书屋各项规定，配合工作人员管理。

七、图书清点、剔旧和处理方法

图书馆作为一个公共场所，图书经常被人使用、翻阅，时间长了，难免会造成污损，如果重新换成新的，会造成很大的浪费，也与我们现代图书馆的发展思路不协调。但是有的图书如不进行更换就无法使用，因此，对污损图书进行清点和剔旧就很有必要。

(1) 剔旧工作必须有计划、有组织地进行。

(2) 剔旧工作必须专人负责，准备剔旧的书刊先广泛征求有关人员的意见，再报学校领导批准后方可执行。

(3) 剔旧的具体范围：①内容陈旧过时的书刊。②长期以来无人问津或很少有人借阅，流通率极低的书刊。③复本过多造成积压的书刊。④内容重复的图书资料。⑤凡有关部门明文规定或通知，内容不健康应停止流通的书刊。⑥经过长期借阅周转，残破不全无法修复的书刊。

(4) 凡被剔旧的藏书资料，都应在财产登记簿和公务目录上予以注销，并及时造好清册，一式两份，一份图书馆留底，一份报总务处备案。

(5) 对被剔除的书刊可分别采取调拨、交换、削价处理和报废等方法处理。剔除工作每两年可进行一次，并做好总结工作。

八、图书馆书刊污损、遗失赔偿制度

(1) 凡借阅本馆书刊有污损或遗失，应由借书人或借书单位负责赔偿。

(2) 凡确系丢失书刊，可购相同版本图书偿还或按下列规定赔偿:

(3) 当年新购各类图书按原价 3 ~ 5 倍赔偿。

(4) 一般文艺书籍按原价 2 ~ 3 倍赔偿。

(5) 系列图书丢失其中一册，按全套书价 3~5 倍赔偿。丢失单本期刊，按本刊全年总价 2 ~ 4 倍赔偿。

(6) 凡不爱护图书，对所借书刊污损有以下情况者，均按本馆规定分别进行教育，处以罚款与赔偿。

(7) 遗失图书书背袋或损坏书上条形码者罚款一定数额的费用。

(8) 图书封皮有污损，有乱写乱画或撕页者罚款一定数额的费用。

(9) 书内有撕页或剪裁者，不超过三页，由读者本人复印装订，并酌情罚款一定数额的费用。超过三页者，按原书价 3~5 倍罚款。

(10) 全书污损严重，不能继续流通者，按丢失图书处理。

(11) 读者办理赔偿手续后，在一个月内又找到原书或买到相同版本书刊者，可按收据办理退款手续，并收取相应的手续费。

九、音像资料使用规则

传统的图书馆是以纸质书籍为主体，但是，随着互联网技术的快速发展，现代图书馆现代科技的成分明显加重。音像资料对于现代图书馆是一个巨大的变革，十分重要，且优势明显，因此，对音像资料的使用制定相应的规则是很有必要的。

(1) 音像电子教材应按照国家颁布的《非书资料著录规则》或上级电教部门的统一要求，做好编目和上架。

(2) 有些内容过时、破损或音像质量下降影响继续使用效果的资料应及时清理，并予以注销。

(3) 编目时做到统一、规范、有序，查找方便。

(4) 对每一位老师借用的音像电子资料都必须详细记录，包括出借日期、资料类别、数量等。应要求教师在资料用毕后及时归还。对归还的资料应逐一检查，并注销相应的出借记录。对由于借用者主观原因导致破损或丢失的资料，应要求借用者按规定赔偿。为便于查询馆藏资料情况和出借情况，应把馆藏资料目录和出借情况及时输入到计算机服务器中。

(5) 做好音像电子教材的日常维护工作。对资料的维护要针对不同媒体类型采用不同方法。录音、录像资料要注意防磁、防晒、防潮。对于 VCD、CD－ROM 之类的资料要注意防尘和防划伤，要定期清洁。

十、视听阅览室读者须知

(1) 读者需持本人有效证件事先办理上机手续。

(2) 读者办理上机手续后方可上机。本室实行有偿服务，采取电脑计费收费制度。读者通过自己的账号及密码上机，上机前账号上要有充足的费用，账号上没有费用，无法运行电脑。

(3) 使用电脑前，读者应熟悉本馆规章制度、浏览和检索的基本程序、操作规则，并准确操作，规范使用该室设备。如遇故障应立即联络管理人员，不得擅自调试、拆卸。凡因自行操作造成的损坏，均由本人负责。

(4) 本室备有数百种光盘和随书光盘，读者如需要租借，可与本室管理人员联络（每次限借 1 张盘片）。严禁自带光盘、软盘进入该室。严禁自行调换光盘。

(5) 读者如需下载、打印资料，请联络管理人员并按规定缴费。严禁创建、下载、安装、运行、传播病毒或黑客程序，严禁浏览、下载、传播反动、色情信息，不得从事其他违法活动，违者须承担相关法律责任。

(6) 视听结束后，务必按正确操作方法退出程序、关闭设备，将耳机、座椅归位后方可离开本室。

(7) 读者应讲公德，讲文明。严格遵守该室有关规定。不喧哗，不打闹；不吃零食，不吸烟；不乱扔纸屑垃圾；不穿背心、拖鞋入内。

十一、电子阅览室（计算机中心）读者须知

（1）本室是电子阅览室（计算机中心），凡进入本室的读者均需事先凭本人有效证件办理上机手续。

（2）本室实行有偿服务，采取电脑计费收费制度。读者通过自己的账号及密码上机，上机前账号上要有充足的费用，账号上没有费用，无法运行电脑。

（3）使用电脑前，读者应熟悉本馆规章制度、浏览和检索的基本程序、操作规则，并准确操作，规范使用该室设备。凡因操作不当引起的故障或损坏，皆由读者承担赔偿责任。

（4）使用过程中如出现问题，应立即向管理人员咨询。不得自行拆卸、搬移硬件设备；不得破坏、删除、修改系统文件及应用软件；违者须承担相应责任。

（5）使用结束欲下机时，读者应按正确程序关机，将耳机、座椅归位后方可离室。

（6）读者如需下载、打印资料，请联络管理人员并按规定缴费。严禁创建、下载、安装、运行、传播病毒或黑客程序，严禁浏览、下载、传播反动、色情信息，不得从事其他违法活动，违者须承担相关法律责任。

（7）本室备有数百种光盘及随书光盘。读者如果需要租借本室光盘，可到管理人员处办理有关手续。私人光盘严禁带入本室，如有违反将严肃处理。

（8）读者应讲公德，讲文明。严格遵守该室有关规定，严禁喧哗、打闹；严禁吃零食、抽烟、乱扔纸屑；严禁穿背心、拖鞋入内。

十二、图书馆设备管理制度

（1）图书馆主机房应保持整洁，未经专人许可，不得上机操作、移动设备。

（2）专人负责计算机系统维护，经常做好数据备份工作。

（3）上机操作的工作人员、学生图书服务员需经过培训。

（4）外来软盘不得上机使用，经常做好计算机清除病毒的工作。

(5) 建立图书馆设备使用、维修、故障原因、故障处理办法的工作台账。

(6) 图书馆内各种设备，每月进行一次除灰工作。做好防尘、防潮、防盗工作。

十三、高校图书馆的图书管理制度

现在，全国各大高校基本都拥有自己的图书馆，高校的图书馆事业发展得非常红火，它承担着灌溉祖国花朵的重要作用。同时，由于高校与其他社会团体的功能与目的都不一样，因此，高校图书馆在图书管理上有自己的制度。

1. 第一报刊综合阅览室（现刊）规则

(1) 本室对本校师生员工开放，非本校人员未经允许请勿入内。

(2) 读者入室需带好本人借阅证，用借阅证换“代书板”。

(3) 本室期刊实行开架借阅，一次限取一册阅览。选中期刊后，将“代书板”放在该报刊位置上，阅后将期刊放回原位，取回“代书板”。

(4) 本室当月期刊一律不外借，仅供该室内阅览，若有私自带出者，视情节轻重予以处理。

(5) 读者借阅报刊，应当场检查，有问题及时报告管理人员，作已损标记以明职责，并追究污损者责任。

(6) 本室为各系部上资料课提供场地和资料，需要安排资料课，各任课教师必须提前一天通知本室工作人员并填写《阅览室使用登记表》，以便相关人员做好准备工作。

(7) 读者应该保持室内安静，不大声喧哗、打闹；读者应注意室内卫生，勿随地吐痰，不带食物入室，不乱扔垃圾，否则将罚其清扫污染区，视其态度好坏报有关部门处理。

(8) 读者应自觉爱护本室报刊资料，爱护阅览室设施，违者按赔偿制度处理。

(9) 本室负责报刊征订发行工作，每年5月、11月二次接受征订。

2. 第二报刊综合阅览室（过刊）规则

(1) 本室收藏近5年的过刊合订本，为方便读者查找、阅览文献资料实行全开架服务，非本校人员未经允许请勿入内。

(2) 读者入室需持本人借阅证，用借阅证换“代书板”。

(3) 本室期刊实行开架借阅，一次限取一册阅览，阅后将期刊放回原位，取回“代书板”。

(4) 本室期刊一律不外借，仅供该室内阅览，若有私自带出者视情节轻重予以处理。

(5) 读者借阅期刊，应当场检查，有问题及时报告管理人员，作已损标记以明职责，并追究污损者责任。

(6) 本室为读者提供场地和资料，需要资料和场地的读者必须提前一天通知本室工作人员并填写《阅览室使用登记表》，以便相关人员做好准备工作；

(7) 保持安静，注意公共卫生，不大声喧哗，勿随地吐痰，不乱扔杂物，不带食物入室，违者罚其清扫污染区，视其态度好坏报有关部门处理。

(8) 读者要爱护本室报刊，缺损长期保存品种，按《书刊赔偿制度》处理，缺损的非长期保存品种，酌情处理。

3. 工具书阅览室规则

(1) 本室主要收藏各种工具书，为教师教学、科研提供方便，实行工作日全天开架开放。

(2) 读者可凭图书借阅证并填写登记表入内阅览。

(3) 本室工具书，仅限室内借阅，一律不外借。如有特殊需要需经部门负责人同意并办理借阅手续。

(4) 本室藏书均为贵重工具书，读者必须爱护，若有缺损将按《报刊赔偿制度》有关规定处理。

4. 社科类图书借阅室规则

(1) 本室为方便读者选择所需图书，实行全开架形式，非本校人员未经允许请勿入内。

(2) 读者入室需持本人借阅证，用借阅证换“代书板”。取阅图书时将“代书板”插在图书原位，若未选中请将书放回原位并取回“代书板”。如果不确认图书原位，请将图书放在指定位置，不得乱插乱放。

(3) 读者借阅图书，应当场检查，有问题及时报告管理人员，作已损标记以明职责，并追究污损者责任。

(4) 保持安静，注意公共卫生，不大声喧哗，勿随地吐痰，不乱扔杂物，不带食物入室，违者罚其清扫污染区，视其态度好坏报有关部门处理。

(5) 读者要爱护本室图书，如有损毁、遗失，将按《书刊赔偿制度》酌情处理。

5. 古籍书借阅室规则

(1) 本室古籍书实行开架形式，仅为本校教师和毕业班学生提供服务。

(2) 读者入内阅览需持本人借阅证并填写登记表。

(3) 本室图书一律不外借。部分版本如有外借需求，需经部门负责人审批并办理借阅手续。

(4) 借阅古籍图书者，需事先查询目录册，并由图书管理员协助到书库内查找所需图书，每次不超过 2 本。

(5) 未经许可，禁止拍照、复印或采用其他手段复制。翻阅应小心，不得污损折叠。不准将书置于阳光或强光源下。

(6) 违章者除按“书刊赔偿制度”赔偿外，还将给予批评教育或行政处分。以上所有的图书管理制度，只是图书管理的一些根本性规定与要求，在不同的行业，不同功能的图书馆，规定会有所不同，各级图书馆应当根据自身的需要，在此基础上，制定出更合理的、适合自身的图书管理制度。

6. 学校图书室借书制度

(1) 本校教职工及学生凭本人借书借阅图书，一证限借一本 (套)。

(2) 借书必须办理借书登记手续后，方能带书出去。

(3) 按期归还图书。因特殊原因不能按期归还的，应办理续借手续。逾期不归还的，按有关规定处罚。

(4) 外单位人员借书须经主管校长批准，并按规定办理借书手续。

(5) 职工工作调动，学生转学或毕业，必须还清所借图书，注销借书证，由图书室签章之后方可办理离校手续。

第二节　图书馆员发展的职业化

一、图书馆馆员的职业内涵

图书馆日常工作管理都是由图书馆馆员负责的。图书馆馆员是负责图书馆运营的专业人员，包括对图书馆馆藏资源的采购、加工、描述、流通(借还)、分析报道，以及读者服务等一整套流程。学校图书馆馆员还承担了对读者的教育职能，指导读者查找和使用学术文献资源，辅导读者进行学习或研究。无论图书馆运用高科技技术发展到什么阶段，图书馆馆员仍然发挥着相当重要的作用。

1. 图书馆员职业的内涵

近代图书馆的诞生到现在已经有一百多年，图书馆由小到大，已经成为一个国家或地区的文化中心、信息中心和知识中心，也是众多市民社会生活中获取知识和信息的重要途径。图书馆员是伴随着图书馆的产生而出现的，是人类文明的重要传递者和创造者。

职业是人的社会属性，它是社会分工的结果，也是个人谋生的基本方式。当人们认定一种工作属于职业的时候，它一般具有以下几个特征：①有系统的专业知识和理论；②有专门应用的科学方法和适应技术；③有正式训练培养的教育计划；④有已经发展出来的从业道德准则；⑤有行业协会以及工作标准；⑥为公众服务的专指领域十分明确；⑦得到大多数非专业人员的认可。

图书馆从业者显然符合上述 7 个特征要求，图书馆员是一个边界明确的职业角色。在欧美国家，图书馆职业又可以称为图书馆员职业，根据美国学者罗伯特丁沃尔的设定，我国图书馆学者对图书馆职业做过这样的描述：由于图书馆是组织起来的有序知识集合，其目的是消除知识长期保存和随时利用的困难，所以图书馆职业就是知识资源与知识受众之间的“经纪人”，这个经纪人所做的就是为不确定的知识与不确定的读者（或反之）建立起确定关系。

2. 图书馆馆员职业化

职业化（professionalization）一词最初来源于拉丁文的“professio”，原意是对社会公开的承诺。拉森（MagaliLarson）将职业化定义为“特殊服务的提供者，为他们所拥有的专门技术建立市场并加以控制的过程”。职业人士正是通过他们对市场从能力到思想的垄断，以达到保护与提升经济利益与社会地位的效果。因此，职业化最本质的定义是在某个领域以特殊的技能服务于社会和公众利益的一个承诺。任何一类能称得上专门职业的，必须能够垄断某一特殊的知识领域。格林伍德（Ernest-Greenwood）提出可用来判断专门职业属性的构成要素有6个，即：①能够正确描述专门职业特性及其技能（skills）的理论体系；②权威性的专业教育理论体系；③与专门职业有关的各种权利。例如，要有专业教育计划、专业实务规程和标准、执业许可制度以及对这一职业广泛的社会认可；④协调专职人员、服务对象及同事之间关系的伦理规范；⑤形成居于专业活动中心地位的、能够体现职业价值的、通过专业团体（如专业协会）推行和维护的职业文化体系；⑥明确的服务宗旨。这些构成专门职业的属性要素，可归纳为体系化的理论、职业权威、社会的认可、伦理规范、专门职业文化以及服务宗旨。正是这些特征赋予了专业的职业人士较高的社会地位。现代大多数用于企业管理领域，指的是一种工作状态的标准化、规范化、制度化，主要包含职业道德、职业技能和职业意识。图书馆员职业化是指图书馆工作人员的安排不应该是随意和临时的，而应该是受过专门训练，能够为读者提供专门的图书馆服务并愿意为之默默奉献的一个群体。

1876年，在全球第一个专业图书馆协会——美国图书馆协会（ALA）成立大会上，美国著名图书馆学家麦维尔·杜威（Melvil Dewey）宣布“图书馆工作成为专业化职业的时代到来了，今天的图书馆员可以实实在在地把自己的工作称作职业”，从而揭开了图书馆员职业化的序幕。作为专业化的职业，图书馆员必须经过图书馆学专业知识、专业技能和职业道德的培训，经过特定的资格认证后才能成为图书馆职业的成员。在美国，图书馆员只有拥有美国图书馆协会认可的硕士学位的专业人士才有资格担当。在英国，专业馆员不仅需要在图书馆协会（自2002年4月1日起更名为“图书馆与信息注册协会”）认定的学校获得专业学位，而且要经过图书馆协会的专门资格认定，凡获得资格认定的馆员称作注册馆员（chartered librarian）。日本在1950年颁布了《图书馆法》，该法第4条至第6条确定了图书馆专业馆员制度，第13条规定了公共图书馆馆长和职员所应具有的资格条件，附则第4项至第10项规定了专业资格取得的条件等。此外，日本在公共服务领域建立了一套完整的制度，其核心和基础是各种资格认证考试，日本图书馆法第五条中对司书和司书补的资格认定有详细规定。而我国至今没有建立起完善的图书馆员职业资格制度。人力资源和社会保障部的职业目录也未将图书馆员职业列入"准入职业"或"统考职业"目录，仅仅将"图书资料业务人员"列入了"文化行业特有工种职业"。"图书资料业务人员"职业被描述为："从事图书资料的收集、整理、编目、保管、利用等服务的专业人员。"

图书馆员职业化进程一直比较缓慢，至今仍有争议。在中国，有些人士并不主张图书馆员职业化，也有学者主张图书馆员专业化。这种争议在国际上也不绝如缕。如美国学者G.爱德华・埃文斯（G.EdwardEvans）称图书馆职业是个"准职业"；英国学者迈克・弗里曼（M.Freeman）称图书馆学是个"半专业"。近年来，更有学者警示"去职业化"（deprofessionalization）对图书馆员职业的威胁。所谓"去职业化"，指的是由于劳动组织和劳工关系的市场化，工作从职业导向转为过程导向，工作内容不再取决于职业，而取决于任务，从而打破了传统职业的界限划分，为完成任务，可以跨越职业的门槛。结果导致固定编制的员工越来越少、专业人员雇佣的灵活性和临时性增加、聘用周期缩短、借用工人及合同工人增多、专业生涯的吸引力降低等现象。

图书馆工作人员应该具备以下三个方面要求：

(1) 图书馆员应该具有较高的职业道德（或称职业伦理）。图书馆工作的价值和核心是服务，是为他人做嫁衣的默默无闻的工作。所以图书馆员要有较高的职业道德，安心努力工作，否则势必影响文献传递的速度，也会影响读者获取知识信息的数量和质量，进而可能间接影响社会经济与文化的发展。自1939年美国颁布第一个《图书馆员伦理守则》以后，许多国家相继制订了此类准则，2002年中国图书馆学会也公布了《中国图书馆员职业道德准则》(试行）。

(2) 图书馆员应该具备较高的职业技能。图书馆是针对不同类型的读者提供多元知识信息服务的专门机构，因此，必然要求其工作人员具备相应的职业技能。除了必备图书情报专业基础知识以外，现代图书馆员还要具备较高的计算机水平以及信息服务意识和能力；为了提供更专业、针对性更强的服务，一位优秀的图书馆员还应该具备其他学科背景知识。

(3) 图书馆员应该具有专门的职业意识，或者说职业使命。真正的图书馆员无论什么时候都不应忘记图书馆的基本使命和自身所负的职责。什么是图书馆职业意识或者说职业使命？韩国学者李炳穆认为“图书馆的使命就是将书面记录之知识和思想通过图书馆制度传递给所需的人们，以此为个人、社会和国家发展服务，进而为人类的文化发展和进步做出贡献”。无论人们获取信息的渠道发生如何改变，提供信息、传递知识始终都是图书馆人的职业使命。

二、图书馆员职业化的依据

图书馆员职业化的依据来自于两个方面因素：一是内因，即图书馆职业自身的专业化发展趋向；二是外因，即来自图书馆外部的竞争和挑战。

1. 图书馆员职业化的内因

(1) 图书馆工作是一项崇高的职业，要求从业人员具备较高的职业信念与价值追求。

图书馆工作是一项为他人提供知识信息服务的工作，它需要从业人员有高度的责任心与思想道德修养，有甘为人梯的思想准备。全心全意为读者提供全面、准确与快捷的服务，满足读者多元的阅读需求是图书馆的职业特点，也是图书馆员的价值体现。因此，我们说图书馆工作是一项崇高的职业，需要图书馆员淡泊名利，无私奉献。凡是不具备这些基本素质和思想境界的，就难以胜任和做好图书馆工作。图书馆职业这个最基本的要求，正是我们强化图书馆职业意识、推动职业化实践的一个重要依据。

(2) 图书馆员是一项专业性很强的职业，需要具备较高职业能力与个人素质。美国专门图书馆协会在第八届年会（1997 年 6 月 7 日 ~ 12 日）上通过了文件《21 世纪专门图书馆员的必备能力和素质》，这是专门图书馆协会能力培训专业委员会提交给协会董事会的报告，该报告界定了 21 世纪专门图书馆员必备的 11 种职业能力和 12 种职业素质。此文件已被译成法文、德文、西班牙文和日文。这也说明报告中对21世纪图书馆员的必备技能的预测已被国际图书馆界所接受，代表了未来的发展趋势。

我国也有学者撰文指出，未来图书馆职业的主要职能在于以下五方面：①善于交流的知识经济人；②社区居民的知识主管；③博学敏捷的知识咨询师；④某一领域的知识鉴赏家；⑤业余自修的学习辅导员。

2. 图书馆员职业化的外因

(1) 图书馆员职业化是信息时代和图书馆员角色变化的必然要求。

20世纪90年代以来，网络环境的迅速发展促使现代图书馆向数字图书馆迈进，图书馆开始步入网络化、数字化时代。作为图书馆工作的主体——图书馆员的方方面面也必然要随之发生深刻的变化。图书馆员必须成为信息资源的组织管理者、信息提供者与传播者、信息利用的导航者与教育者。

当用户面对海量的信息手足无措时，图书馆员要帮助用户去发现和获取自己想要的信息或知识。图书馆员必须完成这样的角色转变，走职业化发展之路，否则无法适应时代的要求。

(2) 图书馆员职业化是对当今图书馆提高核心竞争力需求的积极回应。随着社会的发展，特别是信息产业的迅速崛起，传统图书馆面临着巨大的挑战。

图书馆的核心竞争力主要体现在其服务的专业化和公益化方面。其中专业化主要体现为对信息的搜集、整合、存储、导航以及对用户的信息素质教育和对不同用户的个性化服务。图书馆员作为图书馆的主体，图书馆核心竞争力主要依靠他们来实现，所以，图书馆员的专业化发展是对当今图书馆提高核心竞争力需求的积极回应。

3. 我国图书馆职业发展中遇到的难题

对于图书馆员去职业化问题，国外学者十分关注，并对去职业化的表现及其原因进行了讨论。1980年，BrianNielsen根据当时技术变革以及职业化运动的发展状况提出了图书馆员去职业化的问题，认为在网络书目检索等新技术不断进步的社会环境下，图书馆员已经开始受到去职业化的威胁，图书馆员的职业地位受到了挑战。MikeFreeman运用Wilensky提出的职业化周期中的“第一事项”(firstevents)、Abbott提出的“工作核心”(heart land of work) 等理论对图书馆员的职业化进行检验，指出了图书馆员职业化过程中的问题：一是大多数专业图书馆员在大型的官僚管理性机构中工作，而真正的图书馆核心工作却交由非专业人员处理，弱化了图书馆员工作的专业性和独特性；二是大量非图书馆学专业管理人员和IT专业人员的进入，一定程度上对专业图书馆员的发展空间造成挤压；三是专业图书馆员是否真正达到了职业要求，起到了应有作用也影响着图书馆员的职业化进程。Bill Crowley 在《公共图书馆员的自杀》(The Suicide Of The Public Librarian) 中指出：目前，美国很多图书馆为了节省开支，聘用只受过社区大学教育或者岗位培训的非专业人员从事馆藏建设、参考咨询等原本由专业图书馆员负责的基础性工作。而专业图书馆员的工作领域却变得越来越狭窄，图书馆降低专业图书馆员的待遇，用非专业图书馆员代替专业人员从事图书馆主要工作无异于“专业自杀”(professional suicide)，将使图书馆事业以及图书馆学教育受到严重打击。而在《专业价值：无价》(Professiona Lvalues: Priceless) 一文中，Bill Crowley 分析了美国文化对图书馆职业化进程的影响，指出在市场价值高低是衡量行业成功与否的主要标准的环境下，一些营利性的咨询顾问建议用商业模型对图书馆进行检验。图书馆员职业正在被重新定义，图书馆员被局限在信息提供者的范围内，其教育、文化和娱乐上的价值被忽视。作者同时还指出，如果图书馆界也只将自身局限在信息提供部门的范围内，图书馆员的职业价值将被贬低。Casey Schacher 在 Bill Crowley 的基础上对图书馆员去职业化的原因进行了进一步分析，认为除了市场作用力外，其他因素如技术和互联网的普及、专业人才的短缺以及来自书店或者其他私营部门的竞争等也在客观上助长了图书馆员的去职业化。Blatant Berry 在《正在消失的图书馆员》中列举了图书馆员去职业化的表现，主要是流通馆员被图书馆自动化设备取代；专门的参考咨询服务取消，读者越来越依赖于自助性服务；分类馆员的工作大量外包等。

在国内，对于图书馆职业边缘化现象也有讨论。其中，李晓新提出，来自职业内部的“自我歧视”和专业教育的边缘化是图书馆职业边缘化的重要原因。闫慧对我国大陆图书馆学教育非职业化的表现和原因进行了分析，认为图书馆学教育应当开展变革，捍卫图书馆学教育的职业性。刘葵波以 Google 为例，分析了网络环境下信息技术的冲击对图书馆边缘化的影响，提出图书馆应当根据环境的变化和用户的新需求不断提升自己的服务能力。

1. 我国图书馆员职业的现状

虽然多年来我国图书馆界一直在倡导树立“读者第一”的职业理念和“爱岗敬业”的职业精神，尽心尽力履行社会职责，但是现实却不容乐观。我国图书馆的职业化进程仍旧十分缓慢，甚至在某些地方还有去职业化的倾向。这主要表现在以下几个方面：

(1) 图书馆的职业精神或者说职业道德建设收效不大。相当多的馆员缺乏强烈的事业心、责任心，工作积极性不高，创新意识差，工作方法刻板，对读者冷淡，专业理想和敬业精神的缺乏使理想馆员的职业要求总是无法完美地体现。

(2) 图书馆从业人员学历普遍偏低，知识结构不合理。由于种种原因，全国各类型图书馆的从业人员相当一部分属于安置型的，学历层次偏低，专业结构不合理。图书馆缺少既具备其他学科知识背景，又掌握信息开发和利用的复合型高层次人才。

(3) 图书馆员专业教育滞后。我国图书馆学课程的理论与实践脱节，较为注重专业知识和专业技能教学，而对学生掌握其他学科知识要求不高。一些图书馆管理层不重视员工的进修、培训、再教育问题，对馆员的学习机会、学习时间、学习费用的支持力度不够，同时馆员个体不断更新知识结构的需求不太强烈，继续教育制度化机制没有形成。

(4) 临时用工制度与职业化建设关系紧张。近年来，我国各类型图书馆临时用工呈现日益增长的态势，这给职业化的推进带来了很大的负面影响。这一方面是由于办馆经费不足，编制缩减；另一个不可忽视的原因就是图书馆自身造成的，相当部分的图书馆安于现状，不思进取，造成图书馆工作碌碌无为的客观事实。

2. 我国图书馆员实现职业化需要克服的几大障碍

从前文对我国图书馆员职业现状的描述中，我们发现我国图书馆员职业化还存在许多问题，职业化建设的任务还很艰巨，需要克服一些明显的障碍。

(1) 没有严格的入职条件和资格认证制度。职业化建设的一个重要的标志就是这个职业要有严格的选拔考试与认证制度。图书馆是一个专业性很强的领域，因此逐步推行职业准入制度，使图书馆人才资源管理纳入法制轨道，是十分必要的。图书馆员资格认证是图书馆员具有从事该职业必备的学识、技术和能力的证明，也是图书馆员从事图书馆工作的标准、依据和凭证。它是用法律形式予以保证的制度形式，而我国至今无一部完整的图书馆专门法，因此，也无法建立起相应的图书馆职业资格认证制度。缺乏图书馆员的准入制度，造成了图书馆入职门槛过低，图书馆员任用较为随意，员工素质整体不高，难以提供深层次服务。

(2) 图书馆员的职业精神需要大力倡导。目前我国虽然出台了《中国图书馆员职业道德准则》(试行)，但由于柔性的道德规范并不具有法律的刚性和普遍约束力，准则实施的效果并不明显。作为一个专门职业，图书馆员应该有自己的职业精神。职业精神并不等同于职业道德，“职业精神是图书馆这个职业所秉承的价值观，是一种对职业的信念和追求，是没有外力约束的人的心灵世界的展现，只有深刻领悟了图书馆职业精神，才能自觉地恪守图书馆职业道德”。何为图书馆的职业精神呢？肖希明教授曾撰文指出，“所谓图书馆职业精神，就是图书馆从业人员在对图书馆整体利益认识的基础上逐步形成的对图书馆职业所承担的社会义务的文化自觉，是指图书馆从业人员的职业观和价值观”。

图书馆职业精神的倡导有利于改善我国目前图书馆界普遍存在的一些消极现象，有利于图书馆员重塑职业理想，端正工作态度，学习职业技能，遵守职业纪律，牢记职业责任和维护职业信誉。

(3) 图书馆员的继续教育机制还未形成。现代意义的继续教育，是指对在职专业技术人员不断进行知识更新、技能补充、知识积累和提高的一种追加教育。图书馆员的知识更新是图书馆提高服务水平的关键，也是图书馆员职业化的要求。

我国虽也有各个层次的继续教育，但普通图书馆员选择的余地不大。受学习时间、地点、费用的限制，一般图书馆员很难有机会获得有成效的继续教育。加之现有图书馆的事业单位管理体制，人才流动性不强，工作稳定，岗位竞争不激烈，使得一般馆员缺乏自主学习、自我提高的紧迫感和主动性，这也是制约我国图书馆职业化发展的另一个重要因素。

因此，应该在我国图书馆界建立在职馆员的继续教育制度，这是推动馆员终身学习、促进图书馆学专业持续发展、实现馆员专业化最根本的一项制度保障。

图书馆员去职业化的利弊与原因。随着信息技术的快速发展和网络信息资源的迅速增加，图书馆的馆藏发生了质的变化。建设一个服务信息化、馆藏多样化、信息资源共享网络化、管理手段计算机化的现代化图书馆已成为许多图书馆建设和发展的主要目标。新的目标要求图书馆员不仅要具有图书情报专业知识、计算机知识、网络知识等自动化的理论知识和操作技能，还要求图书馆员具备基于网络开展深层次的图书馆信息服务的能力。理工类、社科类、人文类专业人员进入图书馆，有利于改变图书馆员较为单一的知识结构，优化图书馆人力资源的配置；特别是计算机、理工类专业人员进入图书馆，能有效促进图书馆工作与信息技术的紧密结合，提高图书馆工作效率。同时，图书馆员学科背景的丰富对多学科读者服务具有优势，能够更快更深入地了解读者的需求。总体而言，这种知识结构调整对图书馆发展是有益的。但是，排斥图书馆学与情报学专业背景，主张图书馆员去职业化则对图书馆的发展具有一定的危害。

图书馆作为社会文化、教育和信息中心，其核心竞争力集中体现在能够为读者提供终身学习的条件并帮助读者更好地发现信息、利用信息。图书馆的优势在于其拥有大量整合的资源，且拥有为用户创造价值的知识和能力。业务外包公司以利润和效益为目标，大量的核心业务外包终将导致图书馆的控制力下降。因此，无论是哪一个环节的外包，其业务细节中都可能会存在质量问题。编目业务外包导致款目不全、输入错误、字段残缺等错误层出不穷；采访外包导致一些小型出版社和纲目范围之外的书掺杂其中，实际到馆的副本和采购的副本不相符；采访的中间环节由于各种利益的驱动而失控，质量难以保证。而对采访、编目、数据库服务等业务不加选择的外包，将使图书馆收藏质量无法保障，信息资源组织水平降低，服务质量下降，从而直接影响图书馆职能的实现，影响图书馆优势的发挥，最终导致图书馆的核心竞争力逐渐丧失。

图书馆员队伍的专业性很大程度上取决于馆员的知识结构。张晓林认为，图书馆员的核心能力不在于所拥有的资源，而在于我们具备的利用广泛信息资源为用户创造价值的知识和能力。美国学者艾伯特（A.Albert）指出，技术能力换来技术自主权，职业群体向上获取专业地位必须掌握非门外汉所能够获得的高度专业知识，并且重视完成某种工作的能力。图书情报专业毕业生在经过多年的专业学习后，具有较高的信息敏感度以及信息组织、信息分析、信息利用、信息服务的专业能力；而没有受过专业学习、训练的人员充实到图书馆的队伍中，则削弱了图书馆员队伍的专业性。

图书馆业务外包拉大了图书馆员与读者的距离。例如，分编业务的外包，会导致馆员缺少熟悉图书内容及知识体系的过程；书库管理的外包，将前台流通和后台书库管理人为地分离开来，使馆员失去了解馆藏动态变化的机会。市场化的管理机制，大量机械化、程式化的管理模式被运用到图书馆服务中，一切都按照流程操作以提高工作效率。因此，当馆员无法直接与读者接触，了解其所需时，图书馆“以人为本”的服务精神将难以实现。

图书馆人事制度的变革以及大量招聘其他专业的毕业生，使图书情报专业学生对自身职业的认同感和归属感下降，许多毕业生找不到适合专业的工作，只好选择其他职业。日本图书馆情报大学高山正也教授认为，专业人员的构成要素之一即“作为专业人员得到社会权威部门的承认”。而就业存在的不利因素，无疑会影响到图书情报专业的招生与国家对图书情报专业教育的投入，不利于图书情报学科的发展。

图书馆员去职业化的原因：图书馆财政压力增加，人力投入经费紧张。经费短缺是困扰图书馆发展的主要问题之一。作为公共部门的图书馆，其经费主要来源于政府投入和个人捐赠。在市场经济环境下，公共服务机构特别容易受到经济变化和市场驱动力的影响，特别是受全球经济危机的影响，政府财政收入不断缩减，直接影响了其对公共图书馆的投入。随着信息技术的广泛应用，图书馆开展的服务越来越多，但经费却捉襟见肘，财政压力不断增加。OCLC2008年报告表明，美国公共图书馆80%的资金来源于地方财政，州与联邦政府的投入比例从2000年的14%下降到2005年的10%，只占很少的一部分，公共图书馆对地方财政的依赖性越来越大。2004年，全国税收收入提供了8000亿美元给地方当局，而地方税收为公共图书馆仅提供了90亿美元的财政支持。美国国家教育统计中心2005年的数据显示，超过1/3的公共图书馆预算在下降。在金融危机的影响下，美国图书馆利用率显著上升，但经费投入却不断下降。ALA2009年4月发布的调查显示，自2006年以来，美国公民持有图书证的比例上升到68%，图书馆馆舍访问率上升了10%，在线资源使用率从24%上升到了41%，而2009年全国41%的州对公共图书馆的投入下降。从长远的角度来看，公共图书馆经费来源已经受到严重的挑战。另外，资源价格的大幅上涨也给图书馆带来巨大的资金压力，迫使其降低在其他方面的支出。美国研究图书馆协会（ARL）2007~2008年报告显示，从1986年至2008年，美国研究图书馆在资源购买上的支出显著增长，其中期刊的支出上涨374%，图书专著支出增长86%，图书馆其他资源支出上涨286%，目前平均每个ARL成员馆要将51%的资源预算经费支出在电子资源的购买上。在中国，80.18%的图书馆认为在实际工作中面临的最大困难仍是经费长期短缺，其中印本和电子资源价格持续增长，尤其是外文期刊和一些教学科研不可或缺的电子资源的价格增长幅度过大是主要原因。面对连年飞涨的国际期刊价格，部分高校已经面临学术断粮。以Elsevier为例，根据2008年征订方案，Elsevier今后3年在华年均提价15%（实际16.7%），每年仅CALIS组团购买其产品就达1800万美元，2010年将达2800万美元。在经费来源日益紧张的情况下，图书馆只能被迫削减开支，或者减少雇员和社区服务、缩短开放时间，而雇佣平均工资较低的非专业人员成为许多图书馆降低支出的主要手段。从1991年至2008年，美国研究图书馆员工总数下降4%，每1000名学生配备的图书馆员从1986年的16名下降到2008年的11名。英国LISU调查报告显示，1994年至2005年英国图书馆在人员上的支出与图书馆投入上的变化基本保持一致（增长近150%），但在薪酬上的支出总体上呈下降趋势，其中专业图书馆员的工资支出下降近40%。图书馆通过减少员工数量，特别是专业图书馆员的数量来保持自身的收支平衡。

网络环境对图书馆的冲击。数字时代，用户的信息获取环境发生了显著变化，计算机和互联网的普及以及网上工具的增长在改变用户信息行为的同时也促使用户在信息获取需求上产生了转变。使用搜索引擎等网上工具已成为目前信息用户获取所需资源的最主要途径和手段；全面、深层、动态的多类型数字化资源成为用户需求的理想资源；简易化、个性化、多样化、交互式的服务方式成为吸引用户的关键之一。OCLC的调查显示，84%的用户使用搜索引擎开始信息检索，只有1%的人从图书馆网页上开始信息的检索。2003年哥伦比亚大学KateWittenberg领导的小组对全美高校学生和大学教授的调查发现，40%的受访教员更愿意在网络上查找信息，89%的学生选择了搜索引擎作为查找信息首先使用的工具，仅有2%的人选择图书馆网站。被调查的学生认为搜索引擎比图书馆更快（90%）、更方便（84%），而且更易使用（87%）。2005年7月在厦门大学举办的“数字图书馆前沿问题高级研讨班”上，数位来自美国的图书馆学和计算机专家分析了目前出现的“Google现象”：Google所提供的社会化、智能化、人性化的信息服务具有无可比拟的优势，加上其收集的原始材料如此之多，以至于人们认为，如果在Google中找不到的东西，图书馆也不会有。用户对图书馆资源和服务的利用率越来越低，图书馆的影响力逐渐下降。越来越多的用户开始并且能够从搜索引擎和商业的免费或者收费全文数据库获取所需信息，图书馆员在这一过程中起到的作用越来越少。许多人开始对图书馆员的专业性产生质疑，并认为技能较低的工作人员同样可以完成信息搜寻行为。另外，随着图书馆自动化设施的不断完善，用户越来越倾向于使用自助性服务，传统图书馆员的工作空间受到挤压，图书馆对图书馆员在专业技能上的要求也越来越低。

制度的制约。职业资格制度是行业健康有序发展的基础，来自法律和制度上的保障是保证图书馆事业特别是图书馆职业化发展的重要因素。美国、英国、日本和韩国等国家通过制定《图书馆法》，对图书馆员职业资格认证制度等内容作出专门的规定，确定了图书馆员的专业地位，为图书馆员职业的发展提供了有效保障。在我国，目前仍然缺乏有效的图书馆职业资格认证制度，这一缺失极大地制约了我国图书馆职业化的发展，主要表现在以下方面：

首先，由于缺乏严格的职业准入和任职资格制度，图书馆进人渠道混乱，标准过低，职称评聘标准相对模糊，用人机制无法可依，基本处于人治的状态。长此以往，势必造成图书馆人才结构不合理，专业人员的职业发展受到阻碍，工作积极性受到影响，人才流失严重，图书馆员的职业性得不到社会认同。

其次，我国图书馆从业人员分布于三大国有事业单位系统（公共图书馆系统、高校图书馆系统、科研图书馆系统），三大系统在行政隶属上分别由平行的不同部门主管，缺少一个统一的、具有权威的、有效的行业主管单位，对于跨系统的行业指令，不同系统仅将其作为参考，无须强制执行。因此，在建立和实施行业职业资格制度问题上，目前还无法做到政令通畅、系统统一，影响了图书馆职业化的发展进程。从国外的发展经验来看，法制化管理是职业资格认证制度的重要特征，通过制定法律法规来构建职业资格认证制度的基本框架和具体实施内容已经成为图书馆职业资格认证制度建立和完善的基本经验。而我国目前缺乏专门的《图书馆法》，图书馆员职业资格认证制度缺乏法律依据，给图书馆职业化的实施带来了困难。

专业教育因素。图书馆学专业教育与图书馆实际工作需要脱节也是造成图书馆员去职业化现象出现的重要原因。在信息化环境下，图书馆的生存环境发生了深刻变化，图书馆工作内容也随之不断调整和创新。然而，由于图书馆学专业教育本身变革较慢，图书馆实际工作的这些变化未能及时在图书馆学专业教育中得到体现，造成专业教育内容无法适应现实需要，出现了部分图书情报学专业毕业生无法适应实际工作的现象。

三、防止图书馆员去职业化的对策：建立图书馆职业资格制度，推进图书馆职业化进程

图书馆职业资格制度于19世纪80年代起源于英国。20世纪30～50年代，我国图书馆员职业化建设的可行性分析，借鉴国际图书馆界职业资格认证制度及我国其他行业职业资格认证的成功经验，针对我国图书馆数量大、分布广、从业人员多且从业人员水平参差不齐的国情，建立符合我国图书馆事业发展状况的、与我国图书馆建设相适应的、并能有效促进我国图书馆事业快速、健康发展的资格认证制度，引导和规范图书馆员职业，使馆员对图书馆职业观念、职业形象、职业行为从无意识到有意识，从低层次到高层次，由个体行为到团队行为，促使图书馆行业逐步走向职业化，对提高中国图书馆界的现代化管理水平，推动中国图书馆界的人力资源建设以及促进中国图书馆学教育，无疑具有十分重要的意义。

营造图书馆员终身学习环境，提升图书馆员职业素养。21世纪的图书馆员将扮演知识提供者（Knowledge Provider）、知识通道者（Knowledge Gateway）、知识教师（Knowledge Teacher）、知识组织者（Knowledge Organizer）、知识生产与出版者（Knowledge Creatorand Publisher）及知识合作与倡导者（Knowledge Partner-and Advocate）等多重角色。美国图书馆协会在丹佛举行的2009年冬至会议

上通过了一项决议，界定了图书馆员的核心能力。会议文件指出，每个毕业于经美国图书馆协会认证的图书馆和情报学专业硕士课程的人都应该掌握，并在适当情况下能够运用“职业基础、信息资源、组织知识和信息、技术知识和技能、参考和用户服务、研究、继续教育和终生学习、行政和管理”八大领域的重要核心能力。图书馆是个不断成长着的有机体，Stone 认为，图书馆员掌握的知识和实际运用于工作的知识二者间有极大的差距，馆员在学校接受的图书馆学基础教育，在毕业后数年间便显得过时。目前图书馆正面临着深刻的变革，新思想、新知识、新技术不断出现，图书馆员继续教育的迫切性比以往任何时候都更为强烈。图书馆在专业人员的基础上运营，这是现代图书馆的核心要义之一。图书馆员的继续教育不仅仅是社会进步与发展对图书馆员的外在要求，也是馆员自身谋求职业发展的内在需要，更是满足读者的需求、提升服务层次和服务水平的必需。

首先，我国图书馆界应在认真执行《教育法》和人事部《关于专业技术人员继续教育的暂行规定》的同时，结合图书馆工作的实际，建立和健全图书馆员继续教育制度，明确规定图书馆员继续教育的权利和义务。并对继续教育的目的、内容、时间及师资、经费、组织管理等作出明确规定，对馆员进行分层次、分类别的全员教育。其次，建立继续教育管理体系，加强中国图书馆学会继续教育委员会的权威性，并加强各系统、各地区之间继续教育的分工和合作；实行统一规划、分级管理，形成继续教育组织网络，致力于图书馆员的继续教育；各图书馆成立继续教育工作组，做好本馆的继续教育管理工作。再次，探索灵活多样的继续教育模式，适应各类馆员的不同需求。除开展培训进修、参加研讨会、参观访问其他图书馆等传统方式外，应积极拓展网上教育园地，构建网络数字学习平台。如美国联机计算机图书馆中心（OCLC）于 2003 年 5 月 12 日正式开通的 WebJunction 系统，面向全世界各类型图书馆及其馆员提供免费会员服务。登记注册的会员可以享受丰富多样的个性化服务，包括在线学习、在线课程、电子通讯、图书馆营销与管理实例，以及各类型评估工具等，帮助美国的公共图书馆及相关机构进行技术规划、硬件与软件管理、培训员工与读者、分享成功经验，善用因特网及数字学习来提升图书馆服务。德国图书馆员学习网 BIBWEB 则为公共图书馆工作人员提供与专业相关的线上自我学习课程系列，提升馆员的网络知识技能，以有效地利用迅猛增长的网络资源。

增强图书馆核心竞争力，慎重对待核心业务外包。图书馆资源建设、资源组织、用户服务都是图书馆员的核心竞争力，也是图书馆职业化的基石。这些核心业务的职位必须具备专业资格。对于目前普遍开展的外包业务，必须加强合理有效的监管，完善内部监控设计。在业务外包之前，图书馆应当建立外包决策的具体标准和政策，包括对相关业务是否适合以及在多大程度上适合外包的评估，以确保其能够对外包业务进行有效的监控。对于合同的执行情况，要定期检查，派专人负责，一旦发现问题应及时补救和总结。此外还要与外包商保持经常沟通联络，使外包业务更符合自己的目标要求，确保外包业务的质量，否则容易造成适得其反的后果，其中也不乏失败的教训。如20世纪80年代，美国的塔福大学（University of Tuffs）将需要回溯的书目数据承包给两家公司，由他们代为编目加工。由于管理不善，导致编目质量出现严重问题，需要馆员对公司提交的编目数据进行持续不断的修改，后续的编目工作相当繁重，成为该馆的额外负担。北达科他大学（University of North Dakota）图书馆在编目业务外包后，也因为编目要求不够明确、联系人更换频繁、与承包方沟通不够等原因，造成编目数据丢失，从而使编目外包非但没有减轻图书馆的工作压力，反而增添了许多麻烦。

变革图书馆学专业教育，提升图书馆员职业竞争力。20世纪70年代末至90年代初期，传统图书馆学教育在美国出现危机，相当一批高校的图书馆院系关闭，其中包括芝加哥大学和哥伦比亚大学。我国图书馆学教学机构也纷纷去掉“图书馆”而改称“信息管理系”。近10多年来，图书馆学教育危机重重，本科生减招与停招现象屡见不鲜。2003年7月，时任美国图书馆协会主席、加州大学（Fresno分校）图书馆馆长Michael Gorman在德国伯茨坦市召开的欧洲与美国图书馆学情报学教育联席大会上发表了《面对和控制图书馆学情报学教育（SLIS）的不断变化》的主旨报告，他指出，图书馆学教育与实践脱节，出现了图书馆危机。他还特别强调：不是“图书馆学情报学教育的危机”（not LIS: library and information science）。美国纽约长岛大学信息及计算机学院图书信息研究所的柯恩教授（Michael E.D.Koening）近年来一再提出，图书馆教育训练之不足导致图书馆人员无法适时地跟上知识管理发展的步伐。他亦指出，在信息管理时代，图书馆学校教育亦比较落后，原因在于图书馆教育设计始终是慢半拍的。“图书馆教育危机论”引发了美国关于图书馆学情报学教育危机的讨论，也促使我们必须引进创新机制，变革图书馆学专业教育，以创新的思维对未来图书馆学教育进行前瞻性的设计。iSchool运动则是探索图书情报教育新方向的一种尝试。iSchool强调在不排斥图书馆与情报专业的前提下，扩大信息职业范畴，以更加开放的眼光看待全球信息职业。事实上，iSchool联盟的图书馆与情报专业教育势头强劲。iSchool成员伊利诺伊州立大学图书馆与情报学研究学院、北卡罗来纳大学情报与图书馆学院、华盛顿大学信息学院、匹兹堡大学信息学院的图书馆情报专业稳居美国图书馆与情报专业前茅就说明了iSchool所确定的方向产生了效益。在不断变化的信息环境下，图书馆与情报学教育必须以人的需求、技术、管理与政策作为重要的教学要素，以复合型知识结构、面向不断变化的研究环境、面向个性化的图书馆实践为出发点，着力提高毕业生的职业竞争力，同时要高度重视图书馆职业伦理教育。图书馆学人才培养的成功，还取决于称职的、不断进取的教职员工。注重理论与实践结合，特别要发展专业学位教育，为优秀人才的成长，特别是非图书情报专业人士献身图书馆事业提供培训的机会与终身学习的环境。

1. 系统的图书馆学专业教育体系是职业化的重要前提和基础

据国家统计局的相关统计，截至2006年12月，我国共有48所院校及图书馆开展图书馆学专业教育，其中，专科教育点3个，本科教育点28个，硕士生教育点40个，博士生教育点9个，获得一级学科博士点授予权的有5个机构，建立了博士后流动站的有2所院校。由此可见，我国的图书馆学教育已经形成了一个从学士、硕士、博士到博士后的多层次、较大规模且较为完整的专业教育体系，呈现出良好的发展态势。

图书馆学专业核心课程的设置基本上适应图书馆实践的要求，目前多数学校开设的图书馆学专业必修课程以及多数研究生教育机构开设的图书馆学硕士研究生课程，基本涵盖了图书馆学专业的核心领域，与当今图书馆实践领域的发展要求也基本是吻合的。这些核心课程是培养图书馆学专业学生未来的职业竞争力的关键，是图书馆学教育必须始终坚守的。

系统的专业教育能够培养学生良好的专业思维，也能更有效地培养未来图书馆员所需的职业道德、职业技能和职业意识。因此，笔者认为我国图书馆员职业化已经有了一个重要的前提和基础。

2. 行业协会的规范工作是职业化的现实推动力

中国图书馆学会是1979年由全国图书馆工作者依法登记成立的全国性、学术性群众团体，是目前唯一的全国性行业协会组织。30年来，中国图书馆学会在行业内的学术研究、业务培训等方面发挥了重要的作用。其机构根据形势需要有所增加，职能范围也有所扩大。

中国图书馆学会成立以来，在组织学术交流、开展学术研究、提高学术理论水平方面做了大量工作。例如，每年举办一次全国图书馆学会年会；中国图书馆学会及各省、市级图书馆学会举办了多种多样的培训班、提高班，负责会员的继续教育；在积极进行图书馆学科研成果评定，发现并举荐人才，表彰、奖励在学术活动中取得优秀成绩的会员和图书馆工作者等方面，中国图书馆学会做了大量工作，是职业化建设的重要力量。

3. 国外图书馆员职业化的经验是图书馆员职业化的重要典范

图书馆员职业化的一个重要标志就是这个职业有严格的选拔考试与资格认证制度，只有符合条件，通过考试选拔上来的人才能从事图书馆职业。这一方面，我国目前还是空白，但是可以借鉴国外其他国家的相关经验。

图书馆职业资格证书制度起源于英国，1880年，英国图书馆协会年会通过了对图书馆从业人员进行专业能力考试的决定。1909年，英国图书馆协会建立了合格专业人员的注册制度。20世纪30年代至50年代，美国、日本、韩国等国也相继建立并实施了图书馆职业资格证书制度。这种严格的认证制度，确保了图书馆员的业务素质和图书馆的服务水平，推动了图书馆事业的发展，值得我们学习和借鉴。

另外，北美自20世纪70年代末出现的学科馆员制度也是图书馆员职业化的一个重要发展方向。当时美国和加拿大部分研究型大学图书馆推出了一些新的服务，如以大学科为对象的“跟踪服务”“网络化馆员免费导读服务”等，这便是学科馆员的雏形。学科馆员制度的建立，具有很强的专业性、针对性和高层次性，深受读者欢迎，因而数年内在欧美国家得到很大发展。学科馆员制度的推行，进一步提升了图书馆员的价值和地位，也改善了图书馆员的职业形象。近年来我国许多高校都已开始借鉴国外成功经验，学科馆员制度开始逐步得到推广。这也是促进我国图书馆员职业化的一个重大举措。

上述几个方面表明在我国图书馆推行职业化是可行的。但是，由于我国幅员辽阔，地区经济和文化事业发展不平衡，图书馆员职业化进程的推进不会一帆风顺。我们要把国外职业化的经验和我国实际结合起来，通过实行图书馆职业资格认证制度，加强图书馆员职业精神培养以及建立健全图书馆职业教育体系等摸索，建设具有中国特色的图书馆员职业化模式，更加有效地发挥图书馆在现代社会中的重要作用，提升图书馆员的社会地位，促进图书馆事业走上健康发展之路。

中国的高校图书馆馆员职级通常划分为四级，助理馆员（初级馆员）、馆员、副研究馆员、正研究馆员，依次等同于中国的助理讲师（助教）、讲师、副教授、教授。一般图书管理员仅作为图书馆非专业人员，不列入高校图书馆专业职级。非学术图书馆馆员亦有分为五级者，即将图书管理员作为最低职级。

与各级行政机构一样，很多现代化的大型图书馆馆员人数很多，级别不同，所承担的责任也不一样。但是，虽然图书馆馆员在不同的图书馆里承担的责任和角色定位不一样，但他们的本质都是相同的，那就是“以人为本”，全心全意为读者服务，全方位地为图书馆服务。

第三节　图书馆服务新理念

一、图书馆服务理念原则

服务是图书馆的基本宗旨，是图书馆的核心价值观。优质的图书馆服务理念应遵循五大原则，即开放、公益、平等、创新、满意原则。

1. 开放服务原则

图书馆不仅仅是一个学习、阅读场所，也是学校综合文化中心，要让读者把图书馆当成他们的“第二起居室”，保证足够的开放时间，把馆藏资源和设施向读者充分开放：第一，所有馆藏全部开放利用；第二，尽最大努力实施开架借阅；第三，经常进行馆藏宣传；第四，馆与馆之间相互开放资源，实现资源共享；第五，全面揭示馆藏，健全检索体系。

凡是与读者有关的决策过程及其结果向读者公开。馆务公开既是图书馆决策民主化的需要，也是图书馆服务取信于读者的需要。

2. 平等服务原则

图书馆是体现人类自由与平等理想的圣地。“图书馆面前人人平等”是图书馆界的“人权宣言”，要求图书馆人以博爱精神关爱每一个读者，尊重每一个读者。

3. 创新服务原则

创新服务主要包含三个方面：

第一，理念创新。首先，服务是一种品牌。服务是一定的规模和馆藏，或某一信息产品，或某一特色服务。如果这些服务在同一行业中形成差别优势，那么这种优秀就是品牌；其次，服务是一种文化。图书馆特有的知识底蕴、人文环境、行业规范、价值追求都衬托着图书馆服务的文化品格，它象征着图书馆服务的高尚与高雅、神圣与光荣；

第二，内容创新。图书馆服务的内容急需拓宽，主要趋势是加大信息服务和“便民服务”的内容。在信息服务方面加大网上信息导航服务。在便民服务方面加大延伸服务、定制服务力度（如技能培训、服务咨询等）；

第三，方式方法创新。就是改变以往单一的馆藏文献的外借与内阅服务模式。利用现代网络平台提供各种数据库服务、多种在线或离线信息服务（如信息推送、知识发现、网络呼叫、智能代理等），使我们的服务具有较强的智能性、实用性和交互性等特征。

4. 满意服务

读者是否满意是衡量图书馆服务的最终标准。满意是图书馆服务的核心，它表现在三个方面，一是读者对文献是否满意；二是读者对图书馆员的服务态度、服务能力、服务效果是否满意；三是图书馆业务建设、制度、服务项目及设施是否反映读者的利益和需求。

5. 公益服务

图书馆是一个为大众服务的公共场所，图书馆应定期为大众提供免费的阅读服务，为社会发展贡献自己的力量。综上所述，图书馆的理念——满意是其办馆宗旨，一切为了读者是精神实质。工作人员的服务态度是图书馆行为是否让读者满意的最直接表现。开放是基础，公益是内在品质，平等是人性化方向，创新是动力，满意是图书馆服务的终极目标。

二、“以人为本”的图书馆管理新理念

如何把“以人为本”的理念更好地运用在图书馆的管理工作中呢？我们可以结合广东工业大学图书馆的管理工作实践，对“以人为本”理念在图书馆管理工作中的应用进行探讨。

1.深入贯彻“以人为本、用户至上”的服务宗旨

图书馆工作，有管理的成分，但核心还是为用户提供服务。图书馆服务工作的对象不是抽象的整体，而是一个个活生生的人。最大限度地满足和实现个体用户的需要，是图书馆服务理所当然的出发点和落脚点。鉴于此，广东工业大学图书馆明确了“以人为本、用户至上”的服务宗旨，以此作为该馆的工作理念。

“以人为本，用户至上”，就是要以每个用户的需要满足为我们工作的追求和动力。满足用户求知的需要，研究的需要，享受知识的需要，等等。“以人为本”，就是要我们把工作做到每一个环节、每一个细节，力争每个环节都体现了我们精心细致的工作、体贴入微的服务。

本着上述理念，为了满足多层次用户的信息需求，广东工业大学图书馆重点开展了一系列的人性化的服务。图书馆新采取了“大流通”、全开架和跨校区“一证通”借阅服务的方式。目前，馆内凡有收藏资源的楼层均设有检索终端，读者走到哪儿，便可随时随地查阅书目等。此外，还开展了外借阅览、电子文献阅览、馆际互借、文献传递、参考咨询、网络数据库检索、代查代检、联机检索、科技查新、定题服务、用户教育和培训、宣传辅导、复印服务等全方位的读者服务。其中，借阅室开放时间为105小时/周，馆藏书目数据库和网络资源检索保证24小时 ×7天的不间断服务。这些服务的提升或改进，大大节省了读者查找信息所用的时间，极大地方便了读者对文献信息的检索和利用，更为高效地满足了读者的需要。

2.建立和完善“以人为本”的内部管理机制

对人的尊重，爱护，关怀，公平、公正的对待是“以人为本”理念的基本内容；人尽其才，才尽其用，合理地配置人力资源，是组织工作高效、高质量地开展人力资源的保障。图书馆员工同样有着各方面的需求，故管理

者应在工作、学习、生活等方面加强与馆员的沟通交流，关心、爱护和帮助他们，体现管理者应有的领导素质和管理艺术。其中，最为重要的管理工作是，对馆员科学地安排岗位，量才使用，发掘每个馆员的才能和潜能，给他们施展才华和发展的空间，让其工作有盼头、有想头、有奔头。此外，管理者还要创造一种公平、公正的竞争氛围，以激发员工的积极性和创造性并保证馆内成员间良好的人际关系。最后，对馆员的关爱必须落实到实处，核心是要帮助他们成长，适应工作的需要，适应竞争的需要。只有这样，才能充分发挥个体馆员的最大价值和整个组织队伍的最大团队力量，形成一股推动图书馆事业发展的洪流。

长期以来，该馆坚持“按需设岗、公平竞争、择优录用、严格考核”的聘任原则，实行“三定一聘”，引进竞争激励机制；通过引进、培养、科学研究、学术交流等方式，提高人员的业务水平，建设了一支高素质的专业技术队伍，全面提高馆员综合素质，以适应现代化信息时代的需要，更好地为学校“打造强势本科”提供高效优质的服务。

3.遵循“以人为本”的图书馆环境人文化设计

建筑乃是人类文化的组成部分，被誉为凝固的音乐，它体现着人的精神追求和情感寄托，是时代精神和审美理想的物质表现。图书馆的建筑是图书馆的人文关怀的物质体现，也就是人文环境的物质外壳。随着图书馆的建筑美学、读者心理学、阅读环境学等研究的开展和深入，图书馆的功能和价值被更全面和深入地认识。读者在图书馆应得到的不是单一的文献信息需要，还包括给人以建筑环境，人文环境美的陶冶、心灵的净化等，让读者在典雅、知性、人文的阅读环境中实现美的享受。广东工业大学有大学城、东风路、龙洞三座功能完备的图书馆，总建筑面积74004平方米。设有阅览、自修座位5915个。其中大学城图书馆环境优越，在网易评选全国最美50个图书馆位列第三。

4.大力推进“以人为本”的个性化服务

在网络环境下，用户的信息需求呈现多样化、层次化、个性化的趋势。从需求时效上，要求个人的信息需求及时得到满足；从需求内容上，要求提供的信息更加全面、具体和精确。并希望进一步提供经过整合、集成、创新，并能解决问题方案的核心知识内容。在需求取向上，表现为用户个性化需求倾向增加，他们根据自己的兴趣、工作特性及课题性质对某一类信息或知识内容表现出特别强烈的专业需求性。而以人为本的个性化服务，就是图书馆员除了担任文献信息采集、加工、处理等工作外，还要扮演信息专家的角色。所以要求图书馆员应具备较高的图书馆业务水平、较高的学历与职称，具备广博的文化基础知识及学科背景，具备较熟练的计算机应用能力；熟悉各种网络工具的检索功能、检索策略，并能运用高效的检索技巧回答用户的检索提问。图书馆员运用自己的专业知识和图书馆资源，针对对口院校教师和研究生开展深层次的信息服务，帮助师生获得最新相关专业发展动态，给读者提供满意的个性化答复。这对提高该馆服务水平具有重要意义。

图书馆必须在坚持“以人为本”理念的基础上，进一步更新观念，改革和创新管理模式；必须更加重视对图书馆员专业才能和全面素质的培养、提高，强化馆员参与管理的意识，充分发挥每个馆员的聪明才智，有效地激发图书馆员的工作积极性，推进每个馆员个体价值和社会价值的实践统一。只有这样，才能使图书馆产生更强大的凝聚力，不断促进图书馆事业高效而可持续的发展。

图书馆服务的新理念核心就是“以人为本”的理念，在现代经济高速发展的社会情况下，它与各行各业的根本宗旨都是一样的，服务决定着一切。而服务是为人而准备的，因此，一切服务以人为本，图书馆以读者的方便为主要目标，通过现代化的技术为读者提供更便捷、更高效、更优质的服务，是现代图书馆全新的服务理念。

第四节　读者的阅读需求与管理服务

图书馆是信息收集、贮藏和传播的中心，是所有求知者学习知识、优化知识结构、弥补知识不足的地方。图书馆的基本职能就是为广大求知者、读者服务。为读者服务工作，是读者工作中的核心，是图书馆直接满足读者文献、情报需求的各种活动。半个多世纪前，印度著名图书馆学家阮冈纳赞提出了《图书馆学五定律》，即“书是为了用的；每个读者有其书；每本书有其读者；节省读者的时间；图书馆是一个生长的有机体”。

这一论断，从本质上揭示了图书馆工作和发展中的两个核心问题：一是图书馆工作的基本法则——图书馆必须坚持读者第一，服务至上。贯彻全心全意为读者服务的宗旨；二是图书馆发展的重要规律——图书馆必须适应社会的发展和需求，不断审时定位，调整自我。随着数字时代的到来，图书馆工作将由以收藏为主转变为以服务为主，服务的重点也将由传统图书馆以文献借阅为主的服务方式所体现的“物的传递”转变为图书馆对读者进行知识援助和信息素养培训所体现的“知识的传递”。

在21世纪的今天，随着计算机科学技术飞速发展，信息资源成为经济发展、社会进步、精神文明建设的三大支柱之一。面对信息时代新的挑战和发展机遇，作为精神食堂的图书馆，绝不能再以传统的服务方式去谋求发展。我们意识到，服务始终是贯彻图书馆前进的主线，也是核心价值观，而发展的原动力就是服务创新。因此，图书馆必须在服务观念、方式与手段等方面下大力气改革创新，才能充分利用文献信息资源和专业技术人才的优势，更好地服务社会，为人民带来更多的宝贵资源，使图书馆资源能够最大限度地被社会利用，使图书馆的服务管理得到社会的认可。

读者服务工作，是指图书馆围绕读者在使用馆藏图书过程中的各种要求，而进行的各项直接为读者服务的活动。读者工作的根本任务是充分利用图书馆的藏书，最大限度地满足读者的需要，包括图书流通、宣传、阅读辅导和解答参考咨询等。读者工作是一项服务性的工作，它必须根据办馆方向和任务，根据读者的需要，按照图书馆工作自身的特点和规律，通过馆内阅览、图书的宣传推荐、阅读辅导、书目索引、解答读者咨询、开通预约服务等各项业务活动，为读者普及科学文化知识，为科研、教育、教学提供图书资料。

一、图书馆的服务管理概念

1. 以人为本的图书馆服务管理概述

图书馆服务的对象是读者，所以以人为本的服务即是对读者的服务，以读者为根本来制定出一系列人性化的读书条件即以人为本的图书馆服务。而以人为本的管理是就图书馆员及其内部管理人员而言的，通过一系列以员工为根本的人力资源管理，从而实现对图书馆员的激励，这就是图书馆的以人为本管理。图书馆的兴衰取决于二者，缺一不可。一个图书馆的发展，既需要让读者能享受到高质量的服务，也需要一群充满竞争力的员工，这才是图书馆的兴盛之道。

2. 图书馆服务管理创新的定义

图书馆的服务管理创新是指创新的服务及创新的管理。其涵盖的内容包括，图书馆员服务观念创新，时间观念创新，竞争力的创新，效率的创新。而图书管理者需要做到的创新是，创新的管理观念，使员工的积极性被充分调动，发挥群众的智慧，并根据实际情况制定出切实可行的最佳改革方案和措施。要求落实工作责任制，严格履行奖惩制度，奖罚分明才能让员工将更多的精力投入到图书馆服务管理之中。

管理是对组织资源进行有效整合以达成组织既定目标和责任的动态性创造活动，社会在不断发展，组织面临的内外环境在不断变化，管理者的任务就是要随时调整经营方针和管理模式，以新的管理方式适应新的环境，达到新的目标。可以说，创新是管理不竭的源泉，任何组织的管理，任何层次的管理，都是创新发展的过程。

著名管理学家丙明杰教授认为："管理创新则是指一种新的更加有效的资源整合形式，这种形式可以是新的有效整合资源以达到组织目标和责任的全过程管理，也可以是新的具体资源整合目标制定等方面的细节管理。"这种管理创新至少包括了下列内容 :a）提出一种新发展思路并加以有效实施；b）创设一个新的组织机构并使之有效运转；c）提出一个新的管理方式方法；d）设计一种新的管理模式；e）进行一项制度的创新。由此可见，管理创新是在创造和掌握新的科学管理知识基础上，主动适应外部环境，提高组织整体效能，推动组织各要素发生新变化和新组合的过程。创新是一个民族进步的灵魂，也是一个组织兴旺发达的不竭动力。数字技术与网络技术的紧密结合及其迅猛发展所带来的信息革命，对图书馆及其管理的影响是全方位的、深层次的，信息资源的数字化、信息组织的网络化，不仅意味着传统文献信息工作模式的变革及文献信息服务与组织理论的深化和拓展，而且给图书馆系统的组织与管理活动施加了新的压力，面对全球性的信息数字化、网络化浪潮，各种信息媒介的发展和融合以及激烈的信息市场竞争，寻求管理的创新是图书馆自我生存和持续发展的必然选择。近年来各地图书馆事业呈现的观念变革、机构重组、服务拓展、整体发展的“自我变革”，正是图书馆管理创新的探索和实践。

图书馆管理创新是图书馆用新思想、新技术、新方法，重新审视和改革沿用几十年、甚至几百年的图书馆管理制度及制度背后的管理理念和管理方法，对图书馆管理系统及其组织、技术、服务等方面进行重新设计、选择、组合与评价，以促进图书馆管理系统综合效能不断提高的过程。管理创新是新时期图书馆管理的重要组成部分，是办馆思想和管理模式更新的重要内容。

服务模式的创新。流通模式从实体阅读到信息传递，即流通方式不再局限于文献实体的借借还还，而是更多地通过网络来传输读者和用户所需的文献信息，这样文献信息流通更加快捷。阅览模式从馆内阅览发展为图书馆、办公室、家庭等相结合，打破了服务对象范围的局限，突破了时空和地域的限制。读者可以通过网络在办公室和家里进行检索，使阅览不再受某个图书馆藏书的限制，能够广泛利用众多图书馆的收藏资源。

图书馆自其诞生之日起，集结着社会的信息、知识、情报和科学、技术、文化等人类智慧的结晶，堪称人类知识的宝库。在人类社会的发展史上，起到了不可替代的信息中心的作用。但是在今天这个数字时代，数字化的图书馆在网络上只是众多信息节点中的一个普通节点，失去了以往的中心地位，甚至在一定意义上，目前的图书馆在网络上还只是一个并不占据优势的信息提供者。而其他各种信息媒体、各类信息机构的发展和融合，构成了激烈的信息市场竞争，图书馆面临着众多的竞争对手。社会将根据各类信息机构对社会创造的价值不同给予不同的资源分配，用户将根据自己所需的信息产品和信息服务选择不同的信息机构。这种竞争使得图书馆原来把自己放在天然的“信息中心”位置的价值体系，以及坐等读者上门的阵地式管理模式遭到了致命的冲击，竞争迫使我们必须抛弃旧的观念，创建新的、适应竞争的图书馆管理理念和经营模式，面向市场，面向竞争，变被动为主动。知识经济社会的竞争又是合作性的竞争，图书馆须学会与档案馆、情报机构、信息咨询公司以及计算机、网络、通信公司等竞争对象合作，共同构筑信息服务体系。因此，图书馆的管理就必须根据多重竞争的具体情况，判断决定信息市场结构的各类因素变化状况，适时调整自己的决策，并且必须在与对手的竞争过程中不断创新，在竞争中求生存，通过创新谋发展，以掌握主动，争取胜出。当代图书馆广泛运用的计算机技术、通信技术、网络技术、数字技术，正从根本上改变着传统图书馆的观念、思维、方法，它不仅意味着传统文献信息工作模式的变革及文献信息服务与组织理论的深化和拓展，还为图书馆开辟了通达学校课堂、科研机构、领导机关和基层的通道，大大拓展了图书馆的服务范围和服务能力。所以说，信息技术的发展既为图书馆管理创新提出了新的任务，也为图书馆管理创新行为奠定了新的理论和实践基础。

现代社会的特征就是千变万化，信息技术的日新月异，信息产品的日益商品化，使得图书馆不得不在有限的市场机会中，对竞争的动态变化作出反应。眼前的生存并不等于长久发展的保障，寻求管理的创新是图书馆在新时代自我生存和持续发展的必然选择。

二、图书馆的服务管理现状

1. 传统的借阅服务管理制度

图书馆服务管理工作的传统模式为购书→藏书→借书→还书。随着时代的进步，历史的发展，在服务管理观念，服务项目，服务管理手段等方面，必须要与时俱进，只有跨越式的发展，才能适应高科技迅速发展的需要，适应知识迅速更新，知识爆炸时代的需要，为读者提供尽可能多的优质服务。

长期的传统服务模式一直处于被动服务状态，即读者需要服务就得找上门才会提供，这种服务模式浪费了读者的时间和精力，因而直接影响到服务的质量和效率。众所周知，服务贵在主动，好的服务必须先从主动服务意识开始，因此，图书馆在满足了读者需要的时候，还可以给读者提供其他方面的附加服务，以增加读者对图书馆服务的满意度。如何摆脱传统的服务模式不尽如人意之处，是对现代图书馆服务管理者的严峻考验。

在当今信息时代，许多行业都运用电脑管理开展电脑数据查询业务，而在经济欠发达地区的县级图书馆几乎还没有使用电脑，或者只有几台电脑，但仅限于对图书的借还服务，主要工作仍采用原始的手工操作方式服务于读者。读者只能利用图书目录卡片查询书刊或进入书库查找所需书刊，由于目录不能反映出借阅情况，有的读者花了很长时间查找到某种馆藏信息，但是因该文献已借出或遗失等原因，而不能获得所需文献信息，浪费了时间。久而久之，读者对图书馆服务质量便有了意见，甚至丧失信心。读者进入书库查找所需图书，可能想借的书刊难以找到，最后只好随意借阅几本，失去了目的性。

2. 陈旧的图书资源与快速更替的信息相矛盾。图书馆被称作是学校教学、科研等重要的服务部门，图书馆有非常好的信息资源，但信息资源结构不合理，信息服务也不适合产品的开发。特别是素质教育的实施，客观上要求读者不仅仅局限于课本上的知识，还要多方面来学习，要求读者在德、智、体、美上全面发展。由于现在图书馆的发展跟不上社会形势的发展，因而，有许多学生已经不相信图书馆，养成了有问题先上网找资料的习惯，互联网已经大大改变了学生传统的学习方式，现在进入图书馆的学生已经越来越少，往日人山人海的借书队伍今天已经不复存在。

如何应对网上资源的强有力冲击，已经成为传统图书馆亟待解决的问题，整合学校现有的优质资源，果断放弃一些陈旧的体制和系统，利用学校信息化进程中软、硬件各方面的优势和资源，加大图书馆管理的费用投入，做好信息化高校图书馆服务，将传统纸质图书和电子化图书资料紧密、有机地结合，让读者在最短的时间内用最快捷的方式来获取自身需要的信息，这才是解决问题的有效方法。

3. 学科馆员制度及相关考核标准缺失

学科馆员制度具有保证图书馆核心价值的作用，正常、文明、有序的良性运转控制手段，制约各个环节中人的行为，是图书馆重要的管理方法。学科馆员制度是在一定条件下图书馆与社会各方面所形成的关系，加上我们国内图书馆的发展较滞后，大多数图书馆均没有形成此良性制度。而制度的重要内容就是要化图书馆传统的被动服务为主动，这恰恰与传统相违背。

4. 缺乏对数字化服务管理的清晰认识及界定

随着计算机网络的快速发展，现代读者对知识的渴求不再停留于书本上，而是在广袤无垠的互联网上。互联网能够在最短的时间内满足读者的任何一个方面的信息需求，使得读者越来越依赖发达的互联网技术而摒弃传统的图书馆服务。由此可知，图书馆数字化服务的提升与改革迫在眉睫，而如何处理这些海量的科学知识，往往就成了当今图书馆发展数字化的瓶颈。

(1) 在传统馆藏与虚拟馆藏间未能形成一定的互补。

(2) 虚拟馆藏一般需要购买使用权与所有权，而图书馆往往在更新后没有继续合法使用的权利。

(3) 虚拟馆藏现在还处于发展阶段，尚未能满足读者的多样化需求。

5. 工作时间与行业要求不相匹配

图书馆作为一种传播知识、文化的重要部门。其服务对象的大部分是机关工作人员、在校学生、外来务工人员等。他们只能在下班、放学或双休日、节假日才能到图书馆来学习，而目前不少图书馆的服务时间与大多数行政、事业单位的上下班时间相同，晚上、双休日、节假日开门时间相对其他服务行业较短，图书馆因此未能充分为这部分读者服务。

6. 资源设备不一

由于图书馆在联盟前资源设备都不太相同。整合以后虽然学校进行了统一的规划，局面有所改观，但馆藏资源建设需要长时间有计划、有步骤地去建设，这样图书馆就存在一系列的问题，有的是馆藏资源建设不够合理；有的是自建数据库很少，并且数据库建设缓慢且不规范，缺乏高质量、数据完备的大型数据库；有的是没有特色馆藏；有的是图书馆网站比较空洞，信息更新不及时，馆藏信息资源和数据库建设都缺少优化整合。很难满足读者信息需求；有的是图书馆的阅览室空间太小，设备陈旧落后，现代化服务设施不配套，无法满足读者需求。

7. 服务形式、项目单一

目前大多数县级图书馆的服务工作局限于只为到馆读者服务，只提供图书借阅、报刊阅览，在读者心目中图书馆只是“借书馆”。而可以开展的送书服务、资料复印、电子阅览室等，由于各方面的原因没有开展或虽然开展，但进展缓慢，影响不大。

三、图书馆的服务管理存在的相关问题

1. 部分图书馆员的专业素质不高

我国图书馆传统的服务管理模式是等着读者来，其服务的方式也是围绕着图书馆，而不是围绕着读者开展的，图书管理员所提供的服务也仅仅限

于图书馆的范围内，这使得高校图书馆所提供的服务难以适应读者的需要。另外，我国的高校图书馆工作人员的服务和管理素质不高，主要体现在以下几个方面：一是图书馆的工作人员缺乏责任心。高校图书馆员流动性较大，其根源在于高校图书馆工作人员地位不高，其收入和付出往往有一定的差距，很难平衡员工的心理，很多时候都是抱着得过且过的态度；二是图书馆工作人员整体素质较为低下。主要是因为高校图书馆的工作人员多数是教师的家属和子女，尚未经历专业化的培训，缺乏一定的专业化工作能力，这样就大大降低了图书馆的服务质量与水平。

2. 落后的服务理念与读者的需求相矛盾

传统的图书馆服务理念仅限于借阅，读者需要书过来借，管理员负责登记并催促其还书，逾期办理罚款事项，这样的服务显得比较刻板，从而忽视了对读者提供优质的服务。在当今社会服务业飞速发展的潮流中，图书馆作为服务业容易被人们所忽视。而相比酒店一类的成熟服务行业来说，图书馆显然还处于萌芽阶段。

读者是社会人，社会在进步，人们自然有更高的追求。我付钱了，我理所应当享受好的服务，这是消费者的普遍消费观念。而图书馆的服务却一直被传统所禁锢，一直没有质的提升。究其原因在于，管理员没有与时俱进的服务意识。而图书馆要想谋求更高的发展，不至于被先进的服务潮流所淹没，那就得打破传统，跟上时代潮流，才能顺应时代的发展。服务读者是图书馆的宗旨，是图书馆服务工作的出发点和归宿。图书馆的服务对象是读者，服务质量如何，读者最有发言权。“以人为本”，即以读者为本位，以读者为主体，意指以读者为中心，组织和开展资源匹配、读者服务等一切活动。

“人文精神”体现在现代图书馆的管理中就是以人为本的思想。提倡“读者第一，服务至上”的服务理念。“读者第一”根本上是指图书馆的服务宗旨和服务理念，意在表明图书馆和图书馆管理员的社会职责就是满足读者对知识信息资源的需求，维护读者获取知识的自由权利和其他各种正当的权利。因此，“读者第一”不仅体现在各种完善的制度和完备的服务设施上，更体现在对读者的人文关怀上。图书馆的工作人员对读者要“真心、精心、细心、耐心、专心”，努力营造一个充满人文关怀、温馨和爱意的文化环境，为不同的读者带来帮助和关爱。这样，图书馆才能赢得读者好评，才能在读者心目中留下美好而深刻的印象。

在我国，除了国家图书馆以外，任何图书馆都存在着地域化、行业化、部门化的局限性，因而文献资源的封闭严重制约了图书馆事业的发展，甚至影响社会经济的腾飞。进入21世纪后，这种狭隘的服务思想必须根除，图书馆服务应面向大众、社会、世界。另外，服务观念的变化还应包括突破社会公益性服务的观念，增强市场观念、竞争观念、无偿服务与有偿服务并举的观念。图书馆员只有彻底转变观念，正确解读服务，用心体验服务，才能继续拥有更广泛的读者。

3.需求和反馈信息的不对称

从现在图书馆的用户来看，读者没有主动地利用图书馆现有的资源；读者缺乏一定的信息利用的能力；读者对一些信息、环境等服务了解的比较少，也就是读者对图书馆还缺乏必要的了解，对图书馆现有的信息资源的建设知之甚少，因此不能做到及时的反馈信息到图书馆；从图书馆方面来看，图书馆内的一些馆员素质不高，服务用户的观念比较淡薄，对用户总的层次，信息的需求都不了解，图书馆信息反馈的机制不完善，不注重考虑读者的意见，双方产生了无法协调的矛盾。这必然导致读者的需求得不到满足，同时也没有收到真实的反馈信息，有的读者甚至拒绝为图书馆提出不足之处。

4.馆员知识结构不合理

在图书馆员中，普遍存在知识结构单一现象。图书馆员的结构存在着三种类型，第一类，受过图书馆专业知识教育，具有大专以上学历人员。这部分人对图书馆专业理论有较系统的了解，对图书馆各工作环节有较全面的掌握，但在紧密配合教学科研工作时，缺乏相关学科知识，从而影响服务质量。第二类，其他学科专业毕业的，具有大专以上学历人员，他们有某一学科的系统知识，但缺乏图书馆专业的知识和管理方法。第三类，文化层次偏低，包括中专以下学历的人员，这部分人一般未经过图书馆专业知识的学习，由于知识和能力的局限，他们只能从事简单的传统图书馆业务工作。

四、关于提高图书馆服务管理的策略

1. 加强图书馆员的素质培训

近几年，大大小小的图书馆在狠抓馆员素质方面下了不少功夫，馆员的整体水平也有了提高，但大多数图书馆只注重馆员文化素质的培养，而忽略了综合素质的提高。能否真正给读者提供高质量、高效率、高品位的服务，关键在于馆员的综合素质。首先，馆员应有一定的文化素质，要给读者提供高水平的服务，馆员必须具有一定的知识才能、文化水平和学识修养。因此，定期对馆员进行文化知识的培训是非常有必要的。

图书管理人员素质中，政治思想素质处于主导地位。没有良好的政治思想素质，即使有再高的专业才能和组织才能，也难以发挥出来。图书管理人员还应遵守职业道德规范和行为准则，要有甘为人梯的崇高职业素养。知识经济时代最显著的特点就是：知识将成为发展经济的资本，在生产要素中居于最重要的位置，其他所有部门的发展都依赖于知识的增长。因此，知识将被作为最重要的资源得到充分开发、传播与应用，知识的不断创新成为推动时代发展的根本动力。现代电子学与通信技术的进步，为社会信息化提供了强大的技术推动力，通信技术与计算机的结合，实现了资源的网络化，大大提高了信息的使用价值，拓宽了信息处理的应用范围。这对数字图书馆中的图书馆员的素质提出了全新要求，传统图书馆员工作已越来越不适应时代发展的要求，而一批具有多元化知识结构层次的人员，将成为数字图书馆网络化环境下图书情报资料工作的主力军。图书管理人员的性格、作风、素质直接关系到读者服务工作。读者服务工作是一项典型的基础性服务工作，也是图书管理工作的中心环节，图书的采访、订购、编目、分类、典藏、书目检索都是围绕读者服务工作开展的。“读者服务工作”是指图书馆围绕读者在使用馆藏图书过程中的各种需求而进行的各项直接为读者服务的活动，包括图书流通、宣传、书目检索定题服务和参考咨询等，通过馆员在读者和信息图书之间的中介作用，来满足读者各种阅读需要，达到“为书找人”和“为人找书”的目的。

其次，馆员应该具备一定的道德素质，良好的服务态度需要有良好的道德素质作保证。对需要更多服务的读者，馆员应该一如既往地提供优质的服务，切不可表现出对读者的不满。图书馆馆员的素质关系到服务的质量和图书馆的建设和发展，馆员应该是读者的导师，他们应掌握图书馆学和现代信息技术，熟悉本馆馆藏和网络信息分布，能使用更多现代图书工具。适时解答读者的各种咨询，迅速、准确、全面地为读者提供所需要的信息，这就要求馆员要有良好的专业素养和信息技术知识，管理者应重视馆员的在职培训，采取全员普及培训和定向培训相结合的措施，造就一批能为读者提供高层次服务的复合型人才。

现代化图书馆一方面要有数字化的前瞻性，另一方面也要保留藏书的气息。现实的图书馆在相当长的时间里还会以馆藏的外在形式存在下去。从外部环境来说，图书馆应该建在交通便利、四通八达的枢纽位置。既要方便全地域居民直接来馆利用，又便于作为本地区的中心馆建立最佳的计算机网络中心。如上海图书馆坐落于上海市中心的淮海路上，这里公交车集中、交通极为便利。日本大孤府立中央图书馆建在即将成为大孤府三大都心之一的东大孤荒本地区，这里在不久的将来会成为铁路、公路的交结点。图书馆的建筑风格应具有浓厚的文化意蕴和时代精神，以高雅、新颖、亲切的格调成为当地文化文明的标志性建筑。如目前正在建设中的黑龙江省图书馆，新馆建筑造型运用几何形体组合、曲线与直线的交织构成新颖生动的形态，配以现代的建筑材料，创造出简洁、流畅、新颖、庄重的新时代文化建筑形象。图书馆周围的绿地、广场、喷泉、雕塑等烘托了馆舍的优雅，更是图书馆不可或缺的一部分，带给读者美的享受。

图书馆内部环境设计要赏心悦目，设施也要方便各类人士使用，体现出对所有人的尊重和爱护。建筑内的色彩以及光影的运用、实木家具的选配，绿色植物装饰、温度的调节等，都应该以人体感觉舒适为出发点。很难想象读者对于空气污浊、光线暗淡、拥挤嘈杂的场所会流连忘返。事实上，就连馆内工作人员的服饰、发型、举止，也会影响人们阅读的心情。理想的环境应该是处处洋溢着文化气息和温和素雅的艺术气氛，使人感到舒适愉快、赏心悦目、感到亲切温馨。

2. 设法满足读者的信息需求

满足读者的信息需求，需要把“读者第一，读者至上”作为读者服务的立身之本，图书馆内从领导到具体服务人员都需要增强读者意识，要深入到读者中去，倾听他们的声音，征求他们对于文献资源的需求。重视读者对图书馆服务的反馈信息，及时并有效地处理。可以对读者进行回访调查，对读者的需求与意见作详细的了解。稳步向国内成熟的服务业看齐，真正地把读者当顾客，当上帝来看，这样才能更好地向社会新型服务业发展，增加自身的竞争力。

个性化服务也就是特定化服务，是针对每个读者的不同需求而特别制定的服务。它所提供的服务不再是一种模式，而是各取所需、各得其所。为真正做好个性化信息服务，必须认真贯彻“以读者为中心”的服务原则，使个性化服务更有针对性、灵活性和智能性，同时要对读者的需求进行分析，提供特定服务，从而提高读者满意率。此外，在服务方式上要开发有深度的个性服务。可根据地方特点建立地方文献资料室、地方艺术精品库、地方名人资料室。经常收集读者对图书馆个性化服务的反馈意见；可开展馆际互借、文献传递等业务，提供定题、定向、定人跟踪服务，尽量满足读者的个性化需求。

在发展变化的时代里，关心读者、尊重读者、研究读者、提高读者的信息意识，已成为图书馆事业发展的根本途径。因此图书馆要改变等读者上门的思想，对读者热情周到、全心全意为读者服务、要主动与读者沟通和互动。一句亲切的话语，一个温馨的微笑，都能缩短图书馆员与读者的心理距离。熟悉读者、了解读者，广泛听取读者的建议，成立读者联谊会，设立意见箱和网上留言板，定期召开读者座谈会，提供高品质的咨询参考服务，做好导读工作。图书馆的导读工作主要有新生入馆教育、馆藏文献介绍、新书通报、推荐书目、文献评价等。还可以根据读者群体的阅览兴趣，有针对性地向读者推荐文献。开展丰富多彩的读书活动、征文活动。从而拓宽读者的视野，提高读者的信息素养；图书馆与读者之间还可以通过电子邮件服务来进行咨询、解答读者各种问题，也可以用电子邮件形式将最新的信息通知读者。

3. 改善图书馆员知识结构

图书馆馆员是图书馆信息资源与读者之间的桥梁与纽带，应充分认识读者服务工作不仅仅是一种图书的借还工作，它是社会文献信息交流的窗口和桥梁，是一种提供信息、知识和情报的高层次的智力和知识服务。馆员必须具有广博的知识，良好的专业知识，较强的现代信息意识，丰富的文化，同时还应掌握一定的外语水平，计算机、网络、多媒体等知识和相关设备的操作使用技能，这样才能把有用的文献信息快速准确地提供给读者，也能帮助读者多角度全方位地获取信息资源，为读者提供更加良好的服务。馆员实行适当的轮岗制，有利于馆员了解图书馆工作全貌，熟悉馆藏，了解网络资源。馆员还要积极参加学术交流活动，这是提高自我研究能力和业务水平的重要途径。图书馆领导层应给馆员提供和创造更多学习培训的机会，通过岗位培训、听讲座、脱产进修等方式，不断改善馆员的知识结构，挖掘馆员的知识潜力，从而提高馆员职业素养。因此，馆员必须一直投入学习，只有成为知识型馆员，才能更好地为读者服务，帮助读者解决各种实际问题。

加强相关性知识的教育，改变图书馆馆员的知识结构，也是非常必要的。它也是图书馆馆员接受继续教育的重要内容之一。目前，信息化技术对图书馆传统职能的拓展，图书馆从对文献资源管理到信息资源管理的转变，势必在信息活动中涉及人、经济、技术等诸多因素及其相关的问题，必然要求图书馆员对经济类、管理类、法律类、信息以及其他学科方面的有关知识有所了解，如通过学习“读者心理学”“信息管理学”“信息加工”“信息资源建设”“信息技术”“信息检索和计算机应用技术”等多方面相关知识来加强与读者的沟通，加速信息传递，以便能使信息资源的开发与利用收到最好的效果，从而提高服务质量。

五、通过现代化手段提升图书馆服务

在我们的生活中，图书馆占据重要的位置，是获得知识、满足人们精神需求的一个重要渠道。而中国图书馆事业的稳步发展，使得图书馆的现代化管理变得更加重要。但是现阶段，中国的图书馆并不能满足人们的诸多图书要求。因此，要全面促进图书馆的现代化管理，加强图书馆的科学化建设。

1. 运用现代化手段管理图书馆的主要原因

（1）图书馆现代化管理。现代化管理是我国现代化建设的重要内容，具体包括了以下三个方面：其一，信息化的管理方式。这是现代化图书馆建设的前提基础。其二，数字化的阅读方式。在信息化时代的背景下，图书馆的现代化进程逐渐加快，而数字化阅读方式为读者提供了全新的视觉体验。其三，现代化的管理体制。现代化图书馆必须要具备和现代社会相符的管理体制，从而加强对图书馆的科学规划。

(2) 具体原因是图书馆的现代化管理，在科学决策的基础上，还应充分运用计算机、网络等现代化手段。而运用现代化手段加强图书管理的原因包括了以下三个方面。

其一，图书馆自身的特点要求采取现代化手段加强管理。信息的科学利用及有效传播都依赖于图书馆。图书馆密切联系着全人类的知识、信息资源，以及充分运用这些知识资源的人，同时还具有独特的社会价值。通过图书馆，对知识以及信息进行收集、整理加工以及传播，在一定程度上促进了社会的经济建设以及科技的进步，并直接或间接地增加了社会财富，推动整个社会的发展，这也是其他事业所无法比拟的。但是要想实现图书馆的独特社会价值，就需要采取现代化手段，加强图书馆管理。

其二，科技的进步推动了图书馆的现代化管理。科学的迅猛发展，先进技术的不断涌现，各种文献资料的急剧增加，人们对于信息资源的迫切需求。这加大了图书馆的管理任务量，还要求图书管理员对内容复杂、数量大的文献资料进行科学的筛选及整理，便于读者的及时查阅。但是要想实现这一目的，就要求图书馆进行科学化管理，充分运用现代化设备及技术，对图书馆的采访、编目、阅览以及咨询等各个机关部门进行科学的管理，科学地组织藏书、资金以及人员，以此发挥图书馆的价值。

其三，现代图书馆的具体要求。网络化、自动化以及信息化是现代图书馆的三大标志。要想实现现代图书馆的网络化、自动化与信息化，就需要加强图书馆现代化建设，将计算机技术、通信网络技术以及存储技术等先进科技，充分运用在图书馆工作中，以此实现文献资料以及信息资源的自动化收集、智能化加工、存储以及利用等。此外，图书馆的现代化既是一次技术变革，也是一项复杂、系统的工程，要求从文献资源建设、资源传递等方面入手。但是传统的图书馆管理手段无法满足科技迅猛发展要求，因此，要想实现图书馆的现代化管理，就需要充分运用各种现代化技术，从而保证图书馆工作效率及工作质量的提高。

2. 充分运用现代化手段提高图书馆服务的措施

(1) 加大资金投入。高质量、高水平的图书馆，要求加大资金投入。目前来看，中国图书馆的发展还是受到了资金限制。目前我国对于图书馆建设的资金投入虽有所提高，但是总体发展依然无法满足社会对现代图书馆的实际要求，并且和欧美发达国家之间存在着较大差距，图书馆的发展并不理想。这就要求国家加大资金投入，从以下三个方面入手，建设现代化图书馆。

其一，建立以计算机为核心的图书馆管理系统，实现采集、分类、编制、检索以及流通的现代化。提高文献资料的流通效率，有效降低管理人员的劳动强度，并为读者提供更好的业务咨询服务。同时还可以充分运用电子数据库以及现代化高速传输技术等，建立图书馆网络，实现文献资源的共享，保证资料信息能够在全国乃至全球范围内的流动。

其二，充分运用新型存储技术。资源存储技术是保证图书馆能够为读者提供优质图书服务的前提基础。因此图书馆应适当增加电子出版物的实际收藏比例，积极引进网络数据库、光盘数据库等数据化图书资料，充实馆藏的同时，为读者查阅提供方便。

其三，充分运用多媒体技术。多媒体技术作为现代科技的发展及应用产物，在研发、传播以及利用等过程中发挥着传统作品无法比拟的优势。这就要求充分运用多媒体技术，便于图书馆管理人员对文献资料进行移位、增删以及充足，读者也可以按照自身意愿获得相应的资料信息。多媒体技术的充分运用，会让我国图书馆的服务方式以及社会功能发生较大的改变。

(2) 全面提高图书馆管理人员的综合素质。高新科技在现代化图书馆中的应用使现代的图书馆对于数字化、信息化要求更高。所以图书馆管理员也要提高自身的综合素质，提高管理效率。但是目前我国图书馆缺乏高素质人才，多数管理人员的专业素质并不高。而要想实现图书馆的现代化管理，就需要聘用优秀、专业的图书管理员。为此，笔者建议加大培养高素质、高技能的图书管理人员；重视优秀人才的引进；合理扩大我国图书馆的管理规模，全面提高馆内管理水平，以此实现图书馆的长远发展。

(3) 实现以人为本的管理原则。以人为本的管理原则是诸多行业实现长远发展的前提基础。

在图书馆的现代化管理中，也要遵循以人为本的基本原理，并将其作为工作指导思想。具体而言，在实际工作中，按照图书馆自身实际情况，制定明确的发展目标，明确管理计划。唯有这样才能够促进我国图书馆朝着现代化方向发展，并能够在发展期间解决各种问题。

(4) 对电子阅览室进行现代化管理。信息时代的到来，推动了电子阅览室的革新，使得电子阅览室出现在规模不同的图书馆中。但是电子阅览室在蓬勃发展的同时，各种网络道德问题不断涌现出来。网络道德教育成为了图书管理员在工作中面临的一大难题。电子阅览室作为读者间进行交流沟通的一个重要渠道，因读者自身的特殊情况及其素质的影响，使得电子阅览室中出现各种问题。所以，笔者建议，图书管理员对电子阅览室应加强监控与管理，充分发挥出电子阅览室的功能。

(5) 进一步改进图书馆的管理体制。每个行业要想获得长远发展，就需要不断进行改革和创新，而图书馆的现代化管理也要求进行创新及改进。社会经济发展水平以及国家政治制度，为图书馆的现代化管理提供了外部环境。但是随着外部环境的不断变化，图书馆的管理也应发展变化，要求朝着信息化、数字化、现代化的方向不断发展，深入创新，使之能够适应信息时代的发展要求。同时，笔者建议，图书馆应建立符合社会发展实际以及时代发展进程的管理体制，并全面贯彻落实下去，以此提高我国图书馆的现代化管理水平。如何推进图书馆服务管理的提升，如何让图书馆在科技发达的今天有一席之地对我们而言是一个严峻的考验，而与时俱进的创新服务意识看起来是其发展的重要途径。“以人为本”作为时代发展的主流，无论社会发展到什么阶段，这都是至关重要的。而以读者的身份去考虑服务内容与方式就是图书馆服务管理根本的出发点。

现阶段，信息技术的迅猛发展，促使整个社会发生了巨大改变。但是以往的图书馆系统难以满足社会各界人士的诸多要求。因此唯有采取科学化管理手段，全面提高图书管理员的专业素质，充分运用先进科技，遵循以人为本的基本原理原则，为读者提供良好的图书服务，充分发挥图书馆的社会功能，才能够实现图书馆的现代化发展。只有真正做到“以人为本”的现代化图书馆服务，才能让图书馆真正适应时代的要求。

六、读者服务工作的创新

1. 观念的改变创新

在图书馆服务工作中，服务理念决定图书馆的真正用途，是重馆藏还是重阅览。旧的服务理念导致图书馆的用途仅限于收集，储存书籍及文献，轻视了图书的使用率，随着网络时代的不断变革，在网络下的图书馆应更新服务理念，以用定藏，共建共享，呈现出开放性、主动性、针对性、多样性等服务特色。图书馆读者服务从过去的满足书刊借阅为主，变成了现代的以知识开发服务和满足信息需求为主，从“以书籍为主体”的服务转变为“以读者为主体”的服务，这就要求图书馆服务理念和服务工作的发展与创新，既要树立网络化的服务观念又要树立特色服务的观念，形成特色优势，开展特色服务，在竞争中求生存、谋发展。

2. 服务内容的创新

随着网络信息的日趋普及，人们对文献信息的要求向多元化、多样化、综合化和纵深化方向发展。图书馆作为提供文献信息服务的社会组织，必须在服务内容和服务方式上进行以用户为目标的变革与创新。

(1) 在服务内容上将逐渐从提供传统印刷型馆藏向电子化、信息化以及广领域、深层次的信息服务发展。图书馆要充分发挥文献信息服务中心的作用，可以开展网上信息服务，对网上的信息资源进行深度加工，将广泛、无序、分散的信息转变为有序的可以直接使用的资料，以方便用户的查阅和利用。在不断拓展和深化图书馆信息服务功能的同时，向开放式分工合作与资源共享的方向发展。要充分利用馆际互借、网上信息传递和信息获取来扩大馆藏信息。要在同一规范、统一标准的前提下，发挥各馆的优势。集中力量建立有本校特色的数据库，为图书馆参与竞争，开展服务创新提供保障。

(2) 在服务方式上要创新，即服务方式要由被动为主动，由原来的以馆藏为中心变为以读者为中心。开展包括文献信息咨询服务、情报检索服务、情报调研服务、重点课题服务、网上信息服务等一系列活动，主动指导用户利用馆藏文献和网络资源，编制网上导读、索引，指导用户熟悉数据库的检索方法，增强图书馆的主动性。

首先，要进行阅读辅导。为读者提供优质服务更重要的方法就是进行阅读辅导，辅导读者如何利用图书馆中的检索工具、书刊目录以及各种各样的图书资料都是阅读辅导的内容。尤其是对儿童的导读，导读能够使得他们具有浓厚健康的读书兴趣，让他们读很有价值的书；还能有利于吸收健康的知识信息以及登陆健康的网站等。在阅览过程中，图书馆要采取多种方式来进行指导。此外，读者还可能由于缺乏文献检索方面的知识，往往不知道从何处下手来查找借阅有用的图书资料。所以图书管理员对他们的需求要有所了解，让他们能够更好地运用各种检索工具以及参考工具，让他们能够更好地掌握和运用文献检索的技能和知识，以便能够充分地利用相关的文献资料。

其次，要将传统服务转为网络服务。开展网上服务能够为读者提供更好的服务，让图书馆能够更加贴近读者。其服务功能主要有：①联机目录查询的功能，能够更加方便查询本馆书目记录；还有利于查询国内外别的图书馆的馆藏书目记录。这种制度同时还能够有利于实现馆际互借的服务。②建立布告栏的功能，可将最新的电子出版物、图书等的馆藏情况通过网络来发布，还能让读者最快知道自己所借图书的相关过期信息，等等。③网上咨询的功能，通过网络这个平台，读者能够提出各种咨询要求和问题，以便尽快知道自己关心的信息。④建立意见公告栏，对读者的建议和意见要实时了解并给出答复，从而让读者能够更好地与图书馆进行交流，促进图书馆工作的改善。

3. 服务模式的创新

服务模式的创新包括：

(1) 流通模式从实体阅读到信息传递，即流通方式不再局限于文献实体的借借还还，而是更多地通过网络来传输读者和用户所需的文献信息，这样文献信息流通就变得更快捷。

(2) 阅览模式从馆内阅览发展为图书馆、办公室、家庭等相结合，打破了服务对象范围的局限，突破了时空和地域的限制。读者可以通过网络在办公室和家里进行检索，使阅览不再受某个图书馆藏书的限制，广泛利用众多图书馆的收藏资源。

(3) 计算机技术的进一步普及使越来越多的信息资源日益网络化、数字化，也使越来越多的读者依靠网络获取信息资源。由于网络信息资源种类繁多、庞杂无序。缺乏完整性和组织性，同时随时都有可能被更新取代，使读者难以对信息资源进行充分、准确、合理的利用。所以，将那些无序的网络信息整理成有序的、可利用的资源，并有效地提供给读者，成为图书馆员面临的重要任务。比如，针对学校某些科研课题建立检索指南，介绍各研究课题的检索要点，对搜索到的信息进行分类、整理，再通过链接建立导航站，为读者提供有价值的网络信息资料等。

4. 管理创新

管理创新主要包含两个方面：

(1) 要坚持以“读者为本”的原则。当前图书管理观念中，图书馆的管理制度和服务模式，主要侧重于对文献的管理、对馆员的管理、对读者的管理等“管理”的角度。馆员承担的是“图书管理者”的角色，体现的是“以书籍为本”的管理理念。在新的形势下，必须改变为“以读者为本”的管理方式，图书馆的一切工作都紧紧围绕读者进行。馆员要认真研究读者，了解读者，预测和识别读者的需求倾向，急读者之所急，想读者之所想，购读者之所需，解读者之所难，为读者提供多元化、多层次、多方位的服务。图书管理制度的制定坚持“尽可能有利于读者，最大限度地方便读者”的原则，图书馆员充当“读者服务者”的角色。

(2) 管理制度化、规范化。图书馆管理的核心是为读者服务，服务以人为本就是要以到馆的读者为根本，以优质的服务满足读者的需求。人性化管理给图书馆各项工作注入了更多的情感因素，拉近了文献与读者之间的距离，为读者获取文献信息创造了一个亲切、便利的空间，形成一种全新的服务方式。在图书馆管理中，只有充分重视图书馆活动的“人”，用以人为本的理念创新图书馆的服务与管理，不断提高图书馆人力资源管理水平，才能促使图书馆事业得以快速、持久地发展。图书馆管理创新不是全盘否定原有的图书馆管理基础和管理模式，而是在保留原有管理方式精华部分的基础上进行创新。管理的改变和创新就是图书馆充分发挥其作用并不断持续发展的动力。

图书馆自身要建立健全长期有效的激励机制，有效促进读者创新服务工作的落实。建立严格公正的奖罚制度，积极引进自我约束机制和竞争机制，建立和推进聘用制，调动馆员积极性、主动性和创造性。定期对馆员的专业水平和技能进行量化指标考核。以广大读者的评议为标准，将考核结果作为评价馆员工作业绩的客观依据。建立定期培训交流制度，提供一定的渠道让有需求的员工获得所需的知识和技能，改善馆员的知识结构和学历层次，提高馆员的专业能力和人文素养，增强其信息意识和创新能力，使馆员的专业水平和业务素质始终与现代社会的发展及需求保持同步，通过制度建设，真正达到："人尽其才、物尽其用"的目的，不断推进和强化图书馆的读者服务职能和质量。

第五节　图书管理员职业化建设的思考

进入本世纪以来，图书馆学界关于我国图书馆员职业化建设的讨论越来越多，而讨论焦点集中在图书馆员职业化的内涵、我国图书馆员职业化的必要性、当前面临的困难及应对措施等几个方面。

一、关于图书馆员职业化的内涵和必要性"图书馆员职业化"一词虽目前尚无较为明确的定义，曾有很多学者从不同的角度解释图书馆职业化，概括起来，图书馆员职业化包含职业化素养、职业化行为规范和职业化技能三个方面内容，其最终表现为一种工作状态的标准化、规范化、制度化。

由此形成的一整套系统的、完整的、为社会各界所公认的属于图书馆员自己的执业规范和职业道德体系，将图书馆员作为一个独立的职业与其他职业严格区别开来。

关于在我国推进和实施图书馆员职业化的必要性上，虽有少数不同观点，但绝大多数业内专家、学者认为：图书馆员职业化建设不仅有利于提高社会对图书馆员的认同度，提升馆员的整体素质和社会地位，更有利于提高图书馆服务的整体水平和层次，提高图书馆的核心竞争力。因此，图书馆员职业化是我国图书馆行业发展的必然选择。

二、我国图书馆员职业化所面临的障碍

图书馆员职业化发展在国外已有近百年的历史，美日韩等国图书馆员职业化发展程度已较为成熟，而我国图书馆员职业化建设仍处于起步阶段，

并且我国图书馆行业有着诸多不同于其他国家的特点。正是这些特点造成了我国图书馆员职业化发展过程中的诸多困难，这些困难有的来自于制度和体制，而有的则来自于我们图书馆自身，主要表现在以下几个方面：

1. 缺乏法律保障和严格的职业准入制度

从国外以及国内其他行业的经验来看，职业化的发展需要健全的法律、法规和政策作保障。比如，日本1950年颁布的《图书馆法》就曾明确提出了图书馆专业馆员制度，明确规定了图书馆员任职资格和条件，以及图书馆员认证考试等相关内容。美国内华达州相关法律规定，服务群体在5万人以上的图书馆员需有ALA认证的图书馆学、情报学专业硕士学位。而我国目前尚没有一部完整的图书馆专门法。

没有法律的保障，也就无法建立起相应的职业准入制度，而严格的职业资格认证制度和选拔晋升制度是职业化建设的重要标志。缺少严格的职业准入，图书馆入职门槛低，馆员任用多半服从上级意志，很多人认为图书馆工作谁都能干，个别领导把图书馆当成照顾关系、吸引人才、安排退居二线同志的最好去处，甚至一些在其他岗位上不能胜任或表现不好的人也被安排到图书馆。这也就是我国图书馆员队伍整体素质不高，服务水平和层次长期得不到有效提升的重要原因。

2. 缺少统一的行业管理和行业自律组织

众所周知，从行政隶属上分，我国的图书馆行业由三部分构成，即公共图书馆、高校图书馆、专业图书馆。各类图书馆分属于不同的政府部门管辖，各主管部门相互独立，缺少沟通和协调，尤其是在涉及人事政策的问题上，更是各自为政。正是这种行政割据的格局，使我国图书馆行业缺少统一的行业管理，相关规定和政策得不到应有重视和有效实施。

与此同时，目前我国还缺少一个真正意义上的图书馆行业协会。行业协会作为行业自律组织也是职业化建设和发展的重要构成要素之一。例如，我国的律师行业有律师协会，注册会计师行业有注册会计师协会等。以中国注册会计师协会为例，其主要职能包括：①审批和管理本会会员，办理个人及团体会员注册；②拟订注册会计师执业准则、规则，并监督、检查其实施情况；③组织对注册会计师的任职资格、注册会计师和会计师事务所的执业情况进行年度检查；④制定行业自律管理规范，对会员违反相关法律法规和行业管理规范的行为予以惩戒；⑤组织实施注册会计师全国统一考试等。正是有了中注协对全体注册会计师和非执业会员的服务、监督、管理和组织协调，才有了该行业完善的行业管理和服务体系，也就有了我国注册会计师行业的快速、健康发展。

而当前我国图书馆行业唯一的全国性行业协会组织是中国图书馆学会，其性质是学术性群众团体。尽管学会自成立以来，在组织学术交流和业务培训、开展学术研究等方面做了大量工作，也为我国图书馆员职业化建设起到了重要的促进作用，但其性质决定了其不具备行业自律组织的职能，也就无法对行业内从业人员实施有效监督和管理。

3. 管理者和馆员自身的职业化意识不足

包括部分管理者在内的很多图书馆从业者对所从事的工作价值和社会意义方面的认同程度较低，职业化意识不足。很多人自己也认为图书馆的工作就是采、分、编、分类和简单借还，技术含量低，根本谈不上什么专业理论和技能。这种情绪让很多人自然而然地产生了职业倦怠，使其工作心态和工作积极性受到影响，缺少自主学习、自我提高的紧迫感和主动性。对读者冷淡，缺乏事业心、责任感，从而导致服务水平不高和创新意识差。这不仅有损图书馆职业的形象，也加剧了外界对图书馆的错误认识。

三、推进我国图书馆员职业化建设的有效途径

尽管目前我国图书馆员职业化建设存在着诸多障碍和困难，且有些问题是很难在短时间内解决的。体制和制度的制约也许我们无能为力，但本着打铁还需自身硬的原则，从我做起，从现在做起，加强自身专业化、正规化建设，我们仍有很多实实在在的工作可以做。

1. 加强教育培训，增强全行业职业化意识

如前所述，图书馆员职业化建设是我国图书馆行业的必然选择。然而当下的情况是，有相当多的图书馆从业人员对此并不了解，更谈不上关心。这其中有图书馆员工自身认识的局限性，也有管理者宣传教育不足的因素。因此在全行业内全面开展相关理论宣传和教育十分必要。图书馆管理者要在自身提高认识的基础上通过讲座、培训等各种行之有效的形式，让全体馆员充分了解到图书馆员职业化的内涵及对每一个图书馆从业人员的重要性，鼓

励广大职工的积极参与，增强全体馆员对图书馆工作及图书馆行业发展的信心，提高馆员的服务意识和爱岗敬业精神，不断增强对本职工作的荣誉感、自豪感和责任感。使每一个员工都能以饱满的工作热情和良好的精神状态投入日常工作，进而不断提高工作效率和服务质量。只有这样才能从根本上改变外界对图书馆及图书馆员的不良看法和错误认识，有效提升图书馆的社会认同度。

2. 强化制度建设，规范职业行为

职业化的最终表现实质上是一种工作状态的标准化、规范化和制度化。即在合适的时间、合适的地点，用合适的方式，说合适的话，做合适的事。这就要求我们图书馆行业要有一整套适合我们的标准化的业务操作规范和行为规范，要让每一个馆员的一举一动、一颦一笑处处体现出职业化的风范，即做事有章法，胜任有能力。而这一切的实现需要的是一个完善的制度体系以及行之有效的监督管理机制。长期以来，我们的图书馆规章制度建设重点往往放在行政管理和后台业务操作多元化和个性化的知识、信息需求上，而充分发图书馆人员和资源的优势，开展专业化信息服务，在服务中展示图书馆和图书馆员的专业水准，才是体现我们图书馆社会贡献和职业价值的最好途径。

从另一个角度看，“有效提升客户价值”是职业化执行力的重要体现，是职业人的立身之本。因此，我们还应及时转变服务理念，变被动服务为主动服务。也就是说，无论公共图书馆还是高校图书馆都应该主动走出去，寻找和开发潜在信息用户，扩大我们服务的受众群体，让我们图书馆职业价值和社会贡献最大化。

3. 扩大宣传，提升社会认同度

面对当前社会上对图书馆及图书馆员的种种错误认识和不良看法，我们还应该积极协调社会各方加强宣传和公关力度，树立图书馆员积极、健康、专业的职业形象，扩大图书馆的社会影响力，让公众更加深入地了解图书馆及图书馆职业，充分提高图书馆员的社会认同。只有赢得社会公众的广泛认可和充分信任，图书馆员职业化进程才能得到快速推进，图书馆事业也才能健康、可持续发展。

第四章　图书馆的法制建设

第一节　图书馆立法

没有规矩，不成方圆。做任何事都得遵循一定的法律、规则，图书馆也一样。我们国家是一个依法治国的国家，为了保障图书馆事业的顺利发展，我们必须通过制定相关的法律体系，来保障图书馆的发展。

图书馆立法是提高图书馆社会认知度的法律保障措施，只有建立以图书馆法为基础的图书馆法律保障体系，形成图书馆专门法和相关法共同规范的机制，才能为图书馆事业的发展提供完善的法律保障。图书馆的设置、运营、服务等活动必须有法律保障，是世界图书馆事业发展的基本经验之一，也是中国图书馆事业获得持续、健康、协调发展的必由之路。经过改革20多年的实践，伴随着中国图书馆事业的快速发展，中国图书馆界对图书馆立法的呼唤和期盼日益迫切，图书馆事业发展亟须法律规范的紧迫性日益凸显。在这种背景下，2001年初《中华人民共和国图书馆法》的制定工作在文化部的主持下正式启动。这是中国现代化图书馆事业史上具有划时代意义的事件，是新世纪中国图书馆事业全面振兴的契机。

图书馆作为重要的社会文化教育机构，作为文化事业的重要组成部分，在社会发展的进程中，为人们提供了强大的精神动力和智力支持，特别是信息化和网络化时代的到来，融入了新技术的图书馆必将有更大的用武之地。1997年党的十五大把依法治国作为党领导人民治理国家的基本方略，强调在党的领导下，依照宪法和法律的规定，管理国家事务，管理经济文化事业，保证国家各项工作都依法进行。为了规范图书馆行为，更好地发挥图书馆的作用，使图书馆事业能够顺利、健康地发展，最根本的问题就是通过加快图书馆立法进程，明确图书馆的社会地位和社会作用，明确政府职责，保证图书馆经费的投入，切实维护读者权利。

一、图书馆立法的原因与必要性

改革开放以来，我国现代图书馆事业突飞猛进，规模不断扩大，社会地位日益提升，图书馆事业的快速发展，使图书馆立法日趋迫切。图书馆立法的目的，是为了加强对图书馆的管理，增强图书馆的服务功能，充分发挥图书馆的作用，图书馆法是图书馆开展工作的法律依据和保障，也是协调国家与图书馆、图书馆与当地政府、图书馆与读者之间的法律规范。必须要对图书馆立法的原因如下：

1. 图书馆法是图书馆事业生存和发展的保证

采取立法手段来确保图书馆在国家财政税收中所占投资比例，以此兴建发展图书馆。用立法手段来保证图书馆的稳步发展，保障文献信息的收藏和传递。图书馆法的内容包括国家对图书馆的经费投入、图书馆的设置率、文献的保障率、藏书的利用率等，是图书馆开展各项业务工作的法律依据，是图书馆内、外关系的准则、标准和规范，也是衡量一个国家图书馆事业发展水平的标尺。

早在1849年，英国图书馆的先行者爱德华兹就明确指出，公共图书馆想成为永久性的文化机构，立法是很有必要的。各级政府要依靠立法来共同发展图书馆事业已成为一种共识。1956年美国国会通过了国家级普通图书馆法《图书馆服务条例》。美国的图书馆法明确规定，由立法机构授权各级地方政府去建立图书馆，授权为建立公共图书馆而征税，从而为图书馆的经费来源提供法律保障。美国1965年通过的高等教育法令中，有关图书馆的条文规定，要制订促进大学图书馆采集书刊的资金计划，筹集训练图书馆员的费用基金。1950年日本制定了公共图书馆法，日本经济的发达与日本政府高度重视图书馆事业的发展分不开。1960年澳大利亚也制定了相应的图书馆法规，明确了政府鼓励各图书馆向现代化、网络化方向发展。美国、日本等国家现行的图书馆法，都对该国的图书馆事业健康发展起到了很大的推动作用。联合国教科文组织也要求每个国家都应制定图书馆法，明确规定图书馆的组织管理、文献入藏、读者工作、经费保障等方面的具体要求，对图书馆事业的发展提供法律保障。可以看出，以法治馆是图书馆今后的发展方向。

2. 制定图书馆法是时代发展的必然要求

当今时代，文化和信息作为组成社会的三大资源之一，它的重要性也越来越突出。首先，文化是一个国家和民族的血脉和根基，没有了文化，那么这个国家就是一个没有任何内涵的空壳，也就不成为一个国家。其次，信息作为当今社会一种极其宝贵的资源，其重要作用也是有目共睹的，谁掌握了信息，谁就掌握了主动。因此，有人将这个时代称之为信息时代是很有道理的，而网络的快速发展，使信息的重要性更加突出，所以说，无论对于一个国家还是组成这个国家的每一个个体，谁拥有了信息，谁就把握了未来。面对这样一个机遇和挑战并存的时代，图书馆事业必须与时俱进，彻底转变职能和服务方式，以顺应时代的发展，要做到这一点就需要制定一部图书馆法这是关键，也是时代的要求。

3. 制定图书馆法是与国际接轨、缩小与发达国家差距的必然要求

图书馆事业的发展离不开国际间的交流与合作，国际图联和联合国教科文组织非常重视图书馆立法工作，反复强调“每个国家都应该建立图书馆法”。世界上许多发达国家的图书馆法律体系都非常完善，发达国家的模式、做法以及经验，我们完全可以选择性地利用。制定出与我国实际相适应的科学的、适合我国国情的图书馆法律体系，充分运用法律手段管理和规范图书馆行为，减少人为性和随意性，使制约图书馆发展的一系列问题，如缺乏领导重视、运行经费无法保证、读者权益无法维护等得到切实改善，使图书馆事业健康、快速和可持续发展，尽快缩小与发达国家图书馆事业的差距。

二、图书馆立法的基本内容

在图书馆立法工作的进程中，我们应充分了解图书馆的宗旨、功能和核心内容。在此基础上，我们制定的法律、条例、规范才能更好地保障图书馆事业的发展。图书馆立法所要考虑的基本内容包括如下：

1. 图书馆行业需要一个行业领导者

我国图书馆事业是由各个系统的图书馆共同构成的，如公共图书馆系

统、高校图书馆系统、科技情报图书馆系统、党校图书馆系统、工会图书馆系统等。是否需要一个统一的机构来负责管理、指导、协调、监督。如果需要，是由文化部、教育部还是由科技部来统管，是否需要以及如何设置这样一个机构，虽然国务院在确定文化部的职能中有一条，即要求文化部对图书馆全行业进行管理和指导，但由于缺乏必要的法律、经济、行政手段，这种层面上的管理是非常弱的。

2. 图书馆的设立

图书馆的设立是一个非常重要的问题。目前中国图书馆的发展面临的最大的而且也是一直令我们十分苦恼的问题，是图书馆的数量过少，尤其是公共图书馆。全国现有公共图书馆2700多个，40万～50万人一个图书馆。一些大城市，仅一个区就有100万人，再加上流动人口就可达到200万人，仅有一个区图书馆。在农村，广大农民享受不到图书馆服务。因此，我认为国家以法律和政策规范图书馆的设置十分重要。例如，“六五”计划中有关图书馆的内容只有6个字：“县县有图书馆”。正因为有这6个字，“六五”计划以后全国掀起了图书馆建设高潮，并且一直持续至今。国家之所以拿出4亿～5亿元人民币来建设县级图书馆，就是因为“六五”计划的规定到现在仍未完成。如果法律对图书馆的设置有一个非常明确的规定，相信对图书馆的发展将起到重要的推动作用。

图书馆的设置有许多需要法律规范的问题。如大城市区一级图书馆、少儿图书馆、街道图书馆，以及乡镇图书馆的设置，谁来负责？建设的主体是谁？是中央还是地方，是政府还是个人？是否允许设置民办图书馆？过去曾经有人要求我们许可设置民办图书馆。例如，某些高级干部逝世之后，子女要求设立个人图书馆，还有法律图书馆、名人图书馆等。从理论上说，在图书馆的申办过程中，无论是申办者还是审批者，均要求以相关法律规定为依据，但目前国家尚没有相关的法律规定。此外，外国人是否可以在中国创办图书馆等问题也需要我们予以关注。图书馆设置牵扯到很多问题，无论是国务院法制办，还是全国人大，都要求我们对这些问题做出充分合理的论证和回答。因此，我们需要进行深入、细致、周全的调查研究，否则立法工作将陷入被动境地。

3. 立“大法”还是立“小法”，立“单个法”还是立“组法”“大法”是指覆盖各级各类图书馆的图书馆事业“基本法”，“小法”是指“公共图书馆法”。业界普遍倾向于立“大法”，首先制定一个能统管全行业的图书馆法。若此，就涉及立法中共性与个性的问题，即法的普适性原则。针对每个系统，如何处理共性与个性的问题，如何体现各个系统的特点，这是我们在立法中需要深入思考、深入研究的问题。目前，我国图书馆立法工作由几个系统联合起草，各系统均希望充分体现自己的特点，这就需要我们做大量的协调工作。另外，还有大家普遍比较关注的非公共图书馆系统向社会开放的问题。这种开放在图书馆法中是倡导、鼓励，还是强制性开放？是有条件地开放还是无条件地开放？这均需要我们做全面深入的研究。

4. 图书馆法中应对人的问题给予特别关注

人的问题主要有两个方面：一个是图书馆工作者，一个是读者。我认为现在问题较大的是图书馆工作者，尤其是公共图书馆系统中的领导问题，亦即图书馆的领导体制问题。这方面虽然也有一些相关文件，如人事部关于文化体制改革的有关文件，但图书馆究竟实行什么样的领导体制，并不明确和统一。现在的图书馆领导体制有很多种，如党委领导下的馆长负责制、党委领导下的馆长分工负责制等。我记得在较早之前，某图书馆因为某些问题被媒体曝光后，文化部专门派人到该图书馆去调查。该馆馆长面对调查，回答是该馆出现的问题不能完全归咎于他，因为他们实行的是党委领导下的馆长分工负责制，而作为馆长、法人的他，仅负责图书馆的两个部门，为什么却要承担完全责任？这是一个典型事例。部分地方的图书馆确实存在着作为法人、责任重大的馆长，却没有相应权利的问题。另外，在基层图书馆中，馆长是否具备领导一个图书馆的能力也是值得我们关注的问题。图书馆馆长对一个图书馆的发展来讲是至关重要的，往往决定着一个馆的兴衰。具备什么样的能力可以当馆长？长期以来我国并没有这方面的规定，基本上是主管部门说了算。我认为图书馆法应在这方面给予一定程度的规范，起码可以做到有法可依。

此外，我国图书馆界还存在图书馆人员的准入问题。尤其是基层图书馆，人员准入方面的问题比较严重，图书馆进人带有很大的随意性。曾经有一个地区的图书馆员告诉我，他们地区的各个县图书馆内均有一名弱智人员。没有合格的馆员，再好的设施也无法发挥作用。因此，我认为在图书馆人员准入问题上要设好门槛。

5. 图书馆法应解决好各系统间的协作协调问题

国务院法制办的同志对这个问题也很感兴趣。目前，我国各系统的图书馆之间虽然有一定程度的联系，但比较深入、实质的联系并不多，特别是在多年来大家已经普遍达成共识并始终在共同追求的资源共享问题上，图书馆界各系统间的资源共享事实上仍然只是一个口号，没有什么实质进展。国家最早成立的图书馆事业管理局曾专门设立了一个协调处，到后来的图书馆司，乃至现在的社会文化图书馆司，协调力度都不够。鉴于此，国家还成立了由文化部、教育部、科技部等一些副部长参加的部际协调委员会，也收效甚微。目前图书馆界的几大平台，如中国数字图书馆工程、文化信息资源共享工程、CALIS 等，虽然各有各的特点，但也有很多共同的地方，如筹资主体均是财政部教科文司，只是相关的主管部门不一样。难道这几大平台之间没有合作共享的空间吗？然而据我所知，几大平台之间基本没有联系，各行其是。所以，无论从节约国家投资，还是从强强联合来看，这几大平台都有合作的必要性。我们能否通过图书馆法，探讨相应的合作机制和方式，使各级各类组织真正实现资源共享。

6. 数字图书馆问题

在数字图书馆发展过程中，资源建设是一个十分棘手的难题，主要障碍来自《著作权法》和《信息网络传播权保护条例》。图书馆与这两部法律唱对台戏是不行的。实际上，在《著作权法》和《网络信息传播权保护条例》中，有与图书馆发展密切相关的法律规定，如《著作权法》中关于复制权的规定，与教学和科学研究有很大关系的复制问题;《信息网络传播权保护条例》第九条规定的为扶助贫困的法定许可等。现阶段，几乎所有县图书馆都承担着向农村传播信息网络资源的任务，法律并没有对此做出详细规定。因此，在图书馆法中也应该使基层图书馆网络传播权利具体化。这就需要我们做认真研究，既不能与相关法律相抵触，同时又要扩大社会公众通过图书馆获取知识和信息的权利。

7. 图书馆建设

首先是图书馆馆舍建设。目前，中国图书馆学会承担了《公共图书馆建设标准》的编制任务。标准中有关图书馆建设指标、面积要求等很多内容是可以吸收到图书馆法律中的。其次就是图书馆的人员编制问题。经常有图书馆、文化部门向文化部询问图书馆定编的相关规定，如根据什么规定可进多少人等。我国20世纪80年代初在一个省级图书馆条例中曾有过相关的规定，100万册藏书设立一名馆员，每增加一万册图书增加一个馆员，很多图书馆都参照这一标准执行。这种标准是否合理？究竟应采取什么样的标准？这也是图书馆立法亟待研究的问题。问题的难处在于，图书馆需要多少人，绝不是仅有藏书标准就能决定的。那么，还应该有什么？并且，图书馆的编制规定必须要人事部认可，如果拿不出充足材料支持标准，将难以通过。

8. 图书馆购书经费问题

目前，我国图书馆尤其是县以下图书馆购书经费严重短缺，法律应设法解决此问题。有些地方性图书馆法律在这方面做得比较好，设置了一些相关的刚性要求，如《北京市图书馆条例》对各级图书馆的年入藏量有具体要求;《湖北省公共图书馆条例》也有相关的规定。1991年国务院批转的《文化部关于文化事业若干经济政策意见报告》中，对购书经费问题有相关描述。该报告第6条规定，切实解决各级公共图书馆购书经费紧张的问题，各级财政部门应会同同级文化部门根据图书馆的规模、编制、藏书等情况，核定其经费预算，并将购书费予以标明，实行专款专用。在核定正常经费和购书费时，既要严格控制人员编制，避免人员经费挤占业务费，又要充分考虑物价、书报刊价格上涨，以及外汇升值等增值因素，逐年予以增加经费。这是这几年来有关购书经费政策中较好的范例。在此基础上，我们是否可考虑能够在图书馆法中有一个更切实可行的规定。

9. 公共图书馆书刊进口问题

目前在书刊进口方面享有免税待遇的是教育和科技部门，公共图书馆没有受到免税优惠待遇。现在一些地方对图书馆采购实施政府采购。政府采购有其好处，可以避免发生“人天公司”那样的事情，但是也有其不利之处。因此，是否把图书馆自主采购的内容写入图书馆法中，值得我们深入思考。

10. 图书馆服务的理念和原则

关于图书馆服务的理念和原则问题，我认为已经到了应该由法律来明确的时候了。比如，最近一段时间争论的比较热闹的“新图书馆运动”，无非就是关于图书馆理念的争论。还有诸如有偿服务和无偿服务的问题等。图书馆法肯定不能回避这些问题。我看过一些省市的图书馆条例，如读者到图书馆来检索，提供无偿服务；书刊借阅提供无偿服务，这就是理念问题。关于图书馆有偿服务与无偿服务的问题在图书馆与读者之间争论很多、意见很大。如果要制定图书馆法，在这方面必须给予一个明确清晰的回答。

三、图书馆立法取得的成绩

法律的制定与出台，是一个漫长的过程，它必须综合考虑各方面的要素，才能起到一个约束、规范的作用。我们国家在图书馆立法工作方面，作出了很大的努力，目前，已经取得一定的成效。2008年，文化部牵头启动了《公共图书馆法》立法工作。2010年提交了《公共图书馆法（草案）》初稿。相关部门按照立法程序进行审查时，提出了不少修改意见。《公共图书馆法（草案）》初稿需要进一步完善。比如，如何将党的十八届三中、四中全会精神融入《公共图书馆法（草案）》之中；如何使《公共图书馆法（草案）》突破文化系统的局限性，面向全社会，包括民营图书馆；如何使《公共图书馆法（草案）》更加具有针对性和可操作性；如何使《公共图书馆法（草案）》更好地体现为读者服务的宗旨等，这些问题都是完善《公共图书馆法（草案）》初稿需要解决的问题，也是社会和文化教研部、文化政策与管理研究中心需要完成的任务。

近年来，社会和文化教研部、文化政策与管理研究中心承担了《公共文化服务保障法》、《文化部、财政部关于推动特色文化产业发展的指导意见》、《文化部关于贯彻落实（国务院关于推进文化创意和设计服务与相关产业融合发展的若干意见）的实施意见》等多项法律政策文件草案的起草和制定，受到文化部及相关部门的肯定。此次受文化部委托，承担完善《公共图书馆法（草案）》的工作，主要有两项任务：一是完善《公共图书馆法（草案）》文本，二是提交一份研究报告。

不出意外，图书馆的立法工作将在不久的将来会取得历史性的突破，会有近乎完美的相关制度保障图书馆事业的发展。但是，这与我们国家各个部门、各个阶层前期的巨大努力，是分不开的。在现代图书馆快速发展的近几十年间，我们可以看到各级部门都非常重视规范图书馆的发展，无论是文化部、标准局还是相关的单位，都在不断努力，且取得了一定的成效。相关条例、标准、规范的出台，显示了我们在图书馆建设过程取得了一定的成绩。随着社会的高速发展，我们还没有统一的图书馆法律规范，但是，这种局面会很快打破，特别是《中华人民共和国公共图书馆法》(法律草案) 已经得以提交，相信随着各界人士的持续努力，国家在不久的将来一定可以出台相对完善的图书馆法律，来规范图书馆更好地发展。

第二节　图书馆立法中的问题及解决方法

我国正在进行图书馆立法。图书馆学界倾向于如下立法思路：先制定图书馆基本法，然后再制定下一位阶的专门立法。多年以来，图书馆学界和法学界对图书馆立法所涉及的难点、焦点问题展开了热烈的讨论，取得了许多成果。

一、关于图书馆的法律地位问题

制定中的《中华人民共和国图书馆法》是规范图书馆事业的基本法，其调整的法律关系的主体应包括各级各类图书馆。从目前的图书馆类别来看，主要有公共图书馆、教育机构的图书馆、科研机构的图书馆以及其他行政、企事业单位内设的图书馆。由于教育机构的图书馆、科研机构的图书馆以及其他行政、企事业单位内设的图书馆是隶属于法人单位的不具有法人资格的内设机构，不具有独立的法律人格。因此研究图书馆的法律地位主要是以公共图书馆为对象的。以往人们在论述图书馆的法律地位时往往是阐述其职能和作用，而没有从法律的角度进行界定。我认为从法律上讲，首先，公共图书馆是事业单位。根据国务院《事业单位登记管理暂行条例》第二条的规定，事业单位是指国家为了社会公益目的，由国家机关举办或者其他组织利用国有资产举办的，从事教育、科技、文化、卫生等活动的社会服务组织。公共图书馆属于从事文化活动的事业单位。其次，公共图书馆是事业单位法人，所谓法人是指具备《中华人民共和国民法通则》第三十七条规定的条件、具有民事权利能力和民事行为能力，依法独立享有民事权利和承担民事义务的组织。《民法通则》第三十七条规定的法人条件有：(1)．依法成立；

(2).有必要的财产或者经费;(3).有自己的名称、组织机构和场所;(4).能够独立承担民事责任。国务院《事业单位登记管理暂行条例》第六条规定,事业单位法人应当具备的条件包括:(1).经审批机关批准设立;(2).有自己的名称、组织机构和场所;(3).有与其业务活动相适应的从业人员;(4).有与其业务活动相适应的经费来源;(5).能够独立承担民事责任。可见《事业单位登记管理暂行条例》规定的事业单位法人的条件是《民法通则》规定的法人条件的具体化。公共图书馆应有与其业务活动相适应的经费,是一个不容争议的法律规定。但问题是为了加强我国的精神文明建设,对图书馆经费的投入应随财政收入的增加而有一定比例的增加,如同国家对教育的投入一样。因此,在图书馆法中应规定公共图书馆的经费占国家和地方财政收入的比例。最后必须说明的是公共图书馆是履行社会公益职能的事业单位法人。公益性、无偿性是图书馆的本质特征。公益性是由图书馆的社会功能和市场经济体制的要求决定的。在社会主义市场经济条件下,市场对资源配置起基础性作用,但在一些领域,某些产品或服务,不能或无法由市场来提供,如文化、教育、基础研究等。为了保证社会生活的正常进行,就要由政府组织、管理或委托社会公共服务机构从事社会公共产品的生产。为了全民族的文化修养和道德水平,国家设立或利用国有资产设立图书馆是社会发展的必然。随着社会的进步,将来可能会出现由个人利用非国有资产设立的图书馆。但无论何人设立,也不论资金来源如何,均不能改变图书馆的公益性和无偿性。

二、关于图书馆法的调整对象和图书馆法律体系问题

法律是社会关系的调整器,也即法律的调整对象是社会关系。图书馆法所调整的是图书馆设立、变更、运行以及终止的过程中与其他法律主体所形成的社会关系,如图书馆与财政部门的关系、图书馆与读者的关系,图书馆与著作权人的关系、图书馆与图书馆的关系等。其中既有财产关系,又有行政关系。与此相对应,图书馆法律规范既有行政法规范,又有民法规范。当然图书馆法律规范主要是指与图书馆法律关系有关的特有规范体系。图书馆法律体系是指图书馆法律规范组成的一个系统。该系统由不同效力层次的、规范对象侧重点不同的法律规范构成。根据我国《立法法》对法律规范的分

类，图书馆法律体系应由法律、行政法规、地方性法规和部门规章组成，不同的法律规范从不同的方面调整与图书馆有关的社会关系，保障我国图书馆事业的健康发展。

三、关于读者权利的保护问题

如何保护读者的权利，是图书馆立法的关键问题。市场经济发达的国家在其有关法律文件中均着重明确了读者的权利，如美国图书馆协会发布的《图书馆权利宣言》(又译《图书馆权利法案》) 规定：图书馆不能因为利用者的出身、年龄、经历、观点的不同而拒绝或限制其利用图书馆的权利；图书馆提供所有人关心、需要的图书及其他图书馆资料。日本图书馆协会1954年最初发布、1979年修订的《图书馆自由宣言》规定图书馆为利用者保守秘密。IFLA执委会1999年发布的《关于图书馆和知识自由权的声明》指出，图书馆读者拥有隐私权和匿名权；图书馆对所有读者一视同仁地提供服务和设施。在我国的某些图书馆，对读者权利的关心、保障不够，这固然是个别现象，但不能说与我国的图书馆立法滞后无关，图书馆与读者的关系是图书馆法所调整的主要社会关系，如何明晰读者的权利并采取切实有效的法律手段加以保障，是图书馆立法的重点和难点。我国应当借鉴上述市场经济发达的国家或国际组织对读者权利的合理规定。只有尊重和保障读者权利的实现，才能落实图书馆的公益目的。

四、关于数字图书馆建设问题

我国已步入信息时代，图书馆文献资源的载体已由单一的纸张扩展为纸张、音像、磁盘以及电子文档等形式并存。而且数字化藏品所占的比重越来越大。传统意义的图书馆正在向信息资源中心和资料库过渡。数字图书馆的建设已经成为评价一个国家信息基础设施的重要标志之一。因此当今世界发达国家无不以国家政策主导数字图书馆建设，以公共资金启动数字图书馆建设。1994年9月美国国家科学基金会正式公布了一项为期四年、投入2440万美元的“数字图书馆启动计划”。

1995年3月，法国也开始在新建的法国国家图书馆将该馆收藏的100万册图书数字化。1998年7月20日，在中央领导同志的直接指示下，国家图书馆向文化部提出申请，要求在国家立项实施“中国数字图书馆工程”。随后成立了以文化部领导为首的中国数字图书馆工程领导小组。1999年5月，国家863计划中国数字图书馆发展战略组成立，标志着中国数字图书馆建设全面展开。数字图书馆是一个无比巨大的、开放式的信息库。数字图书馆本身也是一套完整的信息技术体系，大体上可以分成四个层次：一是要求把传统形式的信息转化成数字化信息；二是要运用电子技术来储存和管理已经生成的数字化信息；三是要提供数字化图书馆的访问查询技术；四是实现相互式访问。数字图书馆因其能够提供图书资料的在线、高效、多媒体、信息流量大的阅读、检索与复制服务，从而突破了图书馆的传统概念。但是在将数字技术与图书馆结合起来的时候，著作权保护问题成为人们关注的焦点。原来图书馆享有的很少的合理利用的优惠政策受到了更多的限制，在信息利用上，著作权人、社会公众及数字图书馆之间产生了巨大的利益冲突。我国在图书馆立法的过程中，应站在战略的高度，对数字图书馆作出明确的规定，如规定设立国家数字图书馆，各级各类图书馆均可以与国家数字图书馆联网，实现信息资源的共享。而且尽可能在相关立法中对数字图书馆获得著作权人的许可方面得到优惠或便利，从而体现图书馆的公益性。

（一）图书馆立法面临的挑战

我国图书馆立法困难的主要问题是：社会对图书馆的认知度较低、图书馆法制建设滞后、不同类型的图书馆条块分割，再加上立法理论准备不足，在立法架构、法律属性、基本原则、调整对象，以及有关重大问题上多种意见分歧严重。为解决这些主要问题，文章提出了进一步加强图书馆立法理论研究，搞好自身建设，做好立法宣传工作等新举措。

但是直到今天，重新启动的图书馆立法工作，并没有取得实质性的进展，待到《图书馆法》草案形成定稿，再列入全国人大的立法程序，直至获得通过，可能还有较长的路要走。因此，研究中国图书馆法迟迟不能产生的主要因素，弄清问题的实质，也许对中国图书馆的发展和加速立法进程，有一定的促进作用。

新中国的图书馆事业已经走过了60多年的发展历程，取得了巨大成就。图书馆馆舍面积不断扩大，藏书量成倍增长，自动化建设也有相当大的发展，有的还达到了相当高的水准，图书馆的服务方式、服务质量、服务水平等都有大幅度的改善和提高。图书情报教育事业的发展也极为迅速，现在全国已有几十所大学，设立了图书情报专业，几百所高等院校设立了信息管理与信息系统专业，设有专科、本科、硕士、博士教育，学历结构完善。自改革开放以来，我国图书馆的对外交往日益频繁，图书馆学科理论研究也空前活跃，并取得丰硕成果，为推动图书馆事业的发展发挥了重要的作用。

目前，我国的图书馆事业，正朝着信息化、数字化、网络化方向发展，数字图书馆的建设取得长足进步。但是毋庸讳言，客观存在的问题也是不少的。首先，人民群众关注和利用图书馆很少；其次，长期以来，图书馆事业形成的三大系列和其他一些图书馆单位，各自为政、难以协调；再次，图书馆经费普遍不足，人员素质偏低，在服务和资源共享中暴露出来的诸多问题，未能得到有效解决；最后，图书馆法制建设滞后，严重制约了图书馆事业的发展。

(1) 社会对图书馆的认知程度较低。当前，我国与发达国家相比，经济条件和国民素质都有一定的差异，图书馆事业整体发展缓慢、现代化程度不高、馆藏文献利用率低，尤其是公民利用图书馆的意识很低。前不久的统计数据表明：我国公共图书馆藏书仅 4 亿册，人均 0.3 册，远远低于国际图联人均 2 册的标准；与每 1.5 公里半径内设置一所图书馆，平均 2 万人拥有一所公共图书馆的国际标准相比，中国平均 45.9 万人才拥有一所公共图书馆。农村的情况更不容乐观，2001 年有 697 个县级图书馆没购进一本新书，占总馆数的 25.9%，2002 年全国县级图书馆人均藏书量仅为 0.1 册，而且多是 20 世纪六七十年代的旧书，远远不能适应农民群众的文化需求。

虽然现在农村农家书屋的兴办，使情况有了很大的改善，但一般书屋的书刊太少；另外，社会成员对图书馆的利用程度明显不足，也就是说并不重视图书馆的利用。有资料显示，我国公共图书馆的持证读者数为 582 万人，仅占全国人口的 0.47%，办证率最高的城市也只有 1.21%。2005 年的国民阅读调查中，仅有 5% 的调查对象在图书馆阅读过，阅读基础较好的沿海城市一般也只有 8% 左右，5 年来我国国民阅读率持续走低。在发达国家，到图书馆办证的读者占公民总数的 50%～70%。例如，英国 5839 万人口中，有 3387 万人拥有图书馆借书证，占总人数的 58%，一年中，入馆人次达3.77亿次，年人均达6.45次。我国香港地区中央图书馆所发借书证数量，超过所在地区人口的总和。而美国图书馆协会1998年进行的一项民意测验表明，三分之二的美国人拥有图书馆借书证。1997年有64%的美国人至少去过一次图书馆，十分之一的人至少去过25次。为什么国内民众极少关注和利用图书馆呢？除了国民经济发展水平不高、公民受教育程度低以外，封建社会对人们思想的长期束缚及中国特殊的教育、文化因素，也是重要原因，如“唯文凭论”比较盛行，继续教育、终身教育观念比较淡漠，都制约了人们利用图书馆的积极性。除了上述两方面的因素以外，互联网和电脑的发展普及，也是降低人们关注和利用图书馆的一个重要因素。普通百姓有了电脑能上网，就可以查询所需要的资料。再则，上网玩游戏、聊天、看影视片等，占用了人们大量的时间，也对人们利用图书馆冲击很大。

(2) 法制建设进程的制约。首先，法制观念淡薄。中国社会的法制观念，是在改革开放以后逐步建立起来的。此前，在“以阶级斗争为纲”的思想指导下，谈不上法制建设的完善。在“十年内乱”期间，全国的图书馆几乎都关闭了。中国在1999年的宪法修订案中，第一次将“依法治国，建设社会主义法治国家”写入宪法。“法治”的根本目标之一，就是防止特定的个人凌驾于法律之上，而伤害其他大多数人的利益，但长期受封建思想和部门本位主义思想的影响，“权大于法”的观念在某些人，甚至某些领导干部的头脑中根深蒂固。在一些地方，法律形同虚设，领导人的意志就是法。在我国司法实践中，领导干部带头违法的事件已屡见不鲜，成为我国法制建设的一大障碍。公民特别是普通群众法制观念淡漠，是我国法制建设的又一大障碍。长期受封建思想的毒害，广大人民群众权利观念淡薄，法律意识尤其是参与立法的意识不强，这使得我国立法，往往是由少数法律专业人士和政府官员等来完成，这是与立法民主性（我国立法的三大原则之一）相违背的，它必然会阻碍民主立法的发展，阻碍法制建设的进程。就图书馆事业来说，它与公民基本权益的关联表现出隐蔽性和滞后性，在社会生活中需要法律规范的急迫性又较低。因此，在中国法制观念较为淡漠、法制建设较为滞后的社会环境下，形成了《图书馆法》难以尽快产生的现实。

其次，立法资源紧张。国家立法机器的运转是为了解决矛盾和冲突，由于不同的部门、行业矛盾与冲突的尖锐程度不同，制定特定行业领域的相关法律也有轻重缓急之分。随着改革开放的深入和市场经济的快速发展，繁杂的社会矛盾层出不穷，都迫切需要借助法律的力量加以协调，大量的法律法规需要修改和重新制定，立法工作任务繁重而艰巨。因而客观上，存在着比图书馆事业面临的矛盾更加尖锐、冲突更激烈的部门和行业（如经济领域），其立法工作会先行一步。图书馆事业与国计民生的关联不直接，导致社会和政府对图书馆的重视不够，图书馆立法也会相对滞后。

（3）不同类型的图书馆条块分割。我国图书馆大体上分为公共图书馆、高等院校图书馆、科研院所图书馆三大系统，分属文化部、教育部、科技部等部门领导。除此之外，还有军事系统、工会系统等分管的图书馆。这种各自为政、条块分割的系统图书馆，由于管理体制和工作职能等的差异，均有不同的局部利益。其中，主要的三大系统图书馆，分别制定了本系统的图书馆工作条例，而其中的任何一个子系统，都无权制定超越本系统的管理全国各类型图书馆的法律。而且在这三大子系统之上，国家又没有一个直属于国务院统一管理全国各级各类图书馆的职能部门或机构，来统筹整个图书馆事业的发展、协调各类图书馆的工作，以致各子系统的图书馆之间缺乏协调与合作，对我国《图书馆法》的实质内容、权利和义务的规定等方面，都可能存在着一定的分歧。《图书馆法》的根本目的，就是统一图书馆事业的管理和运行机制，由于涉及管理体制等宏观问题，需要从行政和法律两方面加以协调，这种法律冲突短期内无法解决。因此，三大子系统之间缺乏统一管理协调机构，也成为制定《图书馆法》的一种阻力。

（4）决策者重视程度不够。图书馆的发展并不完全受制于经济发展水平，决策者是否重视图书馆，直接影响到图书馆在当地政府工作中的位置。国家图书馆名誉馆长周和平曾讲过“没有图书馆的城市将是一个不完整的城市，不重视图书馆建设的市长是不称职的市长”。作为公共服务的一部分，图书馆的价值并不在于贡献 GDP，而是以文化育人，提高人的素质。这在未来的社会发展中，将起到不可估量的作用。现实中，部分地方及图书馆领导对立法问题认识有限，法治意识淡薄，头脑中残留着“权大于法”的思想，缺乏对图书馆法制建设重要性的认识。此外，从立法的理论和实践来看，立法必然是依据影响国计民生的程度，按照轻重缓急，按照一定的程序来进行，越是问题集中的地方，法律就越健全；越是恶性事件出现频率高的地方，立法就越迅速。像图书馆这样矛盾还不是很突出的地方，领导也就不是很重视，立法工作也就相对滞后。

目前，盲目追求GDP的增长，把GDP和财政总量作为考核政绩的关键性指标，造成了改革开放几十年来，我国文化建设和经济发展极不对等。有关数据表明，近年来政府对公共图书馆的投入占GDP的比重甚至还不如1986年的实际水平，这从一个侧面突出反映了我国文化建设滞后于经济社会发展的现状。同时，也从另外一个层面上表明了我国各级政府对图书馆工作重视程度不够。

2. 图书馆立法理论准备不足

我们国家从20世纪80年代初，我国图书馆学界就开始对图书馆立法问题展开热烈的讨论。2001年文化部组织有关专家起草《中华人民共和国图书馆法（草案）》并已三易其稿。2005年以来，中国图书馆学会将图书馆法制建设连续多年列为重点研究课题。围绕图书馆立法，三十年来学术界发表了不少论文，通过网上论文属性检索，从1979至2009年期间，发表有关图书馆立法方面的论文达600多篇，并呈上升发展势头。不少论文，对图书馆立法的必要性、可行性、立法宗旨、法律属性、立法原则和结构内容进行了全面阐述，取得了不少的研究成果。但是，立法的相关研究仍存在许多问题，一些基础理论和草案条款有较大分歧，主张不同观点，几乎是众说纷纭，权威部门未能作梳理，统一思想，这也是《图书馆法》近期难以出台的一个根本原因。

在我国，图书馆法一直是图书馆学和法学的一个分支学科，在这两大学科中都占据微不足道的地位，图书馆立法研究也一直主要在图书馆界进行。关于图书馆立法的工作，还有许多问题需要理论上加以澄清，并进行深入论证，而目前我们在这一方面还存在很大的缺陷。如现在大多数理论还只是从图书馆工作本身来探索图书馆法的内容，而没有从法理学层面对图书馆立法的各环节展开论述。我们都知道，法理学是指导法律的建立、价值、要素、效力、关系责任及法的良性运行的根本，图书馆立法工作如果离开了法理学的指引，势必会失去正确方向。此外，有关图书馆法的许多主要问题和基本制度的理论研究深度以及广度还很欠缺，从而造成了图书馆法立法工作缺乏足够的理论支撑。

从国际图书馆法的立法实践看，目前各国的立法架构有以下几种模式：

（1）国家不制定全国统一适用的图书馆法，而主要由地方立法机关立法加以规范。如在美国、加拿大、澳大利亚等实行联邦制的国家，联邦政府仅对国家图书馆或者具有类似性质的国会图书馆和地方图书馆的财政援助进行立法，而地方各类图书馆的管理和运作，则由各州（省）立法予以规范，如澳大利亚的《国家图书馆法》（1960年）、美国的《图书馆服务和技术法》（1996年）等。

（2）国家除对国家（会）图书馆单独立法外，还另行制定全国适用的综合性图书馆法或者分系统的图书馆法，如韩国、日本等实行单一制的国家。前者如1963年和1987年《图书馆法》、《图书馆振兴法》（1991年）以及与之配套的行政法规和规章，后者如《图书馆法》（1950年）、《学校图书馆法》（1953年）等。

（3）国家不制定统一的图书馆法，而仅对涉及其运作的某一方面，如出版物的缴存或者服务立法，如印度尼西亚的《缴送法》（1990年）、南非的《法定缴存法》（1997年），芬兰、丹麦和瑞典等北欧国家的《图书馆服务法》等。另外，也有不少国家兼采用上述三种模式立法，即由国家立法机关分别制定国家（会）图书馆法、其他系统图书馆法和出版物法定缴存法。因此，有学者认为，在参考外国图书馆立法经验基础上，我国在构建图书馆法立法体系时，可考虑分别制定三个独立法律：即国家图书馆法、公共图书馆法和出版物缴存法。但是业界普遍倾向于立“大法”。首先制定一个能统管全行业的图书馆基本法。若此，就涉及立法中共性与个性问题，即法的普适性原则；目前的图书馆法草案即“大法”就如何处理共性与个性的问题方面，还有待于完善。另外，图书馆的设置谁来负责，建设的主体是谁，是否允许设置民办图书馆等也需“大法”明确。

另外，早就有学者从横向角度提出，一个比较完善的图书馆事业法律保障体系至少要包括四个方面的要素：第一，图书馆专门法；第二，图书馆相关法；第三，图书馆行业自律规范；第四，国际法基础，包括与图书馆事业有关的国际条约、协定、章程、宣言等。我们应该看到，图书馆法制建设，从根本上说是图书馆法律体系和法治环境的建设，而不仅仅是制定图书馆专门法。

3. 关于图书馆法法律属性的分歧

图书馆法的法律属性，是指图书馆法在整个法律体系中的归属及其所处位置，标示其法律性质和本质特征及其与其他法律部门的关系。目前主要有以下几种关于图书馆法的法律属性观点：

第一种观点，民法说。认为鉴于图书馆法涉及调整平等主体的财产和人身关系，其应当属于广义的民法范畴；

第二种观点，行政法说。认为在图书馆法所调整的社会关系中，图书馆主管部门与图书馆之间的关系是主要矛盾，因为图书馆馆舍的兴建、图书馆经费的下拨、图书馆编制的确定等大事均取决于这对矛盾的发展变化，图书馆与读者之间的关系、图书馆内部上下左右之间的关系、图书馆与图书馆之间的关系，以及图书馆与其他社会组织之间的关系等矛盾的存在和发展，也要受这对矛盾的影响和制约。因此，图书馆法应该属于行政法；

第三种观点，社会法说。认为从图书馆公益性质看，图书馆法属于社会法；

第四种观点，科教法说或“科教文卫法”说。认为图书馆法从调整社会关系的性质看，应从传统的行政法律部门，转为科教法律部门，属于科教法的子法律部门；

第五种观点，经济法说。认为图书馆与读者的地位不平等，读者处于弱势地位，类似于商家与消费者关系，因此认为图书馆属于经济法范畴；

第六种观点，双重属性说。认为图书馆法，既调整平等主体之间的人身关系和财产关系，又调整不平等主体之间的法律关系，图书馆法兼具民法与行政法的性质。同时，图书馆法主要从事教育和情报传递活动，因而图书馆法亦具有教育法和文化法性质；

第七种观点，多重属性说。认为从保证图书馆事业这一法律主体的合法权益角度来说，图书馆法属于实体法；从规范图书馆实践这一复杂过程的角度来说，图书馆法属于程序法；从界定国家、图书馆和读者平等主体来说，图书馆法属于广义上的民法；从界定国家、图书馆和读者中不平等主体之间的关系角度来说，图书馆法属于行政法；从图书馆所从事的是人类精神文化工作的角度来说，既然图书馆调整对象多样，不能为其他一个法律部门完全所包容和囊括，那么它是一部专指性很强的法律，是以宪法为指导，以相关法律为参考的相对独立的法律规范；

第八种观点，私法属性说，图书馆法是对现实生活中图书馆与读者之间权利义务关系的反映，而图书馆与读者之间是一种平等地位的关系，读者权利与图书馆利益具有同样的重要性，因此，图书馆法属于私法属性。

(二) 关于图书馆立法基本原则认识

许多文献认为，我国图书馆法应体现公益性、无偿性、平等性原则、重在社会效益原则。还有文献从保证图书馆法能够发挥法律保障作用的角度归纳其基本原则，认为图书馆法若要体现其真正的法律价值，必须具备系统性、时效性、强制性和执行性原则；有的文献则认为，图书馆法必须遵守图书馆领域所特有的和具体化了的一些立法原则，即坚持图书馆事业为提高全民族素质的工作宗旨，坚持现实性与适度超前性相结合的原则，坚持二层立法原则，坚持权利义务相统一的原则，坚持借鉴和承袭的原则。

另外，还有一篇文献旗帜鲜明地指出，我国图书馆立法只能立足国情，在立法工作中坚持解放思想、实事求是的原则，要始终把人民群众作为立法的主体和原则。和谐社会、以人为本，就是图书馆服务必须坚持“读者至上”，在立法时要始终体现，真正将读者的基本权利和捍卫这一权利作为图书馆工作人员自己的根本职责，辩证地统一起来。因此，我国的图书馆法，不是一部图书馆行业的保护法和图书馆工作人员的权益保护法，而应该是一部读者权益保护法。

1. 关于图书馆法调整对象的几种观点

关于图书馆法调整对象，目前学界有多种观点，代表性的观点主要有以下几种：

第一种观点认为，图书馆法的调整对象，是图书馆工作活动中形成的各种社会关系。具体有四种关系：一是纵向关系，如国家主管机构与图书馆之间及上下主管部门之间的关系；二是横向关系，即图书馆平等主体之间的关系；三是图书馆内部关系，包括决策与执行部门之间的关系和执行部门与职工之间的关系；四是涉外关系，指图书馆对外活动产生的各种关系。

第二种观点认为，图书馆法的调整对象，是指以图书馆为主体的需要用法律规范的各种社会关系的总和。主要包括：一是图书馆的管理（体制）

关系，即国家和各级政府对图书馆事业的管理关系；二是图书馆的利用关系，即图书馆活动过程中产生的阅读关系；三是图书馆的合作关系，即馆际协作与资源共享关系；四是图书馆内的管理关系，即日常行政管理关系，主要是妥善处理馆内职工责、权、利的关系；五是图书馆与作者的关系，主要包括呈缴本制度和复制作品的著作权问题。

第三种观点认为，图书馆法的调整对象是图书馆事业中存在的工作关系。图书馆法应是在调整图书馆事业管理、图书馆读者服务和图书馆内部活动中，产生的工作关系的法律规范的总和。

第四种观点认为，图书馆法调整的对象是特定的图书馆活动中的各种关系，包括图书馆与管理部门之间的关系，图书馆与图书馆之间的关系，图书馆内部管理与被管理之间的关系，图书馆与读者之间的关系，图书馆与国际协作之间的关系。

第五种观点认为，图书馆法的调整对象是指图书馆管理活动中所发生的特定的社会关系。应当包括以下社会关系：图书馆的设立关系；图书馆的管理关系；图书馆的利用关系；馆际协作和文献资源共享关系；国家指定的图书馆与出版单位之间的呈缴本送缴关系；珍贵古典文献的收藏关系。

还有一种观点认为，图书馆法调整的是国家和图书馆、图书馆与知识受众、图书馆与图书馆之间的社会关系。上述关于图书馆法调整对象的几种论述，不同程度地揭示了图书馆法的调整对象，都具有一定的理论价值，为将来制定图书馆法提供了一定的理论依据。

2. 图书馆立法程序复杂

立法程序是指有立法权限的国家机关创制规范性法律文件所遵循的制度化的正当过程，是国家通过立法手段协调利益冲突、规制社会秩序及配置社会资源的合法路径和正当法律程序。图书馆法是建立与管理图书馆，制定图书馆行政法规和规章制度的总依据，是调节国家与图书馆之间、图书馆与其他组织及用户等在图书馆活动中的所有关系的法律规范。图书馆立法程序中，如何体现出立法的民主性、开放性等特点；正义及效率如何兼得；各部门间的利益怎么样平衡；读者以及用户的各项权利如何得到切实维护等，这些复杂问题，都不是短时间内能够解决的。因此，图书馆立法过程中复杂的程序问题，也是造成图书馆立法搁浅的一个重要原因。

3. 图书馆立法草案的其他问题

当前，中国图书馆界和世界的接触面日益扩大，交往层面逐渐加深，矛盾冲突也随之而来，因此亟待立法来规范有关图书馆的一般行为，并且在立法过程中与国际法律接轨，才能使一切活动具有可行性与可操作性。因此，有学者认为，图书馆法的内容，直接体现一个国家的图书馆政策，不同的国家，其法律条文具有很大的差异性，我们的目的就是要最大限度地求同存异，以实现其兼容性，才能与同行进行国际性交流与对话。因此，一要与国内外有关《著作权法》兼容；二要与其他相关法兼容；三要与图书馆行业规范条例兼容；四要与国际条约、协定兼容。另外，有不少学者，就中国图书馆法的价值取向、管理体制、经费来源、从业人员标准、读者权利和义务的保障，以及出版物缴送制度等方面发表了很多意见。其中，有一位学者比较尖锐地指出：《图书馆法》草案不能适应 WTO 的要求，对图书馆与文化行政管理部门之间的关系，没有实质性的突破。例如，草案缺少对图书馆权利的规定和图书馆法人地位的确认，凸显出其对图书馆法人主体地位的忽视。草案规定了图书馆公营原则，规定公共图书馆不得转让，任何机构和个人不得以营利为目的设立图书馆，这与管办分开、政事分开的方向不符。另外，草案没有将图书馆与著作权人的关系纳入规范的范围，这给图书馆数字化进程留下了法律后患。如此等等都说明，《图书馆法》草案，是以维护而不是以变革现存秩序为主导。

4. 加快图书馆立法进程的几点建议

(1) 贯彻“依法治国”的方针。

《宪法》第二十二条明确规定：“国家发展为人民服务、为社会主义服务的文学艺术事业、新闻广播电视事业、出版发行事业、图书馆博物馆文化馆和其他文化事业，开展群众性的文化活动。”这为我国图书馆事业的发展和图书馆法的制定，提供了直接的《宪法》依据。改革开放以来，我们党也确立了“依法治国”方略。因此，社会主义市场经济制度的确立与完善，依法治国方略的贯彻实施，必然要求社会管理方式和政府职能的转变，体现到图书馆事业上，就是需要用法律来规范图书馆事业的建设和发展。制定图书馆法，可以明确政府在图书馆事业管理中的角色，调整、规范政府对图书馆事业的管理方式，保障涉及图书馆事业发展的社会公共政策与管理目标的落实。

(2) 增强与各界的联系。保障和规范图书馆在经营、从事自己的业务过程中，处理好与作者、出版商及社会公众之间的关系，依法发展国内国外馆际交流与协作，促进文化信息资源的共建共享。

(3) 加强理论的研究。进一步加强理论研究，为图书馆立法寻求理论支持，我国图书馆界要联合法学界，推进研究图书馆立法这个课题的进度与深度，以扎实的理论研究成果服务于立法工作。图书馆的法学理论是图书馆立法的先导，对图书馆立法起着非常重要的指导作用，所以我们要加强图书馆立法的法理研究。要结合中国国情，借鉴国外图书馆立法经验，统一立法原则和调整范围，创造性地构建我国图书馆法的内容体系。北京大学李国新教授曾提出，业界在理论研究方面迫切需要做好三个方面的工作：

一是对国外业已颁布的图书馆法律文本的系统搜集与翻译；二是对国外图书馆立法背景与效果进行实证性研究；三是对图书馆法将要涉及的关系事业发展全局的重要问题和基本制度进行研究。关于图书馆法的价值取向问题，图书馆法应具有服务、公益、人的全面发展、平等和效率等价值观，特别是平等性及读者权益，在图书馆立法中应处于核心地位。

联合国教科文组织与国际图书馆协会联盟 1994 年合作制定的《公共图书馆宣言》就宣称："公共图书馆应不分年龄、种族、性别、宗教、国籍、语言或社会地位，向所有的人提供平等的服务，还必须向由于种种原因不能享有其正常服务和资料的人，如语言上处于少数的人、残疾人或住院病人及在押犯人等提供特殊的服务和资料。"我国台湾地区就特别注重图书馆服务的平等性和读者权益，其相关法律明确规定："公共图书馆之服务对象为其所在地区的儿童、青少年、成年、老年、病残者、监禁者、社会团体及政府机关。"图书馆员深入医院、监狱和残疾人家庭为读者服务，还特别设计了一种倾斜的巡回图书车，即使患病卧床的人也能看到书脊的书名。这是非常值得我们立法时借鉴的。

(4) 加强管理创新。提高图书馆的社会认知程度，当前，图书馆事业发展虽然取得了很大的成就，但是，其潜在的价值能力往往被人忽视，在对其投资上顾虑重重、局限很多，以致使图书馆在人才、设备上得不到充分的保障，造成极大的困扰；另外，图书馆的服务与管理也存在一定的问题，图书馆侵犯读者权益的现象仍经常发生。如：

一是借口设施制度等要求，不给一部分读者办证，而办证的普通读者的借阅权限，大都又受到一定的限制；

二是不少图书馆开放时间没有法规可依，开放时间有长有短，闭馆停止服务比较随便；

三是为保证读者能及时归还借阅图书，许多图书馆都规定了图书的借阅期限，过期未还将处以数额不等的罚款，所借图书若丢失则加倍赔偿，图书馆经常因为对读者超期罚款引起纠纷；

四是有的图书馆的馆址设置，不适合居住人群使用，导致读者利用图书馆很不方便；

五是个别图书馆存在书籍管理不当、服务态度较差、随意泄露读者个人信息资料等情况。

这些问题的存在，值得业界认真研究并加以解决。除此之外，我们也应当看到，图书馆在现有条件下，其主观能动性并没有充分发挥出来。处于变革时代的中国，图书馆事业还有些墨守成规，其发展速度和态势落在很多行业的后面。因此，图书馆要更好地生存与发展，就必须对传统的管理理念和方式方法进行取舍。通过改革创新，建立起一套崭新的管理运行机制，以适应社会发展的需要。只有这样，图书馆才能提高社会的认知程度，才能争取社会各界的大力支持。现在，图书馆的社会亮点已经开始显现。如各级图书馆送书入乡，兴办农家书屋；不少图书馆普遍开展了形式多样的讲座、展览和培训等。不久前，深圳图书馆自主研发的创新高科技产品“城市街区 24 小时自助图书馆系统”，获得国家第三届“文化创新奖”，并被列入首批国家文化创新工程，打造出“永不关门的书房”。对此，老百姓拍手称好。不断创新管理，如果在建设有中国特色的社会主义文化中，图书馆强化了社会教育功能，拓展了服务网络，提高了服务功能，就可以成为一个先锋组织。在这个组织里，有图书资料的引导员、计算机技术员、外语翻译员和有关文化艺术专员，并广泛地服务于社会公众。从而，对中国经济和文化的发展产生明显的推动作用，社会效益就会迅猛增长，广大人民群众也会刮目相看。

(5) 做好立法宣传工作，扩大图书馆立法影响。我国图书馆立法进展缓慢，一方面与国家的经济发展、图书馆的地位体制等方面的制约因素有关，另一方面也与图书馆自身宣传力度不够，没有扩大对社会的影响力，并得到舆论界的支持有关。

当前，社会大众对图书馆立法的重要性还缺乏清醒的认识，这种意识滞后，很大程度上延缓了图书馆立法的进程。图书馆立法的核心问题，就是公民的公共知识权益保障问题，社会大众应当成为图书馆立法推动的基本力量。因此，业界要联合法学界，高举保障公民平等、自由利用图书馆权利的旗帜，广泛宣传图书馆立法的必要性和重要性。

宣传图书馆立法的方法很多，一是可以在我国有影响或发行量大的报纸、刊物上，组织发表有关图书馆立法的文章；二是请专家在电视台、广播电台畅谈图书馆立法的优越性；三是在公共场所举办关于图书馆立法的知识讲座或报告会；四是组织图书馆从业人员对图书馆立法工作开展学习和大讨论，并将综合意见呈送各级党政领导审阅。另外，还要呼吁各界人大代表政协委员，特别是与图书馆联系密切的科学、教育、文化界人士，关注《图书馆法》的立法工作。人大代表不论其具有何种政治背景，都可以向人代会提出任何方面的立法议案。但如果《图书馆法》的立法议案，由职业与图书馆密切的科学、教育、文化界人士提出，可能对议案的阐释更为准确，说服力更强，从而被提交审议的机会更大，获得通过的概率更高一些。

图书馆法不是国家基本法，议案的表决权在全国人大常委会会议，要表决通过才能成为法律颁布执行。所以更有必要向全国人大常委会委员多做宣传工作，让他们了解图书馆工作的重要性，制定图书馆法的必要性和紧迫性，促使图书馆法早日颁布。

目前，我国的图书馆法律体系尚不健全，加强图书馆立法在图书馆界已经形成广泛共识。图书馆法律体系的健全，需要图书馆界、立法机关和社会公众的共同努力。我们看到，在国外，不论是发达国家还是发展中国家，都十分重视图书馆的立法工作。据不完全统计，国外已有60多个国家先后颁布了图书馆法，这也是影响我国图书馆事业发展的重要原因。在强调依法治国的今天，开始《图书馆法》的研究制定，是一项十分重要且意义深远的工作。我国图书馆法制建设，必须考虑如何有机地融合与容纳国际法的主旨精神，特别是那些中国政府已经签署参加的国际条约、协定，从而使中国的新图书馆法，从一开始就具备与国际接轨、对话的实力，从容地走向世界。

(三) 解决我国图书馆立法问题的出路

尽管我国图书馆立法工作面临着很多挑战，但是我们要抓住时代赋予的机遇，正视挑战，利用现代化技术来解决发展存在的问题。国家是我们图书馆事业发展的强大后盾，我们可以通过以下措施，完善我们图书馆的立法问题:

(1) 加强图书馆自身建设，努力提高图书馆作用，争取领导重视。目前，知识呈现出几何级增长趋势，互联网的迅猛发展使地域差异逐渐缩小，图书馆的传统管理和服务方式受到史无前例的巨大冲击。在这样的形势下，图书馆要想生存，就必须因势利导，把当代先进的科技手段运用到为读者和用户服务的工作中去，充分挖掘图书馆的潜能，从而转变图书馆的服务方式，发挥图书馆的作用，体现图书馆的价值。

发达国家的很多做法值得我们借鉴，如国外的国会图书馆，为有关人士研究国家的重大立法决策提供参考和帮助，其他各级图书馆也可以相应地为各级政府决策者提供类似服务。同时图书馆还可以开展形式多样化地服务来吸引读者，如讲座、展览等都是很不错的方式，只有这样才能使读者重新回到图书馆。否则，没有创新则用户的需求也得不到满足，那么，久而久之，图书馆的地位就会弱化。此外，从另一个角度去考量，笔者认为图书馆要想得到公众的认可和政府的重视，还应从自身出发，多找自己的原因。只有有所作为，不断完善自己，才能使自身的价值得到体现，从而积聚图书馆立法的群众基础和社会基础。

同时，国家还应该从制度的层面，抛弃过去那种盲目以 GDP 增长的多少来衡量政绩大小的考核制度，按照联合国教科文组织和国际图联于 1949 年发布的《公共图书馆宣言》明确指出的，“开办和管理公共图书馆是国家和地方当局的责任”，把发展图书馆事业作为政府不可推卸的责任，从制度上保证各级政府对图书馆事业的重视。

(2) 加强图书馆立法的理论研究，为图书馆立法工作提供智力支持。关于我国图书馆立法的理论研究，一开始人们的焦点大多关注的是技术以及方法问题，理论层次的探讨却很少涉及，因此理论研究是有缺陷的，也是片面的，没有形成完整意义的立法架构。

随着社会的进步，人们对图书馆的认识也在不断变化。我国图书馆的发展进程有着与国外不同的方式，具有中国特色，笔者把它称为跳跃式发展，具有阶段性特点。尤其是最近几年数字图书馆的蓬勃发展，造成了我国图书馆事业中原先存在的旧问题不但没有及时解决，许多新的问题又出现了，对此我们缺乏有效解决的措施和心理准备。这一矛盾在图书馆立法工作中表现得尤为明显。图书馆界应加大理论研究力度，采取多种方式，譬如可以适时召开各种专题讨论会，对一些热点和重要问题进行深入切磋探讨，不断提高理论水平。

(3) 借鉴国外先进经验，统一观点，达成共识。在图书馆法律规范方面，目前在全世界的 60 多个国家和地区中，有 1/3 的国家已先后制定出 250 多部图书馆法规。在国外，真正意义上的图书馆法产生于近代，而且许多欧美国家都是先有公共图书馆法，然后才制定出全国的图书馆大法。其中美国早在 1848 年就颁布了世界上第一部公共图书馆法，而全国性的《图书馆法》直到 1956 年才制定。

因此，这些发达国家先进的立法经验和完备的法律体系我们完全可以借鉴，不要在一些细枝末节问题上无休止地纠缠，而要着眼大局尽快统一观点达成共识。如针对上面提到的关于制定“大法”和“小法”的问题，可以向国外学习，先制定出公共图书馆法，然后再根据公共图书馆法实施后的情况，总结经验，最后制定出全国性的图书馆大法。总之，要立足于我国国情，根据我国图书馆的具体特点，积极借鉴发达国家图书馆立法的先进经验，扬长避短，为我所用，从而使我国的图书馆立法少走弯路。

(4) 建立全国性图书馆管理机构，尽快突破图书馆立法程序复杂的瓶颈。图书馆法属于社会实体法，依据我国的立法惯例，凡实体法的调研、草拟、申报等总是由对该实体具有垂直行政管理权的最高一级政府机构来负责。但是由于我国不同的行政机构和组织，管理属于本系统的“自己”的图书馆，所以，对图书馆事业具有统一管理职能的行政机构是没有的，从而造成了我国图书馆立法工作无人牵头，各自为政，至今无法启动的尴尬局面。因此，笔者大胆建议，能否组建一个对图书馆事业统一进行管理的行政机构，以便突破图书馆立法程序复杂之瓶颈，未雨绸缪，在图书馆事业矛盾还不十分突出的情形下，就通过立法去规范它，使图书馆工作尽早走上良性发展的道路。此外，为了体现出立法过程中的民主性和公开性，有关部门完全可以扩大公众的参与渠道，以多种方式保证公民对图书馆立法的充分参与，实行立法公开。

图书馆是我国文化传播的一个重要场所，是我们实现中华民族文化复兴的一个基础的保障，传统的图书馆承载着我们过去汲取知识的梦想，而现代化的图书馆更是肩负着我们未来梦想的起航。但是，图书馆事业要在我国有更好的发展，法律的保障是必不可少的。作为一个依法治国的国家，我国图书馆立法前景广阔，同时任重道远。要制定出一部可操作的具有中国特色的图书馆法，需要政府、社会及图书馆界同仁的共同努力和探索，我们真诚期望中国图书馆法早日问世。有完善的法律制度作保障，我们的图书馆事业才能发挥更大的作用，才能为我们的社会主义事业添砖添瓦，最大程度地贡献自己的力量。

第三节　图书馆法制建设和业务规范初见成效

中国是一个依法治国的国家，除了《中华人民共和国宪法》外，各行各业都有各自的法律、规范、条例等，严格约束各行各业的发展，也为其发展提供保障。图书馆也同样如此。在图书馆的建设过程中，一直在规范图书馆的法制建设，且已初见成效。在法制建设方面，图书馆界一直为拥有一部图书馆自己的法而努力，在国家尚未制定图书馆法之前，图书馆各级主管部门已为法制建设做了很多工作。例如，1982 年，文化部曾颁布《省（自治区、直辖市）图书馆条例》；1997 年，上海市颁布了《上海市公共图书馆管理办法》；同年深圳市颁布了《深圳经济特区公共图书馆条例》；2000 年，内蒙古自治区人大审议通过了《内蒙古自治区公共图书馆管理条例》。

我们国家的图书馆法制建设初见成效具体体现在：

1. 文化部制定的“评估顶级标准”

这几年，为推动图书馆事业的发展，公共图书馆、高等院校图书馆广泛开展了评估定级工作。文化部于 1992 年 12 月发出通知，决定自 1993 年 1 月起在全国县以上的图书馆开展评估定级工作，文化部图书馆司并为此制定了“评估定级标准”。1998 年，全国公共图书馆系统又开展了第二次评估定级工作。高等院校图书馆的评估定级工作1986年由山东省高等院校图书馆率先开始。1991年10月，国家教委下发了《关于开展普通高等学校图书馆评估工作的意见》、《普通高等学校图书馆评估指标体系大纲》和《关于指标体系大纲的说明》，而后在全国高校图书馆系统有步骤地开展了这项工作。评估标准对图书馆各项工作起到一定的规范作用。评估时各个项目均要按统一制定的指标数值给予不同的分数。通过评估定级工作可以测定各个图书馆的达标程度，从而按评估标准规范自己的各项工作。

2.标准局制定的相关规范、标准

图书馆工作的标准化和规范化是现代图书馆工作的重要基础。改革开放以来，我国图书馆界对图书馆工作的标准化给予了高度的重视。1979年，我国加入了国际标准化组织（ISO）文献工作标准化技术委员会（ISO/TC46），同年12月，经国家标准局批准，成立"全国文献工作标准化技术委员会"（后改称"中国情报文献工作标准化技术委员会"）。该会下设10个分委员会，在我国着手文献标准化的研制工作。经过10多年的努力，相继在书目著录、文献分类、主题表引、书目情报交换、磁带格式等方面制订出几十项的国家标准，并由国家标准局批准公布实施。如《中国标准书号》(ISBN)、《中国标准刊号》(ISSN)、《文献著录总则》《普通图书著录规则》《连续出版物著录规则》《非书资料著录格式》《地图著录规则》《古籍著录规则》等。同时还制订了《中国机读目录通讯格式》(CNMARC)，后经修订，1995年4月，《中国机读目录格式》通过鉴定，被确定为文化部行业标准（WH/TO503-96），为实现我国文献著录法统一创造了条件。

在业务规范化建设上，图书馆界一直致力于组织修订完善《中图法》及其系列版本工作。1999年已经出版第4版，现已被全国95%以上的图书馆采用。与此同时，图书馆界还组织编制了《汉语主题词表》和《中国分类主题词表》，这些工作都为中国图书馆业务规范打下了较好的基础。

这几年有关部门还组织编制了《图书馆建筑设计规范》，中国图书馆学会建筑与设备专业委员会也邀请有关专家起草了《图书馆建筑评估指标体系》。自此，中国图书馆建筑有了自己的行业标准，对国内新建图书馆建筑也有了评估依据。

3. 呼之欲出的《中华人民共和国公共图书馆法》

经过十多年的努力，我国第一部图书馆专门法《中华人民共和国公共图书馆法》(法律草案)，已经到了国务院审查和征求意见的阶段，条件较为成熟，并被正式列入本届全国人大常委会实施类立法项目。据相关部门透露，该法有望在明年或稍晚些时候出台。

《中华人民共和国公共图书馆法》(法律草案) 将对政府在公共图书馆建设运行方面的职责，图书馆依法保护读者权利、接受读者的监督等方面作出规范，必将大大推进公共图书馆事业的发展，较好地保障人民群众的公共读书阅览权利。

与文化文物工作密切相关的另一部重要法律——《中华人民共和国文物保护法》的修改也列入了本届全国人大常委会预备实施类项目，相关工作正在积极准备中。

“十一五”时期，中国公共图书馆法制建设取得较大发展，一些重要的、基础性的国家法规和标准相继出台或进一步完善，一些地方性的服务标准和规范也先后推出，对公共图书馆服务法规和标准的研究视野更加拓展，实践基础上的理性思考更加深入，为公共图书馆的大发展、大繁荣创造了更加理性的法制环境。

对国外图书馆法规和标准的介绍和研究。国外图书馆法制建设起步较早，一些发达国家已经建立了比较成熟的图书馆法制体系。在讨论我国图书馆法规、标准制定的过程中，学者们首先了解国外图书馆法制建设的历史，研究国外的图书馆法规和标准，找到可供我国借鉴的经验。主要包括两方面的内容：一是直接对国外图书馆法规、标准的翻译和介绍。对北欧四国、俄罗斯、日本、韩国等国的图书馆法规和标准的介绍。二是对国外法规和标准中的主要指标进行分析，如分析美国公共图书馆建设标准中的服务人口、馆藏资源、阅览座位数量、非业务功能区所占比例等核心要素，其中威斯康星州《公共图书馆标准》中服务人口测算、馆藏标准、工作人员标准、设施标准等指标体系设置堪称国际典范，可为我国所借鉴。这些研究成果的世界眼光使我们的研究视野更加开阔，研究内容更为丰富。

基于中国公共图书馆实践基础上的理性思考。学者们将国外的经验与中国公共图书馆的具体实践相结合，思考我国图书馆法制定和实施过程中可能面临的问题，提出立法建议。这方面的理性思考突出体现在《公共图书馆法》的制定过程中。中国图书馆学会2009年新年峰会专题讨论了《公共图书馆法》立法支撑研究，确定了围绕《公共图书馆法》的11个支撑研究专题，组建了相应的专题研究组。课题组围绕中国公共图书馆的具体情况展开讨论，除了对《公共图书馆法》的立法基础和必要性、公共图书馆管理体制的法制化、公共图书馆的设置与体系建设、公共图书馆公益性服务保障等基本内容进行研究之外，还对具体的细节问题提出立法建议。如对我国呈缴本制度的立法研究，公共图书馆工作人员保障机制研究，公共图书馆经费保障机制研究以及文献资源经费投入、文献补充、文献使用与处置、文献资源合作建设与共享等问题的立法建议，对社会力量参与图书馆建设制度保障研究和对读者平等利用权、免费使用权、信息知情权、个人隐私权的保障制度研究等。学者们清醒地认识到，中国的法律要解决中国的问题，对国外经验的借鉴，必须考虑中国的社会发展水平和公共图书馆事业的现实状况。

第五章 图书馆发展存在的问题与对策

第一节 图书馆发展存在的问题

我国图书馆在国民经济的发展过程中发挥了重要作用，但想要持续为社会发展服务，为国民素质提高服务，还有很多亟须解决的问题。只有找到这些问题的症结，我国的图书馆才能有比较好的发展前景，成为社会进步的重要推动力量。

一、经费不足，地区发展失衡

网络环境下，图书馆的发展也面临着许多问题，图书馆的服务工作受到了严重的挑战，特别是图书馆的服务工作已经远远不能满足读者的需求。这些问题影响了图书馆职能的充分、高效发挥。这些存在的问题主要有：

众所周知，我国图书馆的经费起点低，尽管图书馆经费经历了较快的增长，但直到目前，其绝对数额依然较小。考虑到目前图书馆基本支出特征——书刊价格不断上涨、需要采购的文献类型日益多样、以现代信息技术为核心的设备更新日益昂贵、人民生活水平改善后对办公及阅览条件的不断升级，目前图书馆经费已远远不能满足其正常发展的需要。

过去30多年，尽管我国图书馆经费的整体水平得到了较大程度的改善，但由于各级图书馆所处的经济环境不同，地区间的差异还是很大，发展处于一种分化的状态。在经济不发达的地区，图书馆的经费投入没有保障，部分地区图书馆难以维持现状，许多地方甚至没有图书馆，特别在西部农村，这种现象更为严重。经费投入不足，地区发展失衡已经成为我国图书馆持续发展最为突出的问题。

1. 投入不足，图书馆的整体发展水平还相对落后。我国图书馆事业与社会事业的其他领域相比，投入严重不足，差距在拉大。而本来就比较少的经费又主要用来支付职工工资，可用于购书的经费少得可怜。由于投入的不足，许多图书馆的藏书量严重不足，图书无法更新，图书馆的人均藏书量远远低于国际图联的人均藏书 1.5 到 2.5 册的标准。图书馆的馆舍陈旧老化，服务设施和技术设备落后，时至今日，已变得寒酸破败，其设备根本无法使用，仅作为摆设。

(2) 图书馆的发展不平衡，区域差别特别明显。首先，从东西部来看，图书馆事业地区之间差距越来越大，北京、上海、江苏、浙江、山东、福建、广东图书馆事业发展很快，十分可喜。但是西部地区非常令人担忧，就文化事业经费的投入来看，中西部地区占总人口的 2/3，但文化事业经费投入只占总量的 44%。一级图书馆数量最多的是江苏省，上海市一级图书馆、上等级的图书馆比例是全国各省、市、区之首。而青海、西藏上等级的图书馆数量极其稀少。其次，从县级图书馆与市级、省级和国家图书馆相比来看，由于各级图书馆的投入主要靠同级财政的投入。我国的财政状况是市、省级和中央财政的财力要比县级基层财力雄厚的多，因此县级图书馆的状况要比市、省、国家图书馆差得多，无论是馆舍基础设施、技术设备等硬件条件还是人员素质、服务水平等软件条件都不在同一档次上。最后，从城乡差距来看，一些城市所辖区县的县级图书馆与一些农业县的县级图书馆的发展差距也十分大，有时甚至城市所辖区县的县级图书馆比一些省的省级图书馆还要好。

二、管理体制问题

图书馆管理体制是指对图书馆实施控制、监督、指导、操作的机构安排以及这些机构间的权利义务关系。

具体地说，图书馆管理体制决定着谁负责制定图书馆的方针、政策、标准；谁负责给予图书馆政策拨款；谁决定它的发展规划；谁对它进行监督约束；谁在业务上对它进行指导等一系列问题。

在我国，各级地方政府是我国图书馆发展的最主要决定者，地方政府不仅掌握着图书馆发展的财权、规划权、决策权和管理权，而且地方政府对这一权利的运用情况受到的约束和监督很少，几乎没有。此外，各级图书馆所处的经济环境不同，决定了我国图书馆在管理体制上实行条块分割，各自为政，难以形成协同运作、优势互补、高效服务的图书馆体系。这种管理体制致使图书馆产生了分配不公、效率低下等恶果，严重影响了图书馆正常功能和作用的发挥。

三、服务内容单一，资源共享不足

现代社会人们渴求获得不同的、深层次的信息与知识，但是作为信息部门之一的图书馆由于计划经济体制的影响，固守传统的做法，致使服务内容一直停留在简单的书刊借阅上，对文献信息深加工与开发利用浅尝辄止，除纸质印刷物外，其他先进的文献信息载体形式收存甚少。如此远离市场经济需要的服务，造成大多数图书馆目前难以满足读者多方面、多层次的综合性需求，从而降低了图书馆的社会地位。

在传统的图书馆管理思想的影响下，人们仍然习惯于以馆藏多少作为评价图书馆的等级标准，共享意识淡薄，缺乏全局观念，保守主义、形式主义和本位主义思想严重，追求“大而全”“小而全”的现象依然普遍存在。领导信息管理观念淡薄，对图书馆工作的重要性还没有充分认识，闭关自守、自给自足，盲目追求大而全，造成信息资源的重复投资和严重浪费。现在的读者并不在乎图书馆是幢什么样的建筑，在什么位置，又有多少文献，读者在乎的是图书馆能提供什么样的信息资源和信息服务，他们不再经常去建筑形式的图书馆，而是通过网络获取文献信息。

许多图书馆资源与服务分布较散，一站式信息服务未能实现。服务以图书馆为中心，被动等读者上门。图书馆图书资源采集不全，有些文献没有收集。由于工作机制、人员素质及设备的限制，服务工作有许多局限性，造成读者对图书资源的利用效率不高。馆员对学术研究活动很不重视，认为那是专家学者研究、探讨的东西，自己只要把本职工作做好就已经不错了，抑制了工作人员的工作积极性和主动服务的精神。

四、图书馆工作人员队伍问题

目前图书馆普遍存在的矛盾是：读者日益增长的信息知识需求与图书馆的信息知识提供能力相对落后之间的矛盾。而造成这一矛盾的主要因素就是图书馆的整体素质相对较低。在我国，图书馆的管理长期以来一直隶属于上级文化主管部门，自身缺少支配人力资源的权利，很多工作人员是照顾安排进来的。这种用人局面导致能干事的进不来，进来的干不了事，队伍老化、文化层次普遍偏低，人浮于事现象严重，难以开拓事业发展新领域。

此外，虽然目前不少图书馆的人才结构较之前些年有了长足的进步，但大部分工作人员都不是学图书馆学专业或计算机专业的，普遍存在着知识结构单一、专业结构不合理等问题。部分工作人员专业知识水平不高，即使其有很好的服务态度也无法为读者解疑释难，再加上培训制度的不完善，其传统技能和知识水平越来越无法适应图书馆现代化的发展，越来越无法满足读者利用图书馆的需求。

图书馆馆员年龄偏大、接受现代化知识比较缓慢。图书馆要实现信息化、数字化、电子化，年龄偏大人员接受新事物较慢，不会使用电脑网络，这样势必影响图书馆向现代化方向发展步伐。年轻有学历，有能力，素质高，对图书馆事业有追求的人想进却无门，实现图书馆的信息化、网络化成为一纸空谈。在网络环境下，图书馆工作人员将不再只与图书打交道，而是与计算机网络打交道，图书馆的服务内容和手段都发生了巨大变化，对图书馆员提出更高的业务素质要求。各级管理人员及基层操作人员在安全水平与意识上也存在着一定的差异，往往造成上下理解不同，操作无法规范化，致使网络安全方面的措施很难达到预期的成效。

我国图书馆事业存在的这些问题，在很大程度上制约了我们现代图书馆的发展，如果这些问题得不到有效解决，我们图书馆现代化建设就不能实现，从而在很大程度上限制了现代图书馆的发展。

第二节　图书馆服务文化建设存在的问题及对策

现代图书馆已不仅仅是一个可以借书读书的地方，因为它融合了高速发展的信息科技和人文关怀，是一个能更好地给读者提供接受知识和享受文化盛宴的地方。但不论是现代还是过去的图书馆，其最终目标都是为了满足读者的需要，不论是在过去相对封闭的社会环境和计划经济条件下，还是处于市场经济形势紧迫、改革开放成果显著的当代社会中，读者服务工作始终直接或间接地贯穿于图书馆的一切活动中。千方百计为读者服务、最大限度地向读者提供一切方便、读者第一等服务观念已成为图书馆界同仁的共识。

一、图书馆文化服务的含义

图书馆的服务文化是创造读者满意的文化。读者满意程度是衡量图书馆服务质量的根本标准，一切为了读者是图书馆服务的出发点。这种始终以读者为目标的服务精神，构成了图书馆服务文化的基本要素。它表现的是一种人文关怀，也是图书馆人文精神的具体表现，这是图书馆服务过程中必须体现的一个基本内涵，图书馆服务是满足读者的需求，因此，读者满意程度是衡量图书馆服务质量的根本标准，一切为了读者是图书馆服务的出发点。图书馆服务应根据读者的普遍需求与个别需求，提供普遍服务与个别服务，这是图书馆服务的基本形式。满足读者需求、提高读者的满意度是图书馆服务追求的根本目标。创新文化服务形式，加强公共教育职能，扩大文化服务面，始终以读者满意为目标的服务精神，构成了图书馆服务的文化内涵。让图书馆成为读者的精神的家园，是图书馆文化服务的重要内涵。

读者的满意度，可以从理念满意、行为满意和视觉满意3个方面进行衡量。①理念满意，是指图书馆在服务理念、服务目标、服务精神、服务哲学等方面带给读者的心理满意状态，包括读者对图书馆所确立的服务宗旨、服务战略、服务精神、服务信条和服务风格等的满意状态。②行为满意，是指图书馆在全部运行状态中带给读者的心理满意状态，包括对行为规则满意、行为效率满意、行为方式满意和行为语言满意等。③视觉满意，是指在图书馆的各种可视性外在形象带给读者的心理满意状态，包括对服务名称、导引系统、环境色彩、文字规范、设施格局、建筑标志、物品陈列、人员衣着举止等的满意状态。

二、我国图书馆服务文化建设存在的问题

1. 服务文化建设重视不够，没有形成图书馆服务文化的观念

服务文化建设是一项长期的基础建设工程。服务文化建设的特点是投入多、产出慢、产程长，很难在短期内出成绩、树形象。因此长期以来许多干部不愿过多涉足服务文化建设，甚至有的干部拿服务文化建设做秀，把服务文化建设只当做对外宣传政绩的面子工程，严重地影响了服务文化建设的进程。另外，图书馆管理人员长期存在依赖和懒惰的心理，习惯于坐等读者上门，实行馆内封闭式运行，不注意读者阅读需求的变化，不及时掌握读者的需求，缺乏与外界的沟通，没有从思想上树立创新意识。

2. 服务文化创新体制亟待完善

图书馆服务文化建设可持续繁荣发展的动力来自体制机制创新。构建一个能让读者满意地接受知识和享受文化盛宴的读书场所，服务文化建设机制是重要保障。但长期以来，服务文化建设缺少激励机制、竞争机制和有效的监督机制，根本不可能形成有力的文化创新群体。图书馆在管理中没有讲求科学的管理和人文关怀相结合，在管理中没有体现“以人为本，服务大众的思想”，缺乏文化管理和健全的服务文化机制。

3. 创新技术投入不足

由于财力投入不足，致使服务文化建设严重滞后。信息时代要求图书馆具备先进的网络技术，更要有实力开发自己的管理软件，图书馆还应利用文献和网络信息的资源优势，开发建设具有本馆特色的数据库，同时也应根据某学科建设的需要，建立相关数据库汇集网络信息资源。图书馆还应采取新技术，加强图书馆的安全，如无人式的红外线扫描技术和报警系统，采用高端技术可以方便读者并能提升图书馆的档次，使得更多读者有兴趣进入图书馆。

三、图书馆服务文化建设的举措

1. 创新的管理观念

图书馆在管理中要讲求科学的管理和人文关怀相结合。在管理中要体现“以人为本，服务大众的思想”，应该加强文化管理，活化组织机构，完

善奖惩制度，健全服务文化机制。图书馆应关心和尊重工作人员，千方百计调动员工的积极性，努力实现员工的个人目标和图书馆整体目标的一致。

2.创新的技术

图书馆可以利用文献和网络信息的资源优势，开发建设具有本馆特色的数据库，同时也可根据某学科建设的需要，建立相关数据库汇集网络信息资源，加快资源建设，共建共享的步伐以方便读者在很短的时间内获得尽可能多的、有价值的信息。图书馆在读者进馆出馆上应该采取新技术，这样才能既方便读者也能加强图书馆的安全，如无人式的红外线扫描技术和报警系统，采用高端的技术可以方便读者并能提升图书馆的档次，使更多的读者有兴趣进入图书馆。另外，图书馆还可以采用大屏幕式的电子阅览书或报纸，使得读者能在大屏幕前看到想要看到的书籍或报纸，减少了读者找书所浪费的时间，提高了读者的效率，提升了图书馆的现代化水平。

3.强化内部员工素质

工作人员素养一般包含思想素养和能力素养两大方面。工作人员的思想素养又包含政治思想素养和职业思想素养两方面。工作人员的政治思想素养主要表现为工作人员是否有正确的政治理想，坚定的政治立场，较高的政治理论修养以及较强的执法意识等方面。

工作人员的职业思想素养一般包括职业精神和职业道德两方面。工作人员应具备的职业精神主要包括5个方面：强烈的民族自尊、自信与自强精神；强烈的自爱、自豪与牺牲精神；大胆地吸收、探索、改革与创新精神；读者至上精神；嗜书如命精神。以上方面可概括为爱国、爱馆、爱人、爱书精神这几个层面。职业道德是社会道德在职业生活中的具体化，它规定人们在履行职责过程中应该怎样、不应该怎样的问题。图书馆工作人员应具有的职业道德规范的内涵包括5个方面：对工作忠于职守且精益求精；对文献爱护备至并积极利用；对读者满腔热情、服务为上；对同事友爱为先、团结为重；对外部精诚合作、共同发展。可以说，图书工作人员的职业道德规范最能集中体现图书馆服务文化的基本内涵。

工作人员的能力素养主要是指工作人员应具备的专业知识与技能水平、管理与组织能力、语言与社交能力等。知识并不等于能力，知识是能力得以发挥的基础。图书馆工作人员既要有知识，更需要有能力。掌握扎实的专业知识与技能是图书馆工作人员能够提供优质服务的基本前提；具备较高的组织管理能力是图书馆工作人员能够组织提供优质服务的必要基础；待人接物是图书馆工作的重要组成部分。因此，图书馆工作人员需要掌握人际交往的原则和方法，处理好与读者的关系，建立起和谐、融洽的工作环境。

4. 提高对读者的服务品质

图书馆应该提高服务的质量，改变过去传统的图书馆就是看书借书的地方的观念，当今社会图书馆想要与各种新兴媒体竞争，就必须要从提高服务质量，改变服务方式入手。例如，应建立舒适的环境，如可以提高图书馆的绿化率，多放些观赏性的景观植物，这样做不仅能改变图书馆由于人多造成的空气污浊的情况，也能使读者的心情舒畅，增加读者的读书时间。图书馆亦可以设立高级的读书沙龙，使其具有集读书，休闲，娱乐为一体的场所。增加对不同阶层人士的服务，如针对学生可以专门设立学生阅览室，针对农民工可以设立一些专业技能的读书培训室，还可以设立理工科专门的阅览室。增加各种专业书籍以供技术人员与感兴趣的人来查阅。如果有条件，图书馆还可以设立专人负责读者的疑问和解答，不论从管理方面还是技术方面都可以定期的请一些高级人才来馆举办讲座或开办高级论坛，提高图书馆的档次，从根本上改变旧观念，使图书馆更具有竞争优势。

5. 加强图书馆与读者的互动服务

图书馆服务是图书工作人员与读者的互动活动，一切为了读者是图书馆服务文化的出发点和归宿地。构建和谐的图书馆服务文化需要广大读者的参与、配合和支持。首先，增加图书馆的宣传力度，使人们从根本上了解图书馆的功用与自己的生活息息相关；其次，可以设立流动图书馆以满足更多人的需求，设立流动图书馆到社区，到农村，到更多的基层，以使那些去不了图书馆的人们也能享受到读书的乐趣。

6. 重视宣传工作

宣传工作是构建图书馆的服务文化的主要方式。图书馆可以通过多种形式向读者宣传自己的服务宗旨、服务理念、服务机制、服务品牌，告知广大读者能够享受到的服务，这对于提高服务质量，提高服务水平等至关重要。

综上所述，图书馆文化服务是一个有着复杂系统的工程，是需要投入大量的人力和物力才能解决的问题。我们应该本着真正为读者服务的目的，做好图书馆的文化服务；我们也相信，最终图书馆会展现给大家的是新的文化氛围，使读者在图书馆更多地接受知识的熏陶。

第三节　图书馆可持续发展的对策性研究

随着全球知识化进程的加快和竞争环境的日益复杂，“我们所处的环境在过去的二十年发生的变化超过了过去两百年的变化，特别是技术发展的驱动。这种变化正逐渐改变传统的学术研究对物理图书馆作为重要信息源满足研究需要的依赖，而走向复杂的有多重选择的网络。”

新的信息环境下，图书馆面临更为严峻的挑战，图书馆的可持续发展越来越受到人们的关注。我们不得不承认的一个现实是：Google 等搜索引擎似乎已经代替图书馆成为用户检索的首选。信息环境的变化，用户信息行为的改变，社会信息需求的变化都要求图书馆随之变化和适应，二十年后的图书馆将发生更大的变化，图书馆人应当清醒地认识到所处的危险处境，需要对图书馆的功能进行重新定位，确保图书馆的可持续发展。

随着社会经济不断发展，可持续发展观念不断深入到各个领域。在可持续发展思想的指导下，图书馆发展应立足现在，放眼未来，遵循图书馆发展的客观规律，探求符合自身发展的规律模式，在发展过程中，不断地注入活力，以适应社会的变化，满足人们不断增长和变化的信息需求，推动图书馆事业健康持续发展，使之能够与未来社会目标相适应并在两者之间形成良性的互动机制。图书馆可持续发展内容具体来说可以分为两部分，一是立足现在，二是放眼未来。立足现在是以自身发展为基础，在这一过程中图书馆的建设要结合社会发展需要，适应时代变化，将自身发展融入到社会中去，采用先进的信息搜索技术，广泛收集信息资源，运用科学的管理手段，激发他们的智力潜能，并进行知识创新，组建不同图书的分类数据库，完善自身，增强社会竞争力。放眼未来是把图书馆未来的发展作为当代发展的前提，图书馆存在的目的就是为未来社会的发展储存丰富的人类知识文明。人类社会的持续发展，离不开知识的积累和延续，图书馆为此担负的光荣使命要求图书馆以未来事业发展为前提，加快促进图书馆文献信息资源建设，以此保持图书馆持续发展的能力。

我国图书馆的发展遇到不少问题和挑战，只有充分解决这些困难，迎接挑战，才能让我们的图书馆事业持续发展，具体措施如下：

1. 加大图书馆的投入，充分发挥政府职能

我国图书馆事业的经费来源，大体分为三部分：政府拨款、社会援助、自身创收。图书馆是一个公益性服务机构，其资金来源主要依靠国家和地方财政拨款。首先，各级政府应增加对本地图书馆的经费，特别是购书经费的投入力度，保证投入的经费到位，满足实际需要。当然，图书馆管理者也要加强公关社交，积极主动地去争取政府的支持与投入。其次，要多举办各种对社会有益的活动。如学术研讨、文化长廊、读者交流会等活动，提高社会知名度。争取或接受国内外机构、团体和个人捐赠的款物，包括资金、文献、图书馆办公用品及其他形式的实物。此外，图书馆也可以采取主动出击的方式获得捐赠。例如，黑龙江省佳木斯市图书馆，在市有关部门的帮助下，在佳木斯市直机关、企事业单位广泛开展捐书、捐款活动，大大地充实了该馆的图书资源。再次，图书馆本身应艰苦创业，在国家政策、法令、法规允许的范围内，结合图书馆自身条件积极创收，以弥补财政拨款的不足。如商业性出租图书馆闲置场地，开展一些合理的、有偿的高级信息服务。最后，各级政府应从战略的角度充分发挥政府职能，促进图书馆的协调发展。鉴于目前我国中小型图书馆发展落后的事实，政府应加大对中小型图书馆的投入。同时，在图书馆的整体规划、合理布局、平衡发展等方面也要积极地进行统筹考虑和科学安排。

2. 深化图书馆体制改革

图书馆按照“加大投入、转换机制、加强管理、增强活力”十六字方针，进行管理体制与机制的改革。馆长负责制下的图书馆基本职能依然是执行政府制定的图书馆方针、政策和发展规划，实施图书馆服务，但应逐步扩大图书馆在人事管理、资源配置、业务决策等方面的自主权。打破按行政级别设立独立图书馆的标准，改为根据当地财政能力决定是否设立独立的图书馆。在更大程度上发挥行业组织的指导、咨询作用。可在现有的图书馆间非正式联系的基础上，成立更加正式的图书馆协会。

图书馆收藏着大量的文献信息资源，积极地开发，广泛地利用这些文献资源是图书馆的重要职能之一，它也是图书馆承担各种职能的基础。由于当今社会文献的生产数量大、增长快；社会文献的类型复杂、形式多样；文献的时效性强；文献所用语种存在扩大，质量下降等特点，使人们普遍感到用起来十分不容易。在此情况下，图书馆必须通过科学的手段，对文献信息资源进行加工整理、科学分析综合、指引，形成有秩序、有规律、源源不断的信息流，进行更加广泛的交流与传递，使读者更好地利用它们。对图书馆的文献资源可持续的开发包括下面几项内容：第一，对到馆的文献进行验收、登记、分类、编目、加工，最后调配到各借阅室，以便科学排架，合理地流通；第二，对馆外文献信息资源进行搜索、过滤，成为虚拟馆藏，形成更加宽广、快捷的信息通道；第三，通过最现代化的手段——计算机网络操作技术，使馆藏文献走向数字化。

图书馆实施知识服务是知识经济时代的必然要求，是实现可持续发展的动力源，是图书馆基本职能的延伸和发展。通过知识挖掘、组织、开发和应用，最大限度地实现知识的功能与效益；图书馆实施知识服务，要为教学提供优质服务，为重点科研项目提供定题服务，为学科带头人提供个性化服务。图书馆员要熟练运用计算机网络等新技术，掌握知识导航能力，实现从一般图书工作者到新的知识型工作者的转变，只有这样才能适应网络环境下对图书馆员的要求。

计算机技术具有强大的信息处理能力，是实现图书馆数字化、自动化的有效载体。用户利用图书馆提供的广泛的信息服务，可以在任何方便的时间和地点实现对所需的数据库书目信息的检索、查询，满足读者方便快捷的个性化服务需求，发挥图书信息化管理的优势。计算机的普及，互联网的建立，特别是信息技术引入图书馆领域之后，图书信息化成了当下的发展趋势，大大地方便了读者。在知识经济时代，网络信息从各个方面冲击着图书馆，网络的发展使人们对图书馆获得所需信息的依赖逐渐降低，使许多读者对图书馆的信息服务能力产生了怀疑，转而自寻渠道获取所需信息。馆领导要树立为馆员服务的思想，要为馆员提供优良、和谐、富有人性化的工作环境和必要的后勤保障及服务。让他们保持愉悦的心情，高昂的斗志开展工作，充分发挥他们的积极性，以实现工作目标的最大化。

书是图书馆的血液，而血液必须保持更新，藏书量的充足且多元化能明显提高图书馆的使用率。借助橱窗、多媒体工具、新书架、专题书架、书刊展示台等向读者提供有针对性的信息。这些设施不仅仅是文献资料的承载体，而且也是读者搜索信息的多种路径，同时图书馆把优秀图书和更新的信息主动呈现给读者，以此培养读者的图书馆意识，提高图书馆的利用率，使图书馆往日一成不变的藏书地，变成一个互动立体的信息乐园。也要不断改善图书馆的网络环境，建立自己的网站，引进先进的图书馆管理系统，建立检索平台，实现信息资源和知识资源的智能共享，升华服务内涵。

近十年来，是我国图书馆事业发展较好的一段时期。经过20世纪90年代的“低谷”阶段，图书馆事业在信息技术、网络技术等技术手段支持下，在可持续发展观不断深入的背景下，图书馆的管理和服务无论在技术设备层面，还是在理念和制度层面，均出现了一些不同于以往的新事物。特别是在东部经济、文化比较发达的地区，在一些区域范围内出现了总分馆制、图书馆联盟、图书馆之城、联合图书馆、图书馆集群等图书馆合作形态。这些都是图书馆可持续发展的表现。这些区域图书馆的发展既不同于以往的图书馆业务协作，在其中又可见到一些发达国家和地区图书馆总馆/分馆体制管理的影响，然而又不限于此。例如，上海中心图书馆的组织模式中，显然已超出系统的范围。在新信息环境中出现的这种具有中国特色的图书馆发展态势，突破以往的单馆发展模式，开始探索体系化建设，以网络为支撑，以一定的组织形式和业务协同关系，将原来分散发展的图书馆个体联系成相对紧密的图书馆整体，共同为区域提供普遍均等的图书馆服务。可以看到，它的出现并不是一种孤立的图书馆现象，它是经济发展和社会进步以及可持续发展观念在图书馆事业中的扩大和深入。

3. 转变服务职能，创新服务理念

图书馆由单一转向综合化与多样化，由简单的借阅书刊模式向对文献深度开发利用发展，由单一书刊服务向音像视听服务发展，由以图书馆为中心向以用户为中心发展，由以文献为中心向以信息为中心发展。通过服务职能的转变，让图书馆由文献处理机构向融入整个信息环境的服务机构发展，成为多功能的现代化智力服务集团。

图书馆应该利用自身资源优势，政策优势和社会优势将工作的重点转移到附加值高的信息服务活动上。图书馆应逐步开展以下各方面的高级信息服务：为当地党政决策服务，如丹东市图书馆为领导提供的综述服务。为企业生产经营提供服务，向企业提供有关市场、产品、技术等方面的信息。如中山图书馆、锦州市图书馆为企业提供的服务就是此类的代表。中山图书馆信息部仅1996年接待的企业信息用户就达286家，占该馆当年总咨询项目的54.4%，锦州市图书馆与矿山机器厂联合，为该厂提供专门的信息支撑服务。为科技兴农提供信息服务，如杭州市图书馆及辽宁丹东图书馆都组建了科技兴农服务协作网络，为农民提供文献信息咨询服务。有些图书馆专门根据农民需要编印信息刊物，开展咨询服务，举办信息交流会等。

随着网络信息系统的发展，图书馆信息管理的社会功能和地位正在受到威胁，如不改变传统的服务模式，引进知识管理体系，图书馆可持续发展能力必定会受到严重影响。知识管理不同于以往的信息管理，知识管理更注重的是知识的创新，将知识视为组织最重要的战略资源，以提升组织的竞争力为目标。图书馆要获得持续发展，就必须提升当前的社会竞争力，为此，进行知识管理势在必行。知识管理的内容是对图书馆可持续发展资源的管理，加强图书馆知识管理有利于图书馆可持续发展核心竞争力的提高，图书馆知识管理的目标是知识创新，而知识创新也是提高图书馆核心竞争力的重要途径。知识管理的核心是人力资源管理，人是知识创新的关键，通过激励机制和制度安排，激发人的创新能动性，增强他们的应变能力，使其能随着环境的变化和社会需求的不同，而采取相应的知识管理模式和知识服务体系，从而增强图书馆的竞争优势，使得图书馆的核心竞争力得到提高，从而促进图书馆的可持续发展。

图书馆文化就是以图书馆为核心，通过特色教育和管理实现的凝聚力。这种凝聚力体现在两个方面，一方面是对图书馆用户的凝聚，另一方面是对图书馆馆员的凝聚。图书馆文化是增加图书馆活力，推动图书馆发展的强大动力。图书馆中的任何个体，不管处在何种岗位，他对环境的认识和对于变化的处理都是图书馆文化因素的使然和结果，因此，每个环节和每项职能中都普遍地存在着文化创新的问题。

图书馆文化的要素主要包括：(1) 丰富的信息资源，信息资源是基础，是具有科学精神的知识结构。(2) 价值观念，即图书馆的理念，这是图书馆文化的核心，也是文化差异最集中的体现，解决文化问题，就是解决价值观的问题，确立价值导向，为图书馆的发展形成一股合力。(3) 职业道德和规章制度，一个无形控制，一个有形控制，但都是有利于事业发展和能得到社会认同的价值观念的体现，体现了团队精神，是图书馆文化建设的组织基础。(4) 形式和外观，包括图书馆建筑、装饰、标志、设备、环境、员工着装及其他能够反映图书馆实体形象的文化。真正好的图书馆，应当是充满人性化，处处渗透其内在精神的令人向往的精神家园。

作为一个存储文化的组织，图书馆如果没有文化和灵魂，则必定会消亡。特别是在今天这个数字信息环境中，创新文化正变得日益重要。创新是运用知识或相关信息创造和引进一些有益的新事物的过程。面对飞速发展的信息技术、数字化技术与网络技术，图书馆只有探索知识管理的服务理念，构建创新性组织文化，才能赢得未来的可持续发展。

图书馆要创新服务的理念，从传统服务观念的禁锢中走出来，确立与和谐社会相应的图书馆服务新理念。使服务适应现代社会的要求，推陈出新，才能在市场中立于不败之地。树立“以人为本，主动服务”的理念，以读者为本，把满足读者需求作为图书馆工作的根本出发点和落脚点，图书馆要始终坚持以人为本，以读者的利益为向导，切实维护和保障读者在利用图书馆中的各种合法权益，尊重读者、平等享受图书馆服务、平等享有接受教育的权益。

4. 提高馆员素质，积极吸引人才

高素质的稳定人才队伍是图书馆事业可持续发展的重要保障。各图书馆要着眼于未来发展的全局，制定切实可行的用人原则和培训计划。现代图书馆将朝着两个方向发展，一是网络化，二是数字化。图书管理员要积极主动地不断加强培训和学习，馆领导要采取切实措施，有组织、有计划、有目的地开展灵活多样的继续教育，争取使每一位馆员都有机会参加适合自己的继续教育。熟练掌握和运用计算机、网络等现代信息技术，必须拥有计算机、数据库、网络方面的知识和技能，了解网络知识，熟悉各种网络检索工具；要掌握一定的外语知识，熟练掌握一门外语是图书馆工作的需要；具有坚实的专业基础知识，图书馆专业基础知识和工作技能是图书馆员的“安身立命”之本，是图书馆各项工作发展的基础。

图书管理员在工作之余要多研读一些图书管理论文，了解图书管理的最新动态。只有这样，才能够在做好本职工作的前提下，对管理有所改进。俗话说，一天不学习就要落伍。随着现代化的发展和社会信息的飞速增长，单一的印刷品已经跟不上时代的发展，因此就出现了新的信息载体——声像制品、机读目录等，使馆藏的信息量大大增加。由于读者群的文化素质有了很大提高，他们对新知识的渴求也日趋激烈。据专家分析，在当今信息社会，人类的科学知识每一年就会增加一倍，即使受过高等教育的人离开学校超过三两年，他的大部分知识就会老化。因此，图书馆的管理人员需要不断更新知识，接受继续教育、终身教育，充分利用自己管理图书的有利条件，以书为伴，尽可能博览群书，刻苦钻研，充实自己，逐步建立起与图书管理工作相适应的知识结构。

图书管理软件的应用不仅方便了读者的借阅，还简化了图书管理员的工作流程，使图书管理工作更加专业化。虽然目前有的图书管理还没有达到这一水平，但这是大势所趋，因此要加强对计算机知识的学习。

具有一定的创新意识。创新是改进工作，提高图书管理质量的重要条件。创新存在于管理活动的每个环节和每项职能中，管理创新是图书馆发展的原动力，是迎接知识经济挑战的外在需要，是深化图书馆改革的内在需求。而图书管理事业创新的关键是对个人能力的开发，所以图书管理员必须在工作中不断提高自身能力，挖掘自身的潜力，激发自身的创造性。

管理素质指的是在一定遗传因素的基础上，通过自身努力与外界教育和环境的影响下所形成的心理状态、心理品质与心理能力的综合。图书馆员的心理素质，既体现了社会对图书馆职业的客观要求，又为图书馆员自身的劳动特点所决定。它一经形成，就具有相对的稳定性，与图书馆员其他素质相互渗透、融为一体，折射到图书馆员日常工作中，产生巨大的心理能量，直接影响着图书馆员的工作效率，从而对图书馆的管理与服务产生重要作用。因此，图书馆员还必须具备以下几个方面的心理素质：

(1) 适当的自我心理定位。图书馆员所从事的行业，是社会公益事业重要的组成部分，以保存、传播精神文化为前提，以服务人民大众为己任，自我价值的实现隐藏在平凡的工作岗位上和默默无闻的奉献里。图书馆员如果没有深刻认识图书馆工作的重要意义，则很容易迷失自我，找不到自我存在的社会价值。因此，图书馆员对自我角色的认知、评价是极其重要的。只有认清了自己所从事的职业性质并正确对自己进行心理定位才能够充分调动自身内在的潜力，形成有利于工作的巨大动力。

(2) 积极的处世态度。图书馆员如果对自己的本职工作没有执着的追求、强烈的感情、不热爱自己服务的对象，对生活悲观失望、消沉迷惘，那么就很难调动其主观能动性，更谈不上自身潜力尤其是创造才能的充分发挥和个性的和谐发展。热情开朗、乐观自信、执著追求等是积极处世态度的主要内容。图书馆员在工作中应该自觉建立起这样的处世态度：对待工作的态度要热情饱满，热爱读者，热爱图书馆事业；在精神与物质的关系上，不计名利，甘于默默无闻的奉献，追求精神上的富有；在驾驭环境的问题上，作顺境的开拓者，逆境的挑战者；在处理人际关系时，宽容大度，和谐融洽，严以律己，宽以待人；在机遇面前，能够审时度势及时把握，充分发挥个人能力；当理想与现实发生矛盾时，能够摆正关系，调适心理，坚定自己的职业选择，始终满怀信心地投入工作实践。

(3) 良好的自我调控能力。自我调控能力是个人对自己的情绪表达及行为方式进行调节、选择的能力。作为一个优秀的图书馆馆员应该具备这种良好的自我调控能力，协调好自身与领导、同事之间的关系，善于协作，促进相互之间的情感交流和工作经验交流，并且在工作中找到自己的不足，找到自己知识上的缺陷和努力的方向，从而有意识地调节自己的心理，协调自己的情感和意志，调整自己的知识结构，调控自己的学习内容和工作方式。具有良好心理素质的馆员能够根据工作环境的需要，逐步形成符合工作环境的优良的意志品质。当读者来到图书馆遇到的图书馆员是诚恳热情的面容、和气亲切的语调、耐心解答的态度时，读者自然会有一种愉悦的心理体验，间接地也会提高对图书的利用率。

加强内部管理，以竞争上岗、优化组合的方式，建立“能者上、平者让、庸者下”的人事管理运行机制。各个馆应结合各自的情况，充分发挥现有馆员的潜在才能，“让最合适的人担任最合适的工作”，努力做到“人尽其才，才尽其用”。

针对图书馆人才青黄不接且知识结构单一的现状，要增加在岗培训力度，有计划有重点地对现有人员进行图书情报专业知识和现代化信息技术等方面的培训。此外，各图书馆要引入人力资源的开发与管理机制，为人力资源创造良好的环境和发展空间，从人力资源规划、人才招聘、薪资福利、员工关系、绩效考核、职业生涯设计等方面进行开发与管理，吸引人才，留住人才，发展人才。

特别要注意引进专业人才。一方面要接纳有学识、有才华的图书情报专业和计算机专业毕业的大学生；另一方面要吸引事业心强、具有专门知识和技能，有较强管理能力的人才。同时，对那些不具有任何专长与特长，不适应图书馆工作的人员要予以调整。

5. 借鉴市场营销理论和方法，重塑图书馆形象，提高图书馆社会地位

在今天这个时代，图书情报机构和其他经营性信息服务企业一样面对同一个市场，受同样的经济规律制约。它必须遵循企业的经营思路，才能激发工作的原动力，才能赢得市场竞争。

对于图书馆来说，最重要的是通过提供公共服务获得各种社会效益，从而获得政府提供的投入与支持，社会的投入与支持。这些投入与支持对图书馆来说就是经济效益，只是这种经济效益是间接获得的，有时还是潜在和隐性的。目前我国图书馆营销战略的首要任务是帮助图书馆提高服务水平与质量，提高图书馆的公共产品的社会效益，塑造良好的社会形象，确保政府和社会对图书馆的投入不断稳定增长——这才是图书馆的生存大计。总之，如果图书馆能够抓住营销管理，全面导入战略营销观念，图书馆事业将得到更好更快的发展。

管理和服务密切相关，相辅相成。图书馆管理的好坏直接影响服务质量，而图书服务效果要以科学管理做保障。它们集中体现在为读者提供情报信息，书刊文献的社会需求上。因此，不但要有科学管理，更要有优质服务。

6. 创新图书馆的管理模式

图书馆是社会的组成部分之一，它的正常运作离不开社会大环境。而图书馆如何适应社会发展需要，满足用户需要，产生最佳绩效，则很大程度上在于有效地进行自身管理。在构建和谐社会的过程中，要提高图书馆的管理水平，充分发挥其在和谐社会建设中的作用，必须进行管理创新。图书馆管理模式的创新，并不是修补现今的不足之处，而是从体制、理念、机制

方面进行改造，是在“继承”与“引进”的基础上应用现代技术，创造有利于图书馆充分发挥在和谐社会建设中作用的新环境、新思想、新制度、新方法。

图书馆管理创新的内容，主要包括以下几个方面：

(1) 创新管理思想。在“三网融合”的环境下，图书馆必须转变各自独立、各自封闭的办馆模式，向馆际合作、网络一体化方向转变，树立竞争与协作的思想，走“内部合作、外部联盟”的共同发展之路。在和谐社会的建设中，图书馆的管理者要创造条件激发全体工作人员的创新力，把组织内部的一切创新都纳入自觉活动，主动探索求新的管理方式方法，才能使图书馆在和谐社会建设中的作用充分发挥出来。

(2) 创新服务方式。图书馆除了继续以传统的服务内容、方式、方法为读者服务，还必须进行服务创新，通过服务创新，吸引更多的读者利用图书馆。图书馆的利用率增强了，读者认识问题、解决问题的能力提高了，建设和谐社会的能力也会增强，图书馆在和社会建设中的作用，也才能充分发挥出来。

(3) 创新组织机构。在网络时代，图书馆组织结构创新体现在两个方面。一是从对纸制文献的管理向电子文献的管理发展，变面向内部管理为面向外部信息管理，扩大职能范围，争取信息服务的优势地位。二是图书馆应把面向用户解决实际问题放在图书馆工作的前沿和中心位置，突破封闭的组织体系，建立灵活的组织机构。通过创新图书馆组织机构，图书馆事业才能健康有序地发展，才能充分发挥其在和谐社会中的作用。

(4) 创新管理制度。图书馆管理制度创新，包括三方面的内容：一是实现制度形式的合理化。二是图书馆职能的创新。三是有关图书馆经费保障制度的创新。图书馆管理制度创新，是以制度形式确定图书馆的设立和科学合理布局，减少图书馆重复建设和文献信息资源的重复购置，增强图书馆服务于和谐社会建设的能力，加大图书馆在和谐社会中作用发挥的力度。

(5) 创新管理方法。在和谐社会建设中，图书馆管理方法的创新，应该建立在融合中西方文化之长的基础上，建设具有中国特色的图书馆管理模式和管理文化，使图书馆事业体现时代的特征，符合和谐社会的精神和内涵。

(6) 人才管理创新。在知识经济时代，图书馆应把人力资源放在首位。

加大对图书馆人力资源的投入和培养，建立完善的人才激励机制，不但有利于图书馆事业的发展，还有利于其在和谐社会建设中作用的发挥。

7. 丰富图书馆的服务内容

服务是图书馆工作永恒的主题，图书馆工作的质量与服务内容有着密不可分的关系。构建和谐社会，就是营造人与人之间关系的和谐，而图书馆通过不断提升自身的服务水平、丰富服务内容，可以为人与人之间的和谐、人与社会之间的和谐提供精神保障，发挥其在和谐社会中的积极作用。在构建和谐社会的过程中，图书馆可以通过以下特色服务，来充分发挥在和谐社会中的作用：

(1) 可以依托图书馆丰富的馆藏资源，聘请专家举办各种科普讲座、读书报告会、学术沙龙、专题咨询、文艺演唱会、摄影、书法、美术展览等方式，为社会提供动态服务，以便普及科学知识，弘扬科学精神，扩大社会影响。

(2) 利用图书馆的设施，为社区提供文化交流的场所。利用图书馆的会议厅、学术报告厅、展览厅、视听室及先进的网络、通信、投影、放映等设备，举办各种文化展览、学术会议和培训班。通过活动不但营造了一种文化氛围，还可以宣传图书馆，并且充分发挥了各种设施的使用价值，增加了图书馆的社会效益。

(3) 在图书馆设立亲子阅览室，为少年儿童提供服务。儿童和父母一起读书可以增进彼此之间的感情，减少沟通障碍，促使亲子关系更加和谐。在图书馆的亲子阅览室里，母亲可以坐在舒适的沙发上给孩子讲故事；在游戏区，父亲可以和孩子玩馆内提供的智力玩具。对于少年学生，图书馆不但可以为他们提供自主学习的场所和科技活动室，还可以通过志愿者服务为他们提供学业上的辅导。

(4) 为残障人士提供特殊的服务。为残疾人服务的水平在某种程度上体现着一个国家的文明程度，社会和谐的标准也包含着对残疾人的关怀程度。图书馆是社会服务的窗口，图书馆的服务不能因人而异，它的服务应该是开放的、包容的，这样才能发挥其在和谐社会中的积极作用。图书馆可以培训专门为残疾人服务的馆员，使他们熟悉残疾人的心理，学习手语和盲文等技能，以便更好地为残障人士服务。还可以提供先进的盲文书、书刊录音唱片等，通过一系列针对残疾人的服务使他们享受更多的人文关怀。

8. 加强对图书馆的支持力度

在构建和谐社会的过程中，图书馆的作用是不容忽视的，要使图书馆在和谐社会中充分发挥其积极的作用，离不开社会各个方面的支持。首先，在精神方面，人们要从心底尊重图书馆的各项工作，理解图书馆事业和图书馆工作。转变图书馆是清闲单位的思想，多走进图书馆，感受图书馆，为图书馆的建设献言献策，这样才利于图书馆的发展。其次，在物质方面，国家的各级政府要重视图书馆事业的发展，设置专项资金用于添置图书以及图书馆设备的改造。改善和提升图书馆的硬件条件，为读者提供良好的阅览环境。最后，笔者认为无论在精神上还是在物质上，无论是个人还是国家，只有在思想上提高对图书馆作用的认识，才能懂得如何在和谐社会中充分发挥图书馆的积极作用，才能使图书馆工作能够可持续发展。

通过加大投入，为现代图书馆的建设提高了基础的资金保障；通过图书馆的体制改革，完善图书馆的管理工作；通过转变服务职能，提高图书馆的核心竞争力；通过提升馆员素质，吸引人才的进入，使得图书馆从内到外都散发着勃勃生机；通过学习市场管理经验，逐步提高图书馆的地位。这些举措都是非常具有现实意义的，在很大程度上也弥补了我国现代图书馆发展存在的不足，对我们现代图书馆的可持续发展具有非常重要的意义。

第四节　城镇化进程中我国图书馆事业的发展

当前中国正在经历城镇化快速发展的重要历史时期，图书馆事业面临重要机遇与挑战。在新时期的历史进程中，图书馆的作用也发生了变化，如何让图书馆在城镇化进程发挥重要作用，是当下和谐社会发展的重要课题。

一、图书馆事业是我国城镇化的重要内容

改革开放以来，我国城镇化建设取得了举世瞩目的成就。1979 年，我国城镇人口数仅占人口总数的 18.96%，到 2000 年达到 36.22%，2010 年即接近了 50%，到 2012 年，我国城镇化率已达到 52.57%，城镇人口超过 7.1 亿，

全国658座建制城市中，百万人口以上的城市有122座，50万以上人口的城市达236座，占全球50万以上人口城市总量的四分之一。在城镇化的进程中，图书馆的职能日益凸显，作用越来越受到重视。

首先，图书馆在城市发展中承载着保存历史、传承文明的重要职责。

每一座城市都有属于自己的历史，都有属于自己的记忆。保存城市的记忆，保护历史的延续性，保留人类文明发展的脉络，是人类现代文明发展的必要前提。文献典籍是城市记忆的重要载体，图书馆保存着记载人类活动的最广泛、最完整的知识和文化典籍，它通过搜集与整理关于城市历史与文明的记录，保存城市发展脉络，延续城市精神与文化，为城市传承历史、延续文明、拓展未来提供文献资源基础。当前，在加拿大等国出现的图书馆与档案馆融合发展的趋势，进一步凸显了图书馆的这一职能。

其次，图书馆在城市化进程中发挥着塑造新型人际关系、提升市民文明素质的重要作用。

随着城市的发展，以农耕文明为基础的文化形态发生了巨大变化，许多农民离开了赖以生存的土地和世世代代生活的村落、里坊，进入相对陌生的城市社区。在这个过程中，农民失去了传统的生产资料，失去了相互帮衬的亲戚、邻里等传统的社会关系，城市家庭逐渐变小，邻里关系日趋淡化，经常是同住一栋楼里，邻居间却互不认识。人们渴望进入新的生活，渴望满足对幸福生活的追求和向往，普遍存在着求知识、求健康、求快乐的文化需求。如何满足人们的这些需求，使他们通过学习获得其社会角色所需要的知识与能力，是城市管理者考虑的重要问题。在这一过程中，图书馆发挥着越来越重要的作用。

早在两千多年前，孔子就提出了“有教无类”的教育思想，图书馆正是这种教育思想最有力的实践者，它作为没有年龄限制的学校，是人们学习知识的终身课堂。与学校教育相比，图书馆的教育更具有开放性和自主性，它是面向全体社会成员的，教育的目的并不限于文化知识与专业技能的传授，更注重于提高人的整体素质，促进人的全面发展，并且这种教育贯穿于每个社会成员的一生。

最后，数字图书馆的发展对于推动城镇信息化建设具有特殊的重要意义。

在信息技术高度发达，经济、社会日益全球化的今天，信息化已成为城镇化的重要内容，信息化建设将为中国社会的未来发展带来机遇和挑战。一方面，城镇信息化建设为图书馆的服务提供了更便捷的基础平台。根据国务院最新发布的“宽带中国”战略，我国各类城市将基本实现光纤到楼入户，固定宽带家庭普及率将达到50%，第三代移动通信用户普及率达到32.5%，城市家庭宽带接入能力达到20兆字节每秒，部分发达城市将达到100兆字节每秒。宽带应用水平的大幅提升和移动互联网的广泛应用，为图书馆拓展基于网络的数字服务提供了重要的基础设施。另一方面，城镇的信息化建设也离不开数字图书馆。通过数字图书馆建设，各级各类图书馆的信息资源得到有效整合，形成数字图书馆服务网络，根据城市管理、社会发展和经济建设的需要，提供有针对性的信息服务，从而有效支持城市的管理服务创新、技术和产业发展创新。

研究表明，城市地域的扩大，不等于城镇化；城市人口数量的单纯增长，也不等于城镇化。当前，城市发展的战略选择更加注重从经济硬实力转向文化软实力，从人口规模的单纯增长转向人口素质的全面提高。城镇化发展的质量和水平取决于城市核心竞争力的高低，而提升城市核心竞争力说到底是提高城市人口的科学文化水平和文明程度，也就是人的素质。人的素质的全面提高，人的生活质量的全面提高，是我国城镇化建设的关键。图书馆作为保存历史文化和传承文明的重要载体、人们学习知识的终身课堂、提升公民素质的重要阵地，已经成为公共文化服务体系建设的重要组成部分，对于增强城市软实力、推动城镇化建设科学发展必将发挥越来越重要的作用。

二、图书馆事业发展可以为我国城镇化建设提供重要支撑

改革开放后，特别是近些年来，我国公共图书馆事业作为公共文化服务体系建设的重要内容，得到各级政府的高度重视与人力支持，图书馆事业进入了一个最好的发展时期。主要表现在：

一是办馆条件明显改善。

截至2012年，全国共有县级以上独立建制的公共图书馆3076个，比1979年增加了1425个，县县有图书馆的目标基本实现。全国公共图书馆建筑面积达1058.4万平方米，是1979年的12.2倍。许多城市投资建设的图书

馆成为城市新的文化地标，首都图书馆二期新馆建成后总建筑面积达到9.4万平方米，湖北、辽宁等地还陆续建成了超过10万平方米的超大型图书馆。一些地区积极探索通过建立乡镇社区分馆、流动图书馆和城市街区24小时自助图书馆等形式，逐步形成了固定设施与流动设施相互结合的图书馆设施网络。

二是文献资源日益丰富。

截至2012年，公共图书馆文献总藏量7.89亿册（件），是1919年的4.3倍，数字资源总量超过880TB，初步形成了包括纸质文献、数字资源、电子资源、网络资源、缩微文献等各类型资源在内的、较为完善的文献资源保障体系。一些图书馆还结合地方文化、旅游、产业等特色，积极推进专题图书馆和专业分馆建设，建设了一批具有浓郁地方特色的专题数据库，为城市文化和经济发展提供了专业化资源保障。

三是公共服务日趋完善。

近年来，全国各级公共图书馆不断扩大开放，创新服务形式，受到读者的广泛欢迎。2012年，全国公共图书馆总流通人次达到4.34亿，是1979年的5.57倍；文献外借册数达到33191万册次，是1979年的3.45倍。社会教育职能得到拓展，多种形式、各类主题的讲座与展览已经成为图书馆的基本服务形式，“部级干部历史文化讲座”“首图讲坛”“上图讲座”等已成为有影响的服务品牌；丰富多彩的阅读推广活动深入开展，在全社会营造了热爱阅读的良好风气。各地公共图书馆还结合本地实际，积极探索总分馆制、流动服务、自助服务、拓展服务等新的服务模式，首都图书馆的“一卡通”服务已覆盖全市16个区县的156家图书馆，100余家图书馆开通了通借通还服务，取得了较好的社会效果。

四是资源共享成效显著。

这些年来，文献资源共建共享已成为全国图书馆界的普遍共识，各级各类图书馆之间的纵向与横向合作空前活跃，合作领域不断拓宽。图书馆联合编目实现了书目数据的全国共享，大大提升了基层图书馆的业务水平和文献使用效率；数字图书馆推广了工程建设，覆盖全国的数字图书馆服务网络，整体提升各级图书馆的数字服务能力；中华古籍保护计划、民国时期文献保护计划等项目的陆续实施，有效地促进了图书馆和全社会文献典籍的收藏、保护与利用。一些城市积极探索资源共享的新模式，首都图书馆联盟、武汉图书馆联盟、上海地区文献资源共享协作网、深圳信息港等跨系统、跨行业的区域图书馆联盟，有效整合了高校图书馆、公共图书馆、科研院所图书馆等各类型图书馆的信息资源，形成了图书馆间协调合作、共同发展的良好态势。

五是文献整理力度加大。

近年来，各级图书馆策划实施了“中华再造善本工程”、《中国珍贵典籍史话丛书》等一系列有重大影响的文献整理出版项目。通过深入挖掘馆藏资源中蕴含的文化内涵，使珍贵典籍走出地库，服务当代，服务社会，为配合国家重大决策和国防外交大局作出了重要贡献。一些图书馆还结合城市历史，推出了中国记忆、北京记忆、上海年华等新的文献整理开发项目，充分发挥了图书馆传承城市文明的重要作用。

以上成绩的取得，离不开各级政府的高度重视，离不开图书馆工作者的不懈努力，也离不开广大读者的热情支持。与此同时，我们也要清醒地认识到，我国图书馆事业与发达国家相比尚有比较大的差距，区域、城乡发展不均衡的现象普遍存在，图书馆服务网络尚不健全，西部地区特别是农村地区图书馆的发展严重滞后等，我们应该重点关注，采取措施，不断改进。

三、把握新型城镇化发展战略机遇，加快推进我国图书馆事业发展

目前，我国已将“新型城镇化”作为未来一段时期城镇化发展的重要战略，强调以人为本，全面提升城市发展质量，积极推动城市公共服务，逐步形成大中小型城市与小城镇协调发展的格局。图书馆作为重要的公共文化服务机构，在新型城镇化战略深入推进的过程中，也迫切需要谋求新的转型发展。

第一，要在城镇化规划中同步规划图书馆事业。

图书馆是城市社会文明的标志之一，承担着传承文明、服务社会的重要职能。没有图书馆的城市将是一个不完整的城市。要将图书馆建设纳入当地经济和社会发展总体规划，确保图书馆与城市其他基础设施同步规划，配套建设；根据城市功能定位和人口分布的不同特点，科学规划各级公共图书

馆的建设；按照《公共图书馆建设标准》的要求，对不达标的图书馆重点进行改扩建，使图书馆与城市文化相融合，成为展示城市形象的重要窗口。

与此同时，图书馆也要充分发挥自身的文献资源优势，在城市的发展中找准自身定位，积极开展地方特色文化资源的整理与开发，通过各类城市记忆项目，丰富和创新城市历史文化资源的保存和传承途径，形成一批城市文化资源品牌；依托这些资源，深入开展城市文化的宣传和推广，通过形式多样的社会文化活动，营造具有地域特色的城市文化氛围，增强城镇居民的文化认同感和城市的文化吸引力。

第二，加快建设公共图书馆服务体系，建设百姓身边的图书馆。

图书馆服务体系是公共文化服务体系建设的重要支撑。要学习和借鉴国外的成功经验，加强各级公共图书馆建设的统筹规划，进一步根据城镇人口分布情况和图书馆服务半径，加强图书馆网点的合理布局，充分发挥图书馆总馆和中心馆的辐射引领作用，积极整合乡镇社区分馆、流动图书馆、自助图书馆等各类型图书馆的资源，构建布局合理、覆盖广泛的公共图书馆服务网络，实现公共图书馆服务对城镇店民的全面覆盖，让百姓可以随时随地走进图书馆、使用图书馆，让图书馆真正成为百姓身边不可或缺的公共文化场所。

当前，图书馆事业发展最薄弱的环节在基层，要下大力气抓好基层图书馆的建设。城市以社区为重点，农村以乡镇为重点，建立以城带乡、统筹发展的图书馆事业发展新格局。要不断加强城乡图书馆之间的业务协作，充分发挥城市图书馆，特别是中心城市图书馆在资源、人员、技术与服务等方面的优势，通过总分馆、图书馆联盟等形式，整体带动区域内图书馆事业的均衡发展；建设城乡统筹的文献信息资源共建共享网络，满足基层群众对文献信息的基本需求；充分发挥城市图书馆在现代信息技术应用方面的创新能力，不断提升面向基层群众的数字信息服务水平；依托城市图书馆的人才优势，通过业务培训、现场指导、交流学习等方式，积极带动基层图书馆人员队伍素质的整体提升。

第三，不断创新服务形式，拓展服务内容，使图书馆融入民众生活。要根据城市发展的需要，进一步发挥图书馆在建设学习型社会、引领全民阅读中的主阵地作用，拓展社会教育职能，大力开展适应现代城市生活品味的讲座、展览、培训、沙龙、影视和音乐欣赏等活动，倡导健康文化休闲方式，把图书馆建设成有吸引力的文化场所；组织开展丰富多彩的大众阅读活动，激发阅读兴趣，引导阅读取向，提高阅读能力，使图书馆成为建设书香社会，促进人的全面发展的主阵地；注重面向特殊群体的多元化服务，大力开展面向进城务工人员、老年人、未成年人、残障人群、外籍侨居人员等特殊群体的服务；积极应用无线射频识别、移动互联网等新技术手段，拓展图书馆服务范围，使人们可以通过手机、数字电视、互联网等各种媒体，随时随地可以使用图书馆。

第四，加快立法，优化事业发展的法律环境。

公共图书馆是为了保障公民平等获取知识信息的一项制度安排，其发展需要多方面制度保障，特别是法律保障。新中国成立以来，我国在图书馆法治建设方面一直呈现“地方先行”的态势。截至目前，北京、湖北、四川等十余个省市出台了地方性图书馆法规。这些法规在促进地区图书馆事业发展方面起到了积极作用。但由于缺乏国家立法保障，地方法规的执行情况并不乐观，一些长期以来制约事业发展的瓶颈问题未能得到彻底解决，有些问题在新形势下愈发突出。应该借鉴国外和地方立法经验，通过立法尽快明确各级公共图书馆的功能及相应的政府管理职责，为图书馆事业的健康、可持续发展提供法律保障。

城镇化发展为图书馆事业带来了新的发展机遇和挑战。我国公共文化服务体系建设起步晚，基础薄弱，图书馆服务体系的建设还面临非常艰巨的任务，需要大家辛勤劳动、不懈努力、齐心协力，共同推进事业发展，为全面建成小康社会做出应有的贡献。

第六章 图书馆的发展未来

第一节 图书馆面临的挑战

近年来，关于构建学习型社会的要求、经济全球化浪潮、网络化、信息化技术应用又使新时期图书馆发展面临新的机遇和挑战，抓住机遇，迎接挑战，趁势而上，是体现图书馆生存价值、推进图书馆快速发展的当务之急。为应对信息时代给图书馆带来的机遇与挑战，图书馆需要进一步拓展服务领域，提升服务层次和服务质量，也需要高素质的职业馆员。我国图书馆职业的发展现状不乐观，难以完成这一紧迫任务，而加强图书馆员职业化建设是一条有效的解决途径。培养职业精神、严格入职条件、完善继续教育制度等措施有利于推进我国图书馆员职业化建设。

中国图书馆面临的挑战。现代图书馆经过几十年的快速发展，展现了蓬勃的生命力。这种生命力来自于人类社会发展的要求，来自于公共图书馆为启迪民智，传承文化，推动人的全面发展和人类社会政治、经济、文化的全面进步所作出的巨大贡献。一百多年来，公共图书馆的发展突飞猛进，随着社会嬗变和文化转型，公共图书馆的功能定位、服务领域、管理方式等都发生了深刻的变革。

一、图书馆目前面临的挑战

1. 面对林林总总的信息机构的挑战

如果说，20 世纪 90 年代中国大地悄然崛起的各类信息公司、咨询公司还处于规模小、开发能力差、服务水平低的起步状态，那时对具有稳定文献信息资源，有着国家经费投入和传统公众形象的图书馆还不可能构成任何挑战的话，那么，经过几年市场经济的洗礼，各类信息服务机构已经有了很大的发展，甚至有的公司已经形成相当规模，它们在软件开发、数据库建设、技术中介、高科技转化方面对用户更具有吸引力，在新世纪这些林林总总、千姿百态的各类信息机构必将在未来的信息市场中对图书馆构成严峻的挑战。图书馆必须审时度势，善于充分利用自身的文献优势，跟踪并服务于经济建设主战场，才能保持自身的活力，而不致被群雄争起的信息服务机构所取代。图书馆能否在未来社会的大环境中具有非凡的竞争能力，在一定程度上将取决于各级图书馆的领导和广大从业人员的智慧、能力和竭诚为社会服务的公众形象。

2. 大数据时代下面临的挑战

大数据涌现性概念来源于系统学，是指多个要素组成系统后，出现了系统组成前单个要素所不具有的性质，这个性质并不存在于任何单个要素当中，而是系统由低层次构成高层次时才表现出来，所以人们形象地称其为“涌现”。系统功能之所以往往表现为“整体大于部分之和”，就是因为系统涌现了新质的缘故。涌现性是网络数据有别于其他数据的关键特性。涌现性在度量、研判与预测上的困难使得网络数据难以被驾驭。

网络数据的涌现性主要表现为模式的涌现性、行为的涌现性和智慧的涌现性。大数据的模式涌现性是指在多尺度、异质关系的网络数据中，由于不同的数据在属性、功能等方面既存在差异又相互关联。大数据的行为涌现性是指随着数据采集技术的不断发展，人们得到的很多数据都具有时序性，而社会网络中个体行为的涌现性则是基于数据时序分布的统计结果。在社会网络中有较大相似性的个体之间容易建立社会关系，当这些个体在产生网络数据时每一个体的行为同时出现在一个系统中时，就表现为区别于个体的复杂性。大数据的智慧涌现性是指网络数据在没有全局控制和预先定义的情况下，通过对来自大量自发个体的语义进行互相融合和连接而形成语义，也可以称之为智慧涌现。到目前为止，大数据的精确定义还缺乏一个统一的标准，网络大数据科学需要一个完备的新的理论体系来指导该学科的发展和研究。

3. 数字化下面临的挑战

对数字化阅读的冲击，在资讯时代，图书馆必须直面挑战，迎接新的发展机遇。同时提出图书馆应革新资源，创新服务，并积极引导数字化阅读，倡导文明阅读，共同创建全民阅读社会。阅读是人类获取知识的基本手段和重要途径。对于个人而言，它可以增进知识、愉悦身心，对于国家和民族而言，它能启迪民智，提高国民素质。在资讯时代，阅读的重要性同样不容置疑，知识、信息的快速更替，人们必须通过阅读，更新自身知识、增广见闻。在资讯时代，信息的载体越来越趋于多元化，电子杂志、博客文章、网上小说、手机书等，都强烈吸引着大众眼球，成为大众阅读的多元选项之一。面对数字化阅读的兴起，图书馆作为社会文明的传承者、文化的传播者、社会教育的实践者，如何迎接数字化阅读的挑战，把握新技术带来的新机遇，搭建起传统阅读与数字阅读的信息平台，培养国民阅读兴趣，推动全民阅读社会的构建，是资讯时代图书馆建设的应有之义。数字化信息为阅读对象，通过人机交互来交流并获取读者所需要的包括文本在内的多媒体信息的行为。它是一种崭新的生存、交流、学习和思维的方式。我们在网上浏览新闻，阅读博客文章、RSS 日志，阅读电子报刊、杂志，都是普通意义上的网络阅读。移动阅读是指将图书、报纸、杂志等内容资源进行数字化加工，运用先进的数字版权保护技术（DRM），通过互联网、无线网以及存储设备进行传播，用户在移动阅读设备上通过阅读软件实现阅读和听书等功能，实现随时随地的阅读。实际上，“移动阅读”也是一种“网络阅读”，它区别于普通意义上的网络阅读，是用户通过可以无线上网的便携式工具，如手提电脑、PDA、手机、专门的电子阅读器等，随时随地进行无障碍的网络阅读行为。目前，市面上流行的电子阅读器已经有很多，如汉王电子本 N510、易博士 M218B 等，它们都可以存储和上网下载电子书，进行移动阅读。数字化阅读将成为资讯时代新潮流。

4. 面临来自经费短缺的挑战

图书馆经费短缺是永存的，因为无论经济发展的水平高与低，图书馆可支配的经费数量总是有限的。就中国图书馆而言，改革开放 20 多年来，面貌虽有改观，但远未达到理想的要求，图书馆的发展仍有很大的空间，发展就需要投入，馆长们往往需要花费很大的精力筹集资金。新世纪，图书馆将面临更大的发展，换言之，图书馆也将面临着经费短缺的更大挑战。

综观世界各国图书馆的发展历史，图书馆无非通过三种方式获取资金：一是通过政府投入，政府依据法律或事业发展规划来保证图书馆经费来源；二是通过社会团体或个人资助；三是通过图书馆自身业务性延伸服务，主要是通过信息服务业与咨询业扩大其增值功能，从而促使自身事业的发展。我国图书馆事业经费一直以政府投入为主，同时也鼓励采取多种方式筹措资金发展事业。由于目前我国还没有一部国家颁布的图书馆法，各地政府对图书馆事业经费的投入往往带有很大的随意性，这也是导致各地图书馆事业发展不平衡的重要原因之一。面临经费短缺的挑战，图书馆最终是要争取国家能为发展图书馆事业制定一个行之有效的法律架构，以使政府对图书馆的投入能在今后形成稳定的保障机制。在图书馆法没有出台之前，图书馆经费的多少往往取决于各级领导对图书馆事业的认同感与重视度。各级各类图书馆只有做好自己的工作，争取领导的重视。所谓有作为才能有地位，有地位才能受到领导的重视，由此才能为图书馆事业争取到更大的经费投入。

千里之遥始于足下，21世纪的百年史要从世纪初写起，中国图书馆不能停留在20世纪的功劳簿上，而应伴随新世纪的历史起步，绽开光彩夺目，光耀未来的中国图书馆事业之花。在新世纪，中国图书馆会有所作为，一定能创造出比20世纪更好的辉煌的业绩。

二、新时期公共图书馆发展面临的机遇和挑战

1. 新时期公共图书馆发展面临的机遇

(1) 党和国家的重视和相关政策的支持。党的十六大提出构建“学习型社会”的新要求，必将大大提高图书馆的地位和作用，为图书馆的发展带来更加明媚的春天。党的十六大提出了全面建设小康社会的奋斗目标，把“形成全民学习、终身学习的学习型社会，促进人的全面发展”作为建设小康社会的奋斗目标之一。学习型社会作为一种理想的社会形态，是一个国家文明的象征，也是一个国家是否具有核心竞争力和可持续发展能力的重要标志。其具有三个方面的特征：一是全民性。全体人民都享有学习的权利以及提供的便利。二是终身性。学习成为人终身追求的目标和乐于拥有的生活方式，成为个人适应超越社会发展的推进器，一种个人全程的、持续的、终身的活

动。三是自主性。学习成为个人的自觉行动、自主要求，全体人民自觉学习，视学习为个人必须履行的权利和义务。图书馆作为人类智慧的聚集地，文献信息的枢纽中心，担当着知识搜集、管理、导航的职责，是广大人民群众学习科学文化知识的重要场所，在构建学习型社会中承担重要的任务和角色。

党的十六大精神是新时期我们一切工作的行动指南。将构建学习型城市、学习型社区、学习型组织、学习型企业等提到各级党委、政府的议事日程。构建学习型社会这一目标任务的提出，首先，将会极大地提高各级党委、政府对图书馆的认识，支持图书馆的建设，克服在图书馆建设上的“无所作为”“靠边等等”“得过且过”等模糊认识，加大图书馆事业的投入力度。其次，社会各界对图书馆的了解和利用将在深度和广度上日益拓展，不断提高图书馆的知名度。同时，社会各界日益增长的文化需求以及日趋现代化的及时、周到、全面、便利的服务要求，将成为社会公众的强烈呼声和愿望，成为图书馆发展的强大推动力。最后，将极大地激发图书馆人的工作热情，鼓舞士气，增强干劲，发挥主动性和创造性，为构建学习型社会多作贡献。总之，党的十六大提出的构建学习型社会的目标要求，给图书馆事业新的更高、更明确的定位，将在图书馆事业近、远期发展目标，内、外在发展动力，软、硬件发展战略等方面产生深远影响，给图书事业带来千载难逢的发展机遇。

(2) 经济全球化带来的巨大机遇。经济全球化必将带来全球文化、技术、管理的交流和合作，文化全球化中的图书馆事业有着巨大的发展空间，深远的发展意义，美好的发展前景。经济全球化将加快、加深各国文化的交流和合作，各国图书馆界的交流与合作是其中的重要组成部分。中国图书馆事业虽然取得了较大的发展，但与世界其他先进图书馆事业相比，在图书馆立法、运行机制、人均拥有量、技术装备、管理方式等方面，存在较大差距。通过交流和合作，可以相互学习，取长补短，增进共识，促进图书馆事业的共同发展。

经济全球化将更多地依靠信息全球化，图书馆作为信息中心将积极参与经济全球化，为政府经济决策、产业发展战略、企业产品开发及营销提供及时、全面的服务。经济全球化为图书馆带来新的更大的信息需求，这种需求将为新时期图书馆事业的发展提供新的更多的理由支撑和发展空间。

经济全球化必将导致全球信息交流和信息量的急速增长。海量信息一方面为图书馆提供了丰富的可藏、可选、可用资源，另一方面又将大大促进图书馆现代化建设，增强图书馆对海量信息的加工、整理、导航功能。

经济全球化背景下的文化多元化、强势文化对弱势文化的渗透、入侵、外来文化与本土文化的互补交融等一系列问题，将使图书馆在各民族文化交流，捍卫文化多元化格局，保存、传承、弘扬本民族文化中的作用日益突出。现代图书馆肩负着本民族文化与世界文化接轨，纳入全球文化轨道，以及宣扬和保护本民族文化，拓展本民族文化生存空间，确立本民族文化作为多元之一元的独特地位的双重责任。

(3) 信息化、网络化给新时期的图书馆带来质的改变。信息化、网络化技术使传统图书馆发生深刻的变革，现代技术支撑下的图书馆必将以与时俱进的姿态、创新的服务理念，创造属于自己的更美好的未来。信息化、网络化技术将极大地提高图书馆的自动化水平，改变传统的服务手段，提高服务效率和服务水平。图书馆的借阅、参考咨询、采编更为方便、快捷、科学，新型载体的出现使得图书馆对书籍的保管条件更好，更有利于其保存职能的发挥。

信息化、网络化技术将使虚拟化图书馆、数字化图书馆成为可能。各种类型的信息资源数据库，以及馆藏特色资源数字化建设和网络虚拟资源建设、实体资源与虚拟资源的整合，形成网上统一的馆藏体系，在图书馆结构网络化条件下，将实现图书馆信息资源的共建和共享。

信息化、网络化技术将实现图书馆用户社会化和服务多样化。图书馆文献信息网络的形成，使单个图书馆的文献信息资源扩大到整个网络，人们可以利用任何图书馆的资源。图书馆成为开放式的，可以使社会成员，在任何地点、任何时候利用计算机终端和通信软件从信息网络中获取自己所需的任何信息。

2. 新时期公共图书馆发展面临的挑战

机遇与挑战是并存的，这是辩证的、科学的哲学观点，是可以广泛应用到各行各业的。新时期公共图书馆的发展在面临巨大的机遇的同时，也面临这严峻的挑战。

(1) 构建“全民学习、终身学习的学习型社会，全面提高人的素质”的要求与中国图书馆事业相对滞后之间的矛盾。

一是对图书馆事业的认识和投入不足。一些领导认为图书馆可有可无。现在以经济建设为中心，图书馆建设可以缓一缓、等一等。对图书馆的投入不像经济投入那样立竿见影、效益明显，因而在图书馆投入上迟疑，缺乏远见与大手笔。一些图书馆馆舍陈旧、狭小，人员工资和购书经费严重不足。

二是图书馆条块分割。学校馆、公共馆、企业馆、社区馆各自为战，开放度不高，资源不能共享，浪费严重。

三是东西部地区图书馆发展不平衡。西部欠发达地区的图书馆发展缓慢，困难很大。

四是图书馆网络不够健全。贴近基层广大人民群众的社区、乡镇图书馆建设明显滞后，与构建全民学习、终身学习的学习型社会的新要求极不相称。

五是图书馆宣传不够。全社会缺乏图书馆意识，缺乏走进图书馆、利用图书馆的浓厚氛围。

(2) 经济全球化背景下，图书馆面临着新的观念、新的任务、新的历史使命的挑战。

一是随着经济交流和文化交流的日益频繁，中国图书馆事业如何与世界接轨，又如何立足本国实际，发展有中国特色的图书馆事业。市场经济条件下，图书馆如何保持自身公益性质，在发展文化产业新形势下，如何摆正社会效益和经济效益的关系等，新时期图书馆必须作出新的抉择。

二是全球经济一体化，必须建立在全球信息一体化的基础上，图书馆能否为之承担应尽的责任，为中国经济参与国际市场竞争，与国际经济接轨提供强有力的信息支撑。

三是中国加入世贸组织后，属于文献信息服务行业的图书馆如何应对服务贸易总协定的制约。国民待遇原则下图书馆如何改进服务；图书发行渠道的放开，如何加强图书馆文献的采访；如何加强国家保密法规的执行，加强知识产权管理等，这些新的挑战，不能等闲视之，必须积极应对。

(3) 信息技术、网络技术使传统图书馆面临向现代图书馆转型的巨大挑战。一方面，应用信息技术、网络技术的大投入使很大一部分图书馆望而却步。另一方面，人才因素也严重制约图书馆信息技术、网络技术的应用。低工资、低待遇难以吸引计算机人才，也使已有的人才流失。网络环境下的图书馆员的素质亟待提高。

3. 应对新时期图书馆发展挑战的对策

有挑战就会有解决问题的办法，我们看到了图书馆发展面临的挑战，就要通过相应的对策逐个击破，新时期图书馆发展必须抢抓机遇，沉着应对，迎接挑战，以积极有为的姿态，争取发展的主动权，开创新时期图书馆发展的新局面。

（1）加大投入力度。综观图书馆的发展历程，投入问题是制约图书馆事业发展的至关重要的因素，作为公益性文化事业，图书馆的投入，以政府投入为主导。实践证明，哪里的政府重视，投入得到保障，哪里的图书馆事业发展就快。政府作为公益事业的建设者，其投入取向主要看某一公益事业的投资价值，即社会需求的广泛度、强烈度、长远效益。

因此，公共图书馆不能是养在“深闺人未识”的摆设，而应大胆走向前台，积极宣传自己，积极参与党委、政府的中心工作，当前就是要抢抓机遇，以“三个代表”重要思想和党的十六大精神为指导，运用多种形式和途径，宣传图书馆在构建学习型社会，全面实现小康社会目标中的作用，增强各级领导、社会各界对图书馆的认识。同时又要奋发图强，积极进取，塑造崭新的服务形象，赢得各级党委、政府、全社会的关注与支持，形成政府大投入，图书馆社会效益大产出；而大产出则会促进再大投入进而形成良性互动的局面。近几年来，一些城市把图书馆建设作为精神文明建设的标志性工程来抓，领导直接参与图书馆建设，有力地推动了图书馆事业的发展，图书馆也为当地的三个文明建设作出了巨大贡献。

（2）加快立法进程。要确保图书馆事业的发展，光靠行政部门或图书馆员一时的积极性和热情是不行的，我国尚无《图书馆法》，公共图书馆的事业发展尚无法可依。如图书馆在整个社会中的地位，在各个方面享有的权利与应当承担的义务、服务宗旨、经费来源、馆长及馆员的任职资格等都没有明确的规定。目前仅有深圳、上海山东等地出台了公共图书馆的地方性法规和政策，犹如一部具有国家强制性、统一性、普遍性和规范性的全国性的《图书馆法》，从某种程度上说，公共图书馆的发展将存在很大的随意性和盲目性。要保证公共图书馆事业的持续稳定的发展，需要法的保障。我们热切盼望《图书馆法》早日出台，使中国图书馆事业走上一条有法可依、有法必依，稳定规范、良性持续的发展轨道。

(3) 提高服务水平。图书馆是服务行业，为信息需求者提供优质服务是图书馆一切工作的根本宗旨，也是图书馆生存价值所在。新时期图书馆要紧紧围绕构建学习型社会的新要求，积极应对经济全球化、信息网络化的挑战，创新服务理念，坚持以人为本，以用为重。进一步拓展服务领域，提高服务层次，积极研究和探索网络环境下图书馆服务的新特点和新方式，构建新的服务平台，开设新的服务项目，在搞好常规服务、阵地服务的同时，开展特色服务、专题服务、流动服务。充分运用信息技术和网络技术开展服务，真正承担起网络环境下的现代图书馆知识收集、知识整理、知识创新、知识导航的职能，满腔热情，千方百计，最大限度，最大便利地为读者提供服务，将图书馆的工作重心真正转移到满足社会需求上来，实现现代图书馆服务水平的新的跨越式发展。

(4) 加速网络建设。一方面，借助现代信息技术，加速全国公共图书馆计算机互联网络建设，推动我国文献资源的共建共享，这方面高校图书馆系统走在前面，公共图书馆较为滞后。实现公共图书馆信息资源的共建共享是适应信息时代要求，推动公共图书馆事业跃上新的发展阶段的重要举措，代表未来图书馆的发展方向。另一方面，根据我国绝大多数人口生活在农村和城市社区的具体国情，大力加强乡镇和社区图书馆（室）建设，构建国家、省、市、县、乡镇（社区）五级公共图书馆网络体系，更贴近、便利广大农民和城市社区居民的文化需求，推进国民素质的整体提高，实现人的全面发展，这正是党的十六大所确定的小康社会目标的根本要求。

(5) 加紧素质提升。面对传统图书馆向现代图书馆的转型，面对信息技术、网络技术的普遍应用、数字图书馆建设等新课题，加紧提高新时期图书馆领导和图书馆员的素质，刻不容缓。要从年龄、气质、知识结构等方面配备好图书馆领导班子，必须有一个精通业务、团结向上、善于管理、开拓创新的图书馆领导班子，才能带领全体馆员与时俱进，奋力拼搏，开创新时期图书馆工作的新局面。要通过全员培训、人才引进、政策激励、竞争上岗等多种手段，努力培养和造就一支思想品德好、业务技能高的图书馆员队伍。

新时期图书馆工作对图书馆员的信息素质提出了新的更高的要求。1993 年在美国俄亥俄州召开的美国专业图书馆学协会上，曾以“从图书馆员到电脑馆员：再造我们的职业”为题，对图书馆员的称谓进行了讨论，对新时期图书馆员所必备的能力进行了阐述，概括为：熟悉信息源并具有利用信息的能力；可预见用户的信息需求和传递的能力；组织信息和整合信息的能力；掌握在网络结构中能以各种方式与用户交流的技术；具有网络资源管理与人力资源管理的能力；等等。新时期图书馆员综合素质的全面提高直接决定图书馆的办馆水平与办馆效益，是新时期图书馆应对挑战，可持续发展的强大动力和关键因素。

新时期、新任务、新要求，给公共图书馆带来前所未有的发展机遇和挑战，赋予了新的历史使命。作为公众知识宝库、信息集散枢纽、公民终身学校、精神文明建设基地的公共图书馆将不辱使命，抢抓发展新机遇，迎接发展新挑战，求实创新，争创一流，全力担当起传播文化知识、弘扬科学精神、倡导全民学习、提高民族科学文化素养，不断满足人们日益增长的文化需求的职能和任务，为实现小康社会的宏伟目标，推进人类的文明进步作出新的更大的贡献。

有挑战，才有前进的动力。我国图书馆事业发展所面临的挑战并不是不可完成的，它只是时代发展的产物，受国家的政治、经济、法律、文化、政策等各个方面的影响，使其发展有了一定的局限性。但是，随着时代的不断发展，这些挑战终将被逐个攻破，我国现代图书馆事业也将发展得越来越好。

第二节　传统图书馆与数字图书馆的互融共促作用

传统图书馆在我们的过去，甚至是现在，都发挥过相当大的作用。但是，随着社会的不断发展，传统图书馆的局限性越来越明显，在现代社会中，已经不能满足人们的正常需要，更可预见，在未来的发展中，传统图书馆的建设之路将越走越窄。但是，同时我们也应看到，传统图书馆的文化价值是任何形式的图书馆都取代不了的。

1. 传统图书馆的局限性

我们正在进入一个以计算机技术、数字技术、网络通信技术为代表的信息化时代，信息化将对既有的社会生活、社会管理体制和管理方式产生巨大而深远的影响。由于图书馆处于社会知识信息搜集、储存、传播的中心地位，既最快感受到时代进步的步伐，又直接面临信息化带来的巨大压力和挑战。这种挑战主要来自以下三个方面：

（1）信息贮量的局限。现在的图书馆基本是以纸质知识信息载体为收藏对象的，主要包括图书、报刊、手稿、档案等。这些文献载体与数字化的信息载体（如CD光盘等）相比，表现出信息贮量小，体积大，占用空间多的缺憾。如以每本书50万字计，每张CD可存贮1000本书的信息，按目前技术水准，500万册藏书量的大型图书馆藏书，只需5000张左右CD即可贮存，而5000张CD只需几个文件柜即可收藏。

（2）阅读方式的局限。现在图书馆对读者的服务基本上采取办证借阅和开架阅览的方式，这种服务方式无疑受时间、区域、借阅数量等诸多限制，难以适应信息化时代读者对知识信息大量、及时、便捷的要求，当然也难以为远离图书馆的广大城乡读者提供远程阅读服务。

（3）资源利用的局限。现在的图书馆由于创办的主体和投资方式的不同，分属于各级政府文化管理部门和大中专学校以及一些科研单位，各图书馆之间缺乏直接的联系和网络沟通，难以实现信息资源的共享，一些读者为查找某些急需资料，有时不得不在不同图书馆（甚至不同地区图书馆）之间来回奔波，既浪费时间，又耗费精力，与互联网上信息资源的共享性相比，其局限性显而易见。

2. 传统图书馆的发展空间

由于时下图书馆的上述局限性，一方面信息化时代人们的知识信息需求在剧增，另一方面图书馆却日渐萧条和冷落，越来越多的读者尤其年轻读者为互联网所吸引。面对当今图书馆出现的尴尬局面，图书馆业内人士在忧虑和思考，社会有关部门和人士也在关注和思考。图书馆出路在哪里？它们的明天将走向何方？颇具代表性的是两种相互对立的观点，即“必然衰落论”和“存在合理论”。

“必然衰落论”认为：随着电子信息资源的日益重要和纸质信息资源的

日益减少，计算机在办公室和家庭日益普及，互联网将成为人们获取信息的主要渠道，图书馆不可避免地要走向衰落。美国《图书馆杂志》1992年发表的“图书馆未来”一文认为:“一旦计算机显示器显示质量在稳定性、对比度、分辨率及色彩等方面超越纸张，而且必要的通讯能满足要求，图书馆及纸张文稿将迅速消失。”

“存在合理论”认为：以纸质信息载体为收藏对象的传统图书馆与人类文明共进退，随着人类文明的发展而发展，也必将随着未来人类文明的进步而进步，只要人类文明不消失，作为其重要载体的图书馆也必将存在下去。如美国《图书馆杂志》1992年在发表“图书馆未来”一文的同时发表的另一篇文章就认为：“一种理想的信息存贮和检索设备应该具有以下特征：可以移动并且能在任何环境下运行，不需要能源供应，不需要预热便能够立即使用，它应该具有高度的信息存贮能力，无限制地保留信息而不会损伤、退化，也不会意外消除。没有任何电子设备适合上述说明，即使可预见的将来也不会出现。但是有一种非电子设备完全符合以上特征，甚至具备更多优点，它已经存在了500多年，这就是图书。”上述两种对立的观点忽略了这样一个事实：在人类创造的文明中不存在尽善尽美的东西，人类所有的创造有其长也必有其短。实际上，数字化的信息载体（互联网和光盘等）与纸质载体（图书和报刊等）都是各有所长也各有所短，它们只有相互融合、相互补充、相互促进，才能在推动人类文明进步中发挥更大的作用。

从图书馆的使命和产生、发展的历程，数字图书馆既然是传统图书馆发展到现阶段的一种建设模式，只要是还被公认为是图书馆，其工作重点，就理应是如何组织和利用数字资源，包括网上资源，其核心目标是帮助读者快捷准确地在信息的汪洋大海中找到自己所需要的信息。在现阶段则需要探索如何继承传统图书馆的优势，针对数字图书馆的运作特点，发挥现代化技术手段的长处，并将该学科领域的理论、技术、方法，以及数代人为之努力探究而成的经验，运用于数字图书馆建设之中。

所谓“传统图书馆”，一般是指我们现在所熟悉的拥有丰富藏书、宏大建筑、由图书馆员进行管理并提供服务，读者到馆阅读的场所。而数字图书馆（Digital Library，DL），是进入90年代以后产生的一个全新的概念。

20世纪90年代以来，随着互联网的迅猛发展，高新技术的日益普及，特别是知识经济的兴起，网上信息的有序组织越来越引起世界各国的重视。为在新世纪掌握政治、经济主导权，各国纷纷提出发展经济的战略措施。1993年美国制订了“国家信息基础结构”(NII)行动计划，继而提出了建设“全球信息基础设施”(GII)的主张；1994年欧盟宣布在欧洲建立信息社会的计划，确定了欧洲信息社会应用领域；同年俄罗斯成立了俄联邦信息政策委员会；1995年俄杜马通过了《俄罗斯信息、信息化和信息保护法》；日本、加拿大、法、英、南非等许多国家也都以政府行为采取了相应的对策和行动。为在竞争中处于领先地位，不少国家和地区的图书馆在政府的大力支持下积极行动起来，配合NII的建设开展数字图书馆的研究和建设，并取得相当成效。

正是在这样的背景下，数字图书馆应运而生。它是一个新生事物，目前，在图书馆界甚至整个学术界还没有一个被广为接受有定义。从众多的定义表述中认为数字图书馆是：以组织数字化信息及其技术进入图书馆并提供有效服务。几乎图书馆的所有载体的信息均能以数字化的形式获得，包括所有联机采购、编目、公共查询；对各种信息资源的检索，通过网络组织读者访问外界数字图书馆和文献信息数据库系统，如电子杂志、电子图书、声像资料、动画片、影视片、多媒体资料等；用计算机系统管理图书、期刊等的读者服务；图书馆利用网络连接到全球各个角落，让人们很方便地共享资源。这一概念较为大多数人接受。

传统图书馆是由古代的藏书楼发展到今天的现代图书馆，它的主要任务是搜集、整理、编目、保存图书资料，并利用计算机实现自动化管理，为读者提供便利及良好的学习环境，方便读者查询、借阅图书。传统图书馆的主要特点：

(1) 传统图书馆是对文献资料进行收集、整理、分类、传播和利用的一种文化机构，通过丰富的公共藏书来揭示人类文明发展史。传统图书馆藏有大量经过加工、标引、整理的文献信息资源。它们不仅是传统图书馆为读者服务的基础，也是数字图书馆重要的信息资源。

(2) 传统图书馆的收藏范围很广，尤其是孤本、善本、名人字画、作家手稿等，都是价值连城的宝贝，既有极高的收藏价值，又是一种文物，散发着传统的文化气息。人们在通过手与纸的接触中享受着文化给人的巨大快乐，并置身于浓郁的文化氛围之中。传统图书馆的信息直观性和信息安全性均优于数字图书馆。

(3) 传统图书馆阅读方式的随意性、方便性、老少皆宜性和观赏性，使人们手捧书本时，会产生一种亲切感。尤其是那些一读再读的书，泛黄的书页和被嚼了无数遍的文字，记载了记忆中相伴成长的内涵，这些是冰凉的电脑屏幕永远无法取代的。许多图书馆读者长期利用传统图书馆形成了习惯，因而对传统图书馆的依赖性超过对数字图书馆的利用。

(4) 传统图书馆文献以纸质载体为主，其他载体并存。由于采用纸质为载体，读者借阅数次后，可能会出现破损、残缺的现象，造成此类文献使用、保存期限不能长久，容易造成大量资源的浪费。

传统图书馆的不足还主要表现在占用空间大，藏书发展受经费和馆舍的制约，读者利用图书馆受时间和空间的限制，单一图书馆满足读者需求的能力有限，信息资源共享难以真正实现等。

与传统图书馆相比，数字图书馆有如下的优点：①信息储存空间小、不易损坏：数字图书馆是把信息以数字化形式加以储存，一般储存在电脑光盘或硬盘里，与过去的纸制资料相比占地很小。而且，以往图书馆管理中的一大难题就是，资料多次查阅后就会磨损，一些原始的比较珍贵的资料，一般读者很难看到，数字图书馆就避免了这一问题。②信息查阅检索方便：数字图书馆都配备有电脑查阅系统，读者通过检索一些关键词，就可以获取大量的相关信息。而以往图书资料的查阅，都需要经过检索、找书库、按检索号寻找图书等多道工序，烦琐而不便。③远程迅速传递信息：图书馆的建设是有限的。传统型图书馆位置固定，读者往往要花费大量的时间在去图书馆的路上。数字图书馆则可以利用互联网迅速传递信息，读者只要登录网站，轻点鼠标，即使和图书馆所在地相隔千山万水，也可以在几秒钟内看到自己想要查阅的信息，这种便捷是以往的图书馆所不能比拟的。④同一信息可多人同时使用：众所周知，一本书一次只可以借给一个人使用。而数字图书馆则可以突破这一限制，一本“书”通过服务器可以同时借给多个人查阅，大大提高了信息的使用效率。

传统图书馆与数字图书馆都有各自的优缺点，只有正确把握二者的关系才能使图书馆事业向着服务更好，利用更充分，发挥的作用更大的方向发展。那么二者有怎样的关系呢？①数字图书馆是随着时代的进步、科技高速发展的新生事物，传统图书馆与数字图书馆两者是互相促进、相辅相成、相互并存的关系，正确处理好两者关系，有助我们更好地为图书馆事业发挥更大的作用。②数字图书馆是传统图书馆发展的必然趋势。随着21世纪网络时代的来临，高科技产业的快速发展，带动了其他产业的发展。图书馆也由此发生了变化。宽带网络普及家庭，越来越多的人开始喜欢足不出户的购物、订餐、办公、视频会议等，他们更希望可以上网浏览到更多的图书信息或下载信息资源。而这是传统图书馆无法办到的事情，只有将图书资源数字化，通过互联网将图书数字资源共享，才可以满足广大用户的需求。所以，数字图书馆是今后经济和文化的重要载体和催化剂，是传统图书馆的发展方向和必然趋势。③传统图书馆是数字图书馆的基础。数字图书馆是基于网络信息数字化平台，是一种无纸化的信息资源，但同样需要传统图书馆的支持。数字图书馆的信息资源，除了一部分资源是由图书发行出版社以电子文档的形式提供外，还有相当一部分信息资源是早期的文献和古典文献藏书资料，这些藏书资料由于当时科技落后，在出版发行时无法实现资源数字化，在作为数字图书馆的藏书资源时，必须将它资源数字化。所以还必须要由图书馆和信息加工部门去搜集、整理、加工，然后再经过数字化。数字图书馆在最初时期仍然需要传统图书馆做好古典文献的典藏管理及服务。④数字图书馆是传统图书馆的继承与发展。数字图书馆是在传统图书馆的基础上在高科技术的今天发展出来的。它将传统图书馆的藏书以纸质印刷资料为主，上网就可以查询、借阅、下载自己所需的资料，尽情地享受网络时代带给大家方便、快捷、舒适的服务方式。服务手段与服务模式不断提高、丰富多样化。所以，数字图书馆是在传统图书馆的基础上继承发展而来的。

数字图书馆与传统图书馆相辅相成、互相弥补不足之处。数字图书馆的出现弥补了传统图书馆在服务模式上的不足，数字图书馆通过互联网使资源共享，从而达到异地之间的网络资源互访，正好弥补了传统图书馆无法实现的馆际互借、互阅的服务功能。数字图书馆在资源文献建设、文献分类与编目方面离不开传统图书馆的理论与支持，在本质上数字图书馆未改变传统图书馆的本质与内涵，它在很大程度上与传统图书馆有同样的功能、目标，它只是传统图书馆的延伸与扩展，是传统图书馆的服务模式在网络环境上拓展，从而弥补了传统图书馆在网络虚拟环境里的不足。所以，两者是相辅相成的，可以弥补相互之间的不足。综上所述，在协调处理数字图书馆与传统图书馆两者之间关系时，我们不仅要看到它们本质的区别，也要看到它们之间的内在关系。传统图书馆在逐步实现向数字图书馆转型的过程中，两者不是互相替代的关系，而是相互依赖、相互促进的关系。如果没有传统图书馆选择、收集、加工文献信息，数字图书馆中的信息资源就会匮乏；反之，如果没有数字图书馆提供新的网络信息环境，有限的馆藏和服务就难以满足读者和用户的需求。数字图书馆不论是在信息资源的数量与质量上，还是在信息服务的范围与功能上，都有了质的飞跃。我们必须充分认识和利用数字图书馆的优势与服务，不断开拓传统图书馆所不及之处，将传统图书馆发展到一个更高层次的服务水平上来。

因此，同传统图书馆一样，数字图书馆要有效运作，需要有合理的资源组织，快速的信息检索，以及高速的信息传递，它使数字图书馆涉及众多的技术。

①信息的采集。由于数字图书馆需要收集或创建数字化馆藏，因此信息采集成了各种数字化技术。

②信息的表现。由于数字信息以多元媒体的形式出现，并且在全球传播和共享，因此信息的表达需要研究如何将多媒体的数字化信息，按表征信息特定特征的结构单元组织起来，以便加以检索。

③ 信息的存贮。由于数字信息巨大的信息量，所以如何大规模存贮数据，按何种格式存贮数据，如何对数据进行压缩等问题日益突出。

④信息的组织。由于数字信息的海量和快速增加的特点，信息资源的有序化和系统化成为一个严重的问题。

⑤信息的检索。由于网络信息获取快捷性等要求，必须建立好宽带信息网，保持信息渠道畅通，同时需要提供有效的信息查询工具。

⑥信息的传递。由于数字图书馆用户服务功能强大，它面临大量的信息传递问题。

⑦信息的安全。由于数字图书馆的开放性和对于网络的依赖性特点，以及于数字图书馆对国家、社会、经济、文化的渗透和影响力，信息的安全成为重大隐患，并由此引发了一系列政治、军事、法律、道德等问题，从技

术上保证信息的安全是至关重要的。

从以上数字图书馆所涉及的技术看，除了所面对的对象有很大差别外，从表面上看，它们同传统的以研究信息的收集、加工整理、存贮、报道、交流、服务为宗旨的图书馆学研究的内容有惊人的相似之处。尽管数字图书馆所面对的是网络化的数字信息资源，而传统图书馆所面对的主要是载体上独立存在的纸质的，或缩微、视听、机读的文献资料，但是在管理知识信息和快速有效提供利用这一点上，它们所要解决的问题是一样的。

因此，在数字图书馆建设中，应将传统图书馆学积累的丰富的信息管理的思想和方法，同现代信息技术相结合，让传统的信息管理原理在数字图书馆建设的新信息环境中获得新生，从而更进一步充实发展和完善现代图书馆学理论体系和内容，提高图书馆在信息产业大家族中的作用和地位。

3. 传统图书馆未来的发展趋势

随着科技的不断进步，数字图书馆迸发的强大优势非常明显，已成为图书馆的发展方向。那么，传统的图书馆在未来是否就一定没有发展空间了呢？答案是否定的。

数字图书馆的弱势正是传统图书馆的优势。有人曾预言在20世纪末期会进入无纸社会，然而到了90年代中期以后，被视为图书馆消亡论的代表人物、无纸社会的积极鼓吹者、美国著名的图书馆学家兰开斯特，则在“关于无纸社会的再思考”论文中，重新认识到“从以纸为载体过渡到以电子为载体的交流令人神往，然而随着过渡的实际进行，我对其发展和意义则变得不再热情满怀，并且在过去的几年甚至变得彻底敌视”。

纸质文献会长期存在下去，尤其是在我们这个有着悠久历史，人口众多的发展中国家，在相当长一段时间里，图书馆还是以纸质文献为主。何况信息可以存贮在各种载体中，人们的需求和爱好也是多种多样的，因此对图书馆而言，任何一种载体的馆藏文献，也不可能满足各种用户的多种多样的需求。只是随着科学的进步，现代化技术手段的推动，数字化资源将日益增多，但数字化资源绝不是唯一的资源，所以作为各种信息和知识资源集散地和读者服务中心的实体，图书馆必然会存在。

图书馆作为信息资源基地，其价值是通过各种服务模式来体现的。服务模式则是随着社会的变革，图书、信息资源的融合，以及读者、用户的需求而改变和不断完善的。21世纪初是知识经济和信息经济的爆发期，传统图书馆如何面对并适应新经济带来的挑战和前所未有的机遇，是传统图书馆亟待解决的问题。

传统图书馆服务模式的特点：传统意义上的图书馆是各自为政，封闭式发展。其服务模式是利用馆藏和馆舍直接为读者服务，服务手段一般是单一性的和原始化的。具体讲有以下几个特点:1.被动型服务方式。传统的服务模式基本是以图书馆为中心，坐等读者上门，缺乏主动服务的项目内容，读者往往处于次要和被动地位。主要方式是:馆内阅览、图书外借、文献复制和参考咨询等。再加上工作机制、人员、设备的限制，服务工作有许多局限性，一般图书馆还停留在图书、期刊的借借还还、取取归归的手工操作时代。总体印象是服务意识落后、服务方式被动。2.劳动密集型服务。图书馆工作人员对文献的加工、利用属于劳动密集型的工作。比如，进馆图书以整本书为著录单元、期刊以一种刊物为著录单位。工作人员从书刊的采编、加工、入库、管理、流通，主要从事重复性劳动，工作烦琐、科技含量低且劳动强度大。评价一个图书馆服务工作的效果，往往以图书馆的流通量作为标准，而对书刊的利用率，读者借阅的满足率，以及服务项目和服务效果从不过问。藏书以保存为主、重藏轻用，常常以收藏和拥有文献的数量作招牌，整体工作处在原始服务水平。3.单纯型服务对象。在传统服务模式下，图书馆一般都面向比较固定的读者群，主要对到馆的读者服务，服务对象集中在所属的行业或系统。比如科研单位、大专院校、国家机关等都有自己的图书馆，而且大都自我发展，限定服务对象和范围，形成“大而全”“小而全”现象。因此，公共图书馆有自己的读者群，高校图书馆有自己的读者群，专业图书馆也有自己的读者群。由于传统的服务模式，培养了传统的读者群，致使其习惯把获取信息的主要渠道和方式仅仅放在各自的图书馆，获得信息的方式和渠道单一，获得信息的质量和数量也非常有限。4.浅层次文献服务。传统的服务模式以收藏、加工和保存图书、期刊、资料等纸质的文献信息为主。服务内容主要是向读者提供原始文献。文献流通方式是一本图书，一种期刊或一份报纸。有的图书馆可为读者提供馆藏专题文献，且又是以一次文献二次文献的信息单元为主。对文献的深层次加工做得很少，所有业务都还是围绕原始文献开展的，只能解决一般性的咨询问题。

传统图书馆服务模式的变化在知识经济成为社会经济的主流，社会经济结构开始发生变化的时候，社会生产和人们工作、生活对知识的需求越来越强烈。同时，随着计算机技术、多媒体技术和网络技术的广泛应用，使传统图书馆的服务模式不断受到冲击，新的服务模式不断涌现。图书馆从整体上开始由劳动密集型向知识密集型转变，服务模式从满足书刊等原始文献需求为主，转变为以满足知识信息需求为主和以知识开发服务为主的新模式。其主要特点是：(1) 开放型服务。图书馆开始冲破围墙和时空限制，在信息的采集、加工、组织和服务等方面，充分利用信息技术和网络环境进行技术革新和服务创新，构建开放的服务系统，以读者最容易接受的方式呈现信息，以最快捷的方式传递信息，以最符合人的思维规律和思维习惯的方式处理信息。数字图书馆不再是概念，其雏形已经出现。衡量一个图书馆的办馆水平和地位高低，不再以规模大小、馆藏多少和人员多少为标准，而是取决于信息服务手段是否现代化、多样化、高效化和社会化等多种因素，取决于对馆藏资源开发利用和对虚拟馆藏重组、整合提供利用所产生的价值。(2) 主动经营型服务。面对社会信息的需求，图书馆以用户为中心，用户需要什么就提供什么。摆脱了传统的服务方式，摒弃单个、重复、被动、琐碎的手工操作。服务模式从“单纯服务型”转向“服务经营型”，把服务推向市场、开展有偿服务。如代检索、代翻译、代复制、联机检索、联机目录查询、网上专题信息服务等。提供信息资源的范围和载体更广泛，图书馆从文献资源的收藏者和提供者，转变为信息产品的生产者、开发者和传播者，出现了以生产和经营信息产品为主的产业型服务模式。(3) 知识密集型服务。信息社会需要信息的深层次加工。图书馆开始从以文献单元的加工深入到以知识单元为主的信息加工，将文献资源信息化、数字化。图书馆的服务模式转向多层次的信息咨询服务，有更多的工作人员从事信息的采集和组织，在信息服务的每一个环节增加智力投入，产生了新型的图书馆服务人员，被称作“网上信息员”“网上导航员”“网上冲浪 E 主”等。(4) 针对型服务。随着信息时代的到来，图书馆主动迎接挑战，直接面对社会需求，提供有针对性、有特色的服务，不断提高读者满意率和社会公认度。有的图书馆为政府决策服务，定期向政府机关提供城市建设、环境保护和市场发展等宏观决策性信息；有的图书馆主动与企业建立联系，提供信息咨询服务；还有的图书馆针对特定的读者群提供专项信息服务。传统图书馆服务模式的发展趋势。

在信息时代，传统图书馆要成为现实中的现代图书馆，就必须适应时代的需要，抓住机遇进行变革，实现服务模式的根本性转变。即由“封闭型”向“开放型”转变；由“内向型”向“辐射型”转变；由被动服务向主动服务转变；由参考咨询向信息服务转变；由各自为政向“集中型、联合型”转变；由“公益型”向“产业型”转变。具体来说，要从以下几个方面进行努力。(1) 发展图书馆的网络服务功能，利用图书馆的整体化优势进行图书馆网络的优化组织与协调，促使网络的信息服务功能在图书馆的服务中充分实现。在网络环境下，高新技术渗透到图书馆的各个环节、各项工作，从图书预定、采购、分类、编目到典藏、加工，从新书上架、借阅到电子书刊等信息的发布，以及图书馆网页的制作与读者见面，乃至图书馆的管理等工作环节都纳入到统一的网络化管理的范畴之中。图书文献信息与读者见面的时间缩短了，服务质量提高了，服务的内容丰富了，服务的形式多样了，传统图书馆的办馆思想、工作程序也随之转变了。(2) 发展数字图书馆特色数据库，是指图书馆在网上提供的特殊馆藏，一般包括馆藏书目数据库，专业特色数据库，教学和科研成果数据库以及地方资源数据库等。数字图书馆是21世纪图书馆发展的必然趋势，它集信息储藏、加工、交互与传播于一体，将图书、期刊、声像资源和数据库等各类信息在知识单元上有机地链接起来。(3) 发展个性化的信息服务，个性化信息服务就是针对不同用户的需求提供各种专门的定题跟踪检索服务。这是一种关注用户个性需求的服务模式。个性化服务提倡平等地对待读者，不分厚薄、不论亲疏，让所有用户都能享有充分利用图书馆的权利，真正做到“以人为本”。个性化服务将对图书馆教育职能和信息服务职能向更高层次发展起到促进作用。(4) 培养新型的图书馆服务人才，信息社会对图书馆的服务提出高水平、高质量的要求，也对图书馆员的知识结构提出新的更高的要求。在信息服务的工作过程中知识和技术含量加大，向智能化发展，图书馆人员在工作方式、工作价值、工作效率和工作成果诸方面将发生质的变化。因此，加强专业人才的培养，提高人员队伍的综合素质就显得特别重要。要通过各种方式和途径对工作人员开展在职培训和继续教育，鼓励他们参加学术交流和学术研讨活动。要用战略的眼光从战略的高度看待图书馆人才队伍建设问题，努力培养一大批综合素质较高的复合型专门人才。

当前人们在建设数字图书馆过程中，已经感到许多非技术的因素在影响数字图书馆的进程，一些专家对进入到完全的数字图书馆的前景产生了怀疑，似乎认为是不可能的事情。而传统图书馆的优势正是数字图书馆的弱势，二者完全可以相互结合，扬长避短。况且，随着数字图书馆建设的步伐，为跟上历史前进的车轮，传统图书馆已经在进行全面的改造。

第一，工作重点正在转变，传统图书馆以采购、编目、典藏、流通、阅览为主要组织结构，为读者提供文献或文献线索，以文献为中心开展图书馆业务及服务工作。目前人们已经认识到，信息社会网络技术的发展与普及，使传统图书馆的工作方式及读者使用图书馆的方式、要求都发生了巨大的变化。不仅图书馆业务工作实现了高科技手段的应用，而且服务工作也不再局限于为读者提供文献，而是要根据读者需求，提供大量的、各种载体的、经过筛选与整合的信息资源。

第二，现代信息技术的应用，使图书馆服务手段发生了巨大变化。图书馆的服务方式由单一转向多元，由被动转为主动，检索查询由静态转为动态，由部分转向整体；服务内容由一般的传播知识转向获取与开发信息资源，为读者提供快速高质服务，成为图书馆工作的主要目标之一，通过现代化技术，不受时间地点的限制，运用网络的数字化信息资源，图书馆不仅可以成为一个庞大的信息资源库，而且可以成为一个良好的信息资源的集散地、中转站。

第三，现代技术在传统图书馆业务工作中的应用，不仅导致了工作人员的重组，而且对工作人员的素质要求更高、更严格。要适应图书馆事业发展的要求，成为一个合格的工作人员，就必须具备外语应用能力、文字表达能力、新技术的应用能力、专业知识能力等综合素质。另外，在现阶段传统图书馆利用已有的文献资源和人力资源为数字图书馆提供的信息环境，又完全改变了传统图书馆有限的馆藏和单一的服务方式，更好地满足了读者对文献信息高质快速的需求。

目前世界上大多数图书馆处在纸质文献与数字文献共存的混合状态，文献信息收集与处理、服务方式与对象都处在转轨的探索之中，复合图书馆的理念在国外图书馆界传播甚广。伯明翰大学的史蒂夫教授指出，复合图书馆既不是仅包含纸质资源的传统图书馆，也不是仅包含电子资源的虚拟图书馆，而是介于两者之间，是一个将印刷与电子，本地与远程等各种信息资源集于一体的图书馆。

复合图书馆不仅重视纸质文献的采集与整理，而且将文献资源数字化列为主要工作任务之一。在这样的工作环境中，图书馆工作人员必须为读者提供各种指导与帮助，包括数据库使用方法、联机目录的查询方法、主题指南、网络资源查询方法等，使读者能够快速而有效地找到所需文献，不受文献收藏地点、查找文献时间、文献载体使用范围的限制，充分提高文献的利用率。

综上所述，本书认为复合图书馆的建设模式是传统图书馆的未来发展趋势。数字图书馆是传统图书馆从古代、近代发展到现代图书馆的历程中，处于现阶段的一种建设形态，它与传统图书馆之间不是取代与被取代的关系，而是共存互补，相互兼容。在现阶段轰轰烈烈的数字图书馆的建设热潮中，传统图书馆必须紧跟时代车轮，加快改革步伐，利用数字图书馆的长处，来进化、演绎、拓展传统图书馆的功能。只有在二者的基础上相互融合与升华而形成的复合图书馆的建设模式，才是传统图书馆的努力方向和发展趋势。通过传统图书馆与数字图书馆相比较，我们可以发现，两者是一种相辅相成的关系，两者本质相同，只不过是技术手段不同，导致表现形式不同。不可否认，数字图书馆在未来的发展将有更加长足的进步，而传统图书馆的发展因其自身的时代属性，将会受到极大的制约。但是，这两种类型的图书馆在未来仍将同步存在，一起发挥更大的作用。

第三节　数字图书馆是图书馆发展的主流方向

数字图书馆作为未来图书馆发展的主要方向，它的研究和建设水平将直接关系到我国图书馆在未来信息时代的地位和作用。随着电子出版物的盛行，数字图书馆将居传统图书馆和自动化图书馆的首位。未来的图书馆将以服务特色和技术手段论高低，能否迅速占有信息资源并向社会提供信息产品将成为衡量图书馆的标准。因此，我们认识、了解、研究数字图书馆，是时代赋予我们的使命。

（一）数字图书馆

从数字图书馆的概念我们知道，随着现代科技的飞速发展，对各行各业产生了巨大的影响，电子化、网络化、数字化已广泛应用到各个领域，在图书馆领域，也是如此，出现了现代化的数字图书馆。

1993年2月，我国第一家数据库专业公司“万方数据公司”正式成立，标志着我国数据库开始走向市场。1997年将“中国试验型数字化图书馆”列入国家重点科研项目，由北京图书馆、上海图书馆、广东省中山图书馆、深圳图书馆、辽宁省图书馆和南京图书馆联合开发研制。项目的实施开创了多馆协作整体研发数字图书馆的先河，其成果为数字图书馆的建设奠定了技术基础，是数字图书馆建设开始的标志。1998年4月，文化部与国家图书馆启动了中国国家数字图书馆工程，标志着中国数字图书馆工程进入实质性操作阶段。2000年4月，由文化部等21个部委单位参加的“中国数字图书馆工程”启动，其主要内容是组织全国数字图书馆的建设和技术的研发、集成和运行，对全国数字图书馆的研究和建设发挥统领和带动作用。国家图书馆、广东省中山图书馆和广东省湛江图书馆同北京超星电子技术公司合作，开展大规模数字化馆藏资源建设，利用国际先进水平的中文全文检索软件开发图书搜索引擎，利用163、169网络建立资源共享平台，将300多万页（约5000多种）文献上网供读者检索和浏览，现每月访问量超过200多万人次，这些都标志着我国数字图书馆正在逐步的发展扩大。

数字图书馆在信息存储形式、信息组织形式、信息处理和输出形式、信息传递速度和服务方式等方面比传统图书馆有重大的改革。数字图书馆被人们称为未来图书馆发展的模式，这种图书馆的实质是利用计算机网络对分布于各处的各种信息资源进行动态搜寻、利用，是用户获取知识与信息的最快捷方式，是一种信息环境而不是具体的图书馆形态。数字图书馆依靠数字化技术把文字、声音和图像转化为数字形式，采用数字方式进行存贮、传输和处理，将图书馆的多种资料信息通过计算机转化为二进制数字存储起来，如电子期刊、电子图书、各种数据库及光盘资料。

我国数字图书馆自发展以来，发展至今已经历近20年的发展历程，在发展过程中取得了许多可喜的成果，馆藏资料实现数字化，部分数据已面向社会提供服务。还有部分图书馆（尤其是高校图书馆）所拥有的数据库总量超过了100个，如清华大学、北京大学等。这些数据表示我国数字图书馆达到了一定的规模，已建立一定规模的数据库。但是，从数字图书馆的发展初期到现在建设中存在许多问题，这些问题影响着数字图书馆建设的健康发展。

数字图书馆的主要特征：(1) 信息存储数字化；(2) 支持网络多元化；(3) 信息共享网络化。数字图书馆是未来图书馆发展的主要方向，是计算机和互联网带来的文献信息载体形态和传递方式的变化，也是图书馆的存在方式、运行机制和社会功能的重新定位。中国科学院计算机所的黄铁军先生认为：建立数字图书馆是一个长期性的工程，它需要从资源的数字化和资源的管理及服务两方面做长期的工作。图书馆应该适应发展模式的变化，根据各自的实际情况加强图书馆数字化和网络化的工作，将图书馆馆藏信息实现数字化，以计算机网络为基础向读者提供全方位的信息服务。

数字图书馆是社会发展的必然产物，它具有传统图书馆不可比拟的优点。图书馆是人们获取信息资源的重要途径，随着数字化时代的到来，数字图书馆应运而生，并迅速成为信息时代图书馆的主要发展方向。

那么，到底数字图书馆是什么样的一个概念？到目前为止，对数字图书馆的概念还没有统一的认识，实践上也没有固定的模式。但从数字图书馆的诸多定义所包含的特点和要素中，可以看出数字图书馆的特点是：

(1) 国家信息基础设施的核心；

(2) 文化的传播媒体和文化产品的网络商务平台，今后经济和文化的载体和催化剂；

(3) 依附于网络而存在的有序的信息空间；

(4) 作为搜集、整理、存贮和传递各种知识信息的重要社会设施；

(5) 需要全国乃至世界范围广泛合作完成的数字资源中心；

(6) 拥有海量的、多媒体的、内容或主题相对独立的数字化信息资源作为其物质基础；

(7) 信息资源的组织形式为直接的、网状的；

(8) 信息资源的存贮自由化、网络化；

(9) 信息资源共享化；

(10) 面向对象的技术构建，提供信息线索及信息本身的查询；

(11) 遵循统一的访问协议，进行分布式管理，实现分布式环境下的信息封装。

从以上要素中可以看出，人们对数字图书馆的认识存在狭义和广义的区别。狭义的看法把数字图书馆理解为传统图书馆的数字化和通过网络提供服务，即把数字图书馆看作传统图书馆发展的新形态；而广义的看法认为数字图书馆能智能地、实际地存取全球网络上数字化的、多媒体的海量信息，即把数字图书馆混淆于高速信息网。

尽管对数字图书馆还没有一个恰当的权威的定义，但其产生的背景是源于互联网上海量的数字化资源，如何合理、有效地对这些资源进行存贮、组织、传播和利用，是人们面临的新课题。于是需要探索一种系统技术来管理海量的数字信息资源，并创建一种新的服务模式，而对信息进行整序和利用，正是图书馆学理论和方法的根基。因此，美国在90年代初产生出数字图书馆的理念。

尽管数字图书馆含有“图书馆”三个字，但数字图书馆却不能仅仅理解为是一种新的图书馆形态，数字图书馆并不是简单地将传统的图书馆服务搬到网上去，或将馆藏资源进行大规模数字化。不过，数字图书馆既然借用了“图书馆”一词，那么它必然显示出其信息资源不同于一般网络信息资源的某些特征，即数字图书馆所存取的信息资源应该是有序的、系统的、有组织的，便于提供利用的。

另外，数字图书馆的英文原文是Digital Library，直译为数字图书馆和数字资源库。事实上，目前常言的数字图书馆实际上是通过互联网连接起来的数字资源库群，是实行分布式管理的信息和知识共享的计算机系统，其主要特征是多媒体数字化资源，跨平台跨语种网络化存取，计算机系统分布式管理和智能化服务，主要目的是实现信息和知识资源的共享。因此可以认为数字图书馆是将数字化资源实行分布式计算机管理的，实现网络化存取和智能化服务的信息和知识资源共享系统。

可见通常所言的数字图书馆的功能远远超过了传统图书馆范围。因此，综上所述，我们可以把数字图书馆的概念定义为：具有丰富内容的多种媒体的数字化信息，具有网络环境下多种电子技术工具和服务手段，能为读者提供高效、方便的数字化信息服务机构。

(二) 数字化图书馆的主要特点。

数字化图书馆是相对于传统图书馆而言的一个图书馆新概念、新事态，数字图书馆相对于传统的图书馆而言具有相当大的优势，时代特征进步明显。具体优势如下：

1. 馆藏数字化。所谓的馆藏数字化即图书馆利用信息存贮技术把各种媒体信息加工成计算机可识别的数字化信息资源，形成电子文献，实现知识信息载体的革命性变革。图书馆文献信息资源实现网络化，使馆与馆之间可以共同采访、编目，共同建设馆藏文献信息资源，共同利用网上的文献信息资源。用户不必到图书馆，就可以通过网络查询图书馆的文献信息，从网上得到更充分、准确的参考资料。以前信息研究者依靠手工查找资料，凭借个人的判断力进行研究，不仅费时费力，而且所得资料不完全，研究问题不充分。利用网络开展读者服务，使图书馆原来面向社会服务所受到的诸多制约不复存在，可以将用户、图书馆和信息服务系统联结起来，向用户提供良好的信息服务。

2. 信息传递网络化。

信息传递网络化即利用网络技术和通信技术环境，数字图书馆可以为用户提供高速跨库连接的信息存取服务，实现更大范围的知识信息交流和获取。图书馆可以利用网络通信功能，为用户进行信息的快速传递服务，如电子邮件服务、电子文献传递、情报检索等服务，可以借助互联网上丰富的信息资源、功能强大的搜索引擎和快速的文献信息传递方法，给用户提供所需要的文献信息。

3. 资源共享化。

资源共享是数字化网络的一个巨大优势。信息技术和网络技术打破了地域界限，使图书馆的联合在网上实现。各信息服务系统相互融合，用户能随时随地与任何系统相交互，促进信息资源的合理流动，实现广泛的信息交流和资源共享。

4.数字图书馆海量存蓄和媒体多样化。

图书馆的基础是书刊文献信息资源，而数字图书馆的基础是数字信息资源。由于社会的进步促使信息产量飞速增长，网络的普及和电子出版物等以及科技新型手段使得信息的发布和使用更便利。这样的形势对图书馆来说信息的收集量、处理量和储存量也相应地不断增大。从图书馆存储信息的度量单位由KB、MB到CB、TB甚至PB就是一个数字图书馆需要拥有海量存储的极好例子。数字图书馆的存储介质由传统的纸质转变为多种媒体、数字信号可以处理多种媒体的信息，如文字、声音、图像、动画、三维体、虚拟空间等。对于这些不同的媒体可以采用不同的文件存储格式和压缩方式，目前，常见的在电子图书采用的文件格式TXT、DOC、PDF、HTML、SGML、XML、WAV、MP2、GIFJPEG、MPEG等。这些媒体信息仅仅对其数字化是远远不够的，需要图书馆的专业人员对信息内容进行再加工，根据各种媒体的特性进行标引、数据加工、限制、缩放等。

5.具有良好的网络应用环境和管理方法。

一个良好的、高速的网络运行环境是运行数字化图书馆的基础。在这样的网络环境中，人们对数字信息的存取已经突破了数字信息存放的地点限制，然而在网络空间中，我们还是需要人为地加上一些限制，必须重视网络空间的安全。在数字图书馆中也应根据各种应用本身的需要来划分不同的层次，网上用户的使用层次也根据各馆的政策和规定检索不同层次的信息。读者在对传统的图书馆的使用中，往往被图书馆的地理位置所束缚，图书馆和图书馆之间的相互使用性，无法更好的发挥。而数字图书馆已远远超越了地理位置的限制，通过网络和计算机，将全国甚至全世界的数字图书馆有组织地连接起来，同时它还超越了时间和空间的约束，读者可以在任何时候，任何地方去获得任何自己所需要的信息资源。

6.信息查询简单化。

数字化图书馆具有智能的数字信息资源的检索。软件简单地将传统的图书馆中惯用的检索手段如关键词、提名、布尔逻辑等查询方式应用于数字图书馆，但远远无法解决数字图书馆中浩瀚的信息资源的查准和查全的问题。而数字图书馆中存储的海量和多媒体信息需要有智能化的搜索引擎、交互式智能化而又简单易用的多媒体检索工具，让读者在数字化图书馆系统的各种数据库和知识库中获取有组织的、连续性的、真正所需的信息资源，让使用者不必预先了解或学习检索各种类数据库的技术和方法，这就是意味着数字图书馆必须有异物平台的统一检索界面的功能，并可根据读者的需求提供个性化的主动服务。数字图书馆在检索方法上的要求是以人工智能为基础，读者可以通过自己熟悉的自然语言，不断地与系统进行交互，逐步缩小搜索目标，并将检索结果予以知识化关系，最终获得确切的信息资源，检索的结果可以有多种形式的显示、表达或演示甚至构造虚拟现实。

7. 信息表现多样化。

数字化图书馆拥有多种媒体、多种语言、全文检索，数字图书馆所收藏的资源信息不限于印刷体，而是具有声音、图像、形式等多种媒体，它的存储载体也相应地有光盘、录音、录像带及各种类型的数字化、电子化装置。因此数字图书馆应提供生动、具体、逼真的形象资源。此外，由于读者提供信息资源一致性的服务，要求数字图书馆具有兼容多种语言的能力。不同文化背景、使用不同语言的读者，都可以在数字图书馆中访问到多种数据库和知识库，取得自己的目标文献资源。

8. 更加突出服务的特点。

数字化图书馆加强了信息传播和服务模式，数字图书馆是一个将收藏、服务和人集成在一起的一个环境，它支持数字化数据、信息和知识的整个生命周期的活动，包括生成、发布、传播、利用和保存。它所提供的服务却是主动型的，随时发布和广播各种信息资源的消息，它不断地、主动地为读者提供所需的信息资源，提供导航式和个性化服务。这样图书馆服务模式就由被动式转变为主动式。从根本上改变未来教育的模式和方法。数字图书馆应该不断地综合最新的科技动态，新科技和新学科的发展趋势，对读者进行信息资源的引导和导航。数字图书馆拥有现实的馆藏和虚拟的馆藏，多种类型信息的处理，免费服务，服务模式的广泛性、服务内容的多样化，以及具有部分电子商务的服务模式，使其具有与传统图书馆的不同的组织结构。这种结构的特点是立足于本体。作为一个信息站点，按功能或任务来划分组织机构，包括信息采集整理、信息资源的加工转换、信息发布和服务、数据信息维护等，作为全球数字图书馆的组成部分，应展开形式多样的资源共享，包括联合购买数据库，共同揭示报道馆藏资源，提供统一标准的服务等。但是在提供的资源或服务上必须强调特色，突击分工，相互协作，互尽义务，互惠互利；不同层次的读者可以享受用不同的使用权限；在不同违反版权和其他法律规定的前提下传递信息资源；对某些服务或某些读者的使用率进行正确的使用统计并合理收费功能，可以结合电子货币结算功能。

(三) 数字化图书馆建设的意义

数字化图书馆作为我们国家未来图书馆的发展方向，与它自身的巨大优势有关。我们朝着数字化图书馆的方向发展建设，就必须要弄清楚数字化图书馆建设的意义。数字化图书馆建设的意义具体表现在：

(1) 数字化建设有助于提升图书馆的地位。长期以来，传统图书馆重藏轻用，服务质量差、手段落后，满足不了广大读者的信息需求，图书馆给人留下的印象就是简单的借借还还。新型的数字图书馆改变了传统图书馆的方方面面，从纸质文献馆藏到数字化文献馆藏；从手工操作到人工智能化操作；从面对面的被动服务到网络式的应答服务；从服务内容的简单性、手段的单一性到服务的知识性、多样性，它以现代化、优质、高效的服务吸引读者，提升了图书馆在读者心目中的地位。

(2) 有利于推动图书馆向现代化发展。传统图书馆要向数字图书馆方向发展，走数字化道路，就必须以现代化的设备和先进的技术为支持。现代化的图书馆能够给信息需求者带来现代化的服务方式和服务手段，只要读者需要，可以随时随地接受网上检索、浏览、咨询、馆际互借、专题研讨等服务。因此，图书馆走数字化建设的道路，向新型的、现代化的数字图书馆方向发展是必然趋势。

(3) 能满足人们对信息知识的渴求。传统图书馆是永久保存人类文化遗产的重要场所，它具有许多优点，但是它的各种局限性与落后性，已远远不能满足当今人们对信息知识的渴求。而数字技术给传统图书馆带来了发展机遇，信息技术革命推动了传统图书馆向计算机化、网络化、数字化发展。传统图书馆只有抓住机遇，迎接挑战，力求变革，向现代化、数字化的方向发展，才能满足信息社会人们对图书馆的要求。数字图书馆收藏数字形式的信息，除了纸介质的书刊资料外，还收录其他一切可以数字化的信息，如视频、音频资料、计算机程序等，可以满足读者的多种需求。

(4) 数字图书馆的建立为实施科教兴国战略和提高全民族素质提供强有力的文化基础支持。数字图书馆工程将会根本改变我国文化信息资源保存、管理、传播、使用的传统方式和手段，克服我国文化信息资源得不到有效利用和共享的弊病，为知识创新和两个文明建设营造一个汲取文化信息的良好环境。特别对信息不畅通和文化比较落后的地方，只要联通数字图书馆的网络系统，都能方便地使用丰富多彩的文化信息资源。

(5) 带动相关产业的发展。中国数字图书馆工程是跨部门、跨行业和跨世纪的大型高新技术项目，它的启动必将带动相关产业，特别是信息产业和文化产业的发展，并通过知识的有效传播，最终关联到各行各业，从而产生巨大的经济效益和社会效益。

(6) 通过互联网提升民族文化在世界的影响力。数字图书馆建设对于我们最重要的一点是建立以中文信息为主的各种信息资源，这将迅速扭转互联网上中文信息缺乏的状况，形成中华文化在互联网上的整体优势。并通过互联网传送到世界各地，扩大中华文化在全世界的影响，为人类的文明进步和发展做出应有的贡献。数字图书馆建设对于我们最重要的一点是建立以中文信息为主的各种信息资源，这将迅速扭转互联网上中文信息缺乏的状况，形成中华文化在互联网上的整体优势。数字图书馆还是保存和延续发展民族文献遗产的最佳手段，所有的珍贵资料都可以经数字化处理后，将原件保存在更适宜的环境中，而数字化的资料由于实现原件的复制，并不影响一般意义上的查阅。

(7) 从时间到空间的大规模节约成本。由于数字图书馆是虚拟与现实相结合，大量的数字化信息存贮在无数个磁盘存储器中，通过计算机网络联接形成的一个联机系统。因此，与传统图书馆相比，它占用的物理空间相对很小。利用数字化图书馆的用户可以不与图书馆的工作人员直接见面，而只通过网络与图书馆联系，图书馆专业人员通过电子邮件及电子咨询台与用户联系。图书馆的服务质量取决于软件设计、图书馆专业人员对用户回应的速度和质量、数字化信息的制作、网络的传播速度及人性化界面的设计等；用户也可以直接通过电脑登录至数字图书馆的主页，随意浏览、查询、下载、打印有用的信息。

进入门槛更低。数字图书馆扩大了读者的范围，普通图书馆因为读者对象与地理位置的限制只能为少数人服务，数字图书馆则允许人们在任何地方、任何身份进入图书馆自由查询。

(四) 数字图书馆建设应解决的问题

作为一个未来的图书馆发展方向，数字化图书馆的建设过程不是一帆风顺的，由于时代和技术的制约，数字化图书馆在发展中还存在大量的问题。我们要想在未来广泛建设数字化图书馆，这些制约数字化图书馆发展的难题就必须要解决。目前，数字化图书馆建设过程中面临的困难有：

数据的存储问题。一般来说，磁盘上的信息最多只能保存十几年，因为它要经受温度、磁场、记录存储格式、硬件配置、新旧系统间的互换等多方面的影响，尤其是软件与硬件技术设备迅速更新的影响。

数据的传输问题。数字图书馆能得到充分使用的一个必备条件是要有足够的带宽，以保证快捷地传输文本、语音、图像、影像资料。多媒体点播系统，全文存储和全文检索对网络的带宽都有较高的要求。

信息的安全与防护问题。信息安全问题是计算机网络界最为头疼的难题，也是数字图书馆建设中的难题之一。对信息安全的威胁来自计算机病毒、黑客对信息资源的攻击、不法分子蓄意摧毁系统的处理能力或破坏系统的通信装置。

经费投入问题。数字图书馆的建设需要投入大量的人力、物力、财力以及时间，尤其是设备的更新、数据的存储、传输、纸质文献的数字化，都需要大量的经费投入。如果仅依靠图书馆的力量，“以文养文”是行不通的，因为图书馆具有社会性和公益性，肩负着传播文化知识的使命。另外，向用户收取数据使用费还要受到用户经济承受能力的影响和制约。

馆员素质问题。由于数字图书馆与传统图书馆相比有着很多不同，所以数字图书馆员应成为数字化信息专家，要掌握计算机技术，多媒体技术，网络技术，信息的存储、检索、传播技术；要提高外语水平，以便在丰富的英文信息资源中获取有用的信息；还要有扎实的语言文字功底，以便将网上的信息做深层次的加工。从目前图书馆员知识结构的现状可以看出，符合这些要求的高素质人才严重不足，还远远不能满足数字图书馆的要求。馆员的继续教育和知识更新势在必行。中国高校图书馆员队伍整体现状是专业知识和技能普遍不能适应数字图书馆发展的要求。

当前，我国的数字图书馆建设正处于发展阶段，在理论上的支持还不够完善。对数字图书馆的定义有分歧，没有统一的定义。例如，数字图书馆联盟就这样定义：对数字信息对象进行收藏，支持用户获取这些信息对象和进行定位检索，表现和组织这些对象的方式以及将其对象提供给用户的信息技术；国内图书馆领域是这样定义的：数字图书馆是储存在计算机网络中海量数字化信息的资源库。它由数字化资源、分布式管理和网络化存取三个基本要素组成；美国科学基金会是这样定义的：数字图书馆是将服务、收藏和联系在一起以支持信息、数据和知识的相关流程，包括创造、传播和使用、保存等全部过程。数字图书馆的建设，一方面提高了图书馆管理水平，丰富了图书馆的服务功能；另一方面能以更充足的网络资源服务于大众，渠道更加科学、快捷。这是对传统图书馆服务和技术的补充和提高。另外，很多图书馆界人士容易将虚拟图书馆、电子图书馆与数字图书馆的概念混淆，错误地认为它们是可以相互替代的、同等的。其实，这三个概念是有明显差别的：虚拟图书馆收藏的信息和知识资源是借用超级链接对网站、网页以及数据库等进行连接，但是这些资源不能储存，它是一种“虚藏”，没有一个具体的、特定的图书馆作为依托，缺少图书馆实体；电子图书馆大多是借用电子载体利用和存储知识信息资源，工作自动化和电子资源化是电子图书馆的主要特征；数字图书馆已经在数字化和电子化的技术上有了突破，它既可以是图书馆的信息资源，也可以是不同类型、不同地区数字化信息资源的集合。

随着数字图书馆的兴起，馆员队伍中专业人员与技术人员少、工作热情欠缺、年龄老化等现实问题显得更为尖锐。由于图书馆地位历来没受到足够重视，各大高校中普通馆员与教师仿佛是两个相差极大的级别而接受截然不同的待遇，致使图书情报专业、计算机专业、自动化专业等方面的人才择业时很少会将图书馆置于优先考虑的范围，这也是一直以来高校图书馆出现高素质人才难以引进，而馆内人才纷纷跳槽另谋高就的重要原因。对现有馆员队伍缺乏系统的、有计划的在职学习和培训，馆员和业务水平难以出现质的提高，知识结构和观念落后陈旧，无法适应提供数字化信息资源服务的要求，这也是不容忽视的一点。

面对图书馆本质特征和主体功能异化的挑战。数字化图书馆的发展建设过程中，要防止图书馆本质特征和主体功能的异化。图书馆利用文献资源免费向公众服务，在新世纪仍然是图书馆的本质特征，是图书馆同一切营利性信息咨询机构相区别的根本之处。联合国教科文组织公共图书馆宣言早就指出："公共图书馆的大门必须是自由平等地向全体社会成员敞开"。这是图书馆的精神所在，立馆之本。多少年来，无论是在东方，还是在西方；是在发达国家，还是在经济欠发达国家，图书馆几乎无一例外地按照这一原则为社会公众服务，显示出它自身的服务价值，使它成为人民乐意享用的精神家园。

然而，近年来，我国图书馆界已有不少单位以各种名目开始向读者收取费用，在增强图书馆造血功能的理论误导下，图书馆收费服务当前仍呈现难以遏制之势。事实上，收费服务不仅违反了图书馆免费服务的立馆精神，也是对图书馆公益性机构的公然挑战，图书馆远离了公益性服务，国家就有理由不再给予图书馆经费上的投入，图书馆离开了国家的投入，必将难以生存和发展下去。因此，图书馆公益性服务的本质特征不能改变。当今世界上绝大多数国家对图书馆仍然实行全额拨款制度，有的国家还运用法律形式对其加以保护。

与这一问题相关的是图书馆功能问题，如果图书馆性质被异化，更多地关注创收与经济利益，势必就要为此目的而更多地拓宽图书馆的功能，而使图书馆为读者服务的主体功能受到影响。图书馆为读者服务的主体功能一旦受到影响，图书馆的读者服务质量必然下降，图书馆就有可能因此而失去读者，失去在社会中良好的公众形象，而使图书馆处于危机之中。因此，图书馆的主体功能绝不能受到挑战，新世纪不论现代图书馆发展到什么水平，有哪些新的特点，功能如何多元化，但它为读者服务的主体功能不能削弱，不能异化，图书馆主体功能与相关功能的位置也不容颠倒。

面对海量文献信息资源的挑战。21 世纪仍然是信息爆炸、知识爆炸的时代，海量文献资源已使全球任何一个图书馆都无力将每年出版的各种不同类型、不同文种、不同载体的文献订购齐全，从而导致图书馆收藏文献的品种与当年文献出版发行的品种之比严重失调。文献收藏缺门空挡，文献覆盖率低下，文献品种锐减的状况越来越难以遏制。海量文献资源和信息全球化对我国图书馆原有的馆藏结构，以致给地区性、全国性的文献资源布局也造成巨大的影响，它必然要求图书馆文献收藏具有精品意识，更重视文献的知识内容和信息含量，注重文献收藏的特色，也迫使图书馆积极参与馆际间的协作与协调，进行馆藏的合作发展，并在合作发展馆藏的基础上开展馆际间的共建共享活动，大家牵手联合、共同构筑文献信息资源的保障体系，以应对图书馆在海量文献资源冲击下遇到的各种问题。

当图书馆难以应对海量文献资源时，网络资源的出现确实使人惊喜不已，网络资源使人类在更高层次上以新的技术手段展示文献、利用文献，也使人们看到了真正解决文献信息资源共建共享的新希望。网络资源拓宽了人类运用知识、信息的巨大空间，使人类对全球信息的合作与共享从梦想变成现实。它对人类社会的进步与科技创新将起着无与伦比的积极推动作用。但网络资源同时也给人类信息传播与利用带来许多复杂性，与之伴随而来的虚假信息、无用信息、淫秽内容、陈旧老化知识等都使图书馆工作目前处于一时难以应对的尴尬境地。对于人类来说，强化对网络资源的管理与控制已刻不容缓。图书馆有着管理文献资源的丰富经验，只是要根据海量文献资源的特点研究其收藏、整序和有效利用的新的游戏规则，使海量文献资源和网络资源都能顺从地为人类服务。面对海量文献资源和网络资源的挑战，图书馆及早采取应对措施是十分必要的，这样做，我们就不会使工作陷入被动，更不会因此而付出沉重代价。

关键技术问题。数字图书馆是采用现代高新技术所支持的系统工程，信息技术的集成在数字图书馆的建设中扮演着非常重要的角色。具体来说，数字图书馆涉及数字化技术、超大规模数据库技术、网络技术、多媒体信息处理技术、数据库与分析处理技术、信息抽取技术、基于内容的检索技术、自然语言理解技术等。我们必须针对数字图书馆的应用背景，综合运用有关原理和方法，重点突破关键技术，才能为数字图书馆的建设提供坚实的技术保障。

标准与法规的制定和实施。在进行数字图书馆研究和建设数字资源库的过程中，应借鉴发达国家数字图书馆建设的经验教训，尽早制定统一的适合中国数字图书馆建设的资源描述、标识、查询、交换和使用的标准规范及法规；尽量使用国际标准，对那些不是按标准格式进行组织的资源库，也必须考虑数字项的充分描述，并要有灵活的接口，以保证日后对数据的转换与衔接；同时在进行资源库的加工过程中要考虑对版权问题的处理，以做到充分的尊重知识、尊重智慧，使我国数字图书馆在建设伊始，便遵循标准化、规范化、法制化管理的发展道路。

各类数字化资源的开发与利用。数字图书馆建设必须以建立丰富的数字资源库为基础，否则实现数字图书馆就是一句空话。各类型图书馆应针对本馆实际情况，将本馆馆藏资源数据化，建立具有本馆特色的数据资源库。数字资源库中包括中文数字资源群、引进国外的专题数据库。通过相接的网络系统实现大部分地区图书馆文献资源的联机采编和馆际间互借。

重复建设问题突出和缺少统一规划。由于国内各地区、各系统以及各馆之间无一个权威的协调机构，也无规划布局和分工实施计划，数字图书馆建设缺乏全局性的统一规划和政府权威部门的协调。即使数字图书馆加强引进新的设备和技术，加速发展本馆资源数字化，资源共享也难以在单一的封闭环境中实行。数字图书馆建设彼此孤立、难以协调，各自发展规模，向大而全方向发展，缺乏凝聚力。

数字资源建设和利用严重重复，整体规划不够规范，资源分布不成体系。用户在检索数据时，并不想知道他们所寻求的数据从哪里来或者应该如何查询到，他们只是要求即刻、方便、快捷地获取确实可行的数据，但是用户花了大量的时间检索出来的数据并不是自己需求的或者含有大量重复内容。缺乏统一标准和通用规范。数字图书馆建设中缺少统一遵循的标准和规定，使用的软硬件规格不一，存在着自主选择数字化信息资源开发和利用标准的混乱现象，其结果是各数字图书馆数据不兼容，系统之间难以相互沟通、相互应用。资源无法共享，造成人力、物力和财力的浪费。用户检索自己所需求的数据，并不能一次检索到。有时候要换不同的数据库检索，数据库中的资源无法共享造成了用户检索时间的大量浪费。数字图书馆高素质管理人才缺乏。许多数字图书馆的建设仍然停留在建设本馆馆藏资源的数字化和本身网络服务上，对于全球信息资源一体化发展和建设图书馆开展资源共享的意识淡薄。高层次人才匮乏也成为数字图书馆工作的当务之急。信息化人才是国家信息化体系的六大要素之一。数字图书馆是一项高科技与文化结合的重点工程。在推进我国数字图书馆的过程中，应不断发现和培养既专业又具有深厚文化底蕴的复合型信息化人才。版权意识薄弱。“Google 侵权门”培养了人们对于版权问题的思考。版权是数字图书馆建设可持续发展的根本保障。多数数字图书馆法律意识淡薄，忽视版权问题，侥幸心理较重，对于保护权利人的利益和版权人权利的限制等数字版权重视不够。作为网络环境下的信息管理系统，数字图书馆的每种信息几乎都与版权相关。于是版权问题在数字图书馆的研究与开发过程中也就无法回避网络环境中电子形式存在的数据可以很容易地复制、修改和分发，所以围绕版权保护和电子信息传输的许可问题就显得特别重要。尽管当前的大多数数字图书馆的项目规划员都意识到必须解决知识产权问题，而且有意把解决知识产权问题作为数字图书馆总体规划的一部分，但在他们的系统或实践中却进展甚缓，而且在目前的法律保护下对数字图书馆中的知识产权问题没有清晰、完善的解决办法。

我国数字图书馆数据库信息保护问题。数字图书馆的信息安全是指数字图书馆信息网络的硬件、软件及其系统的正常运作和保证其中的信息不受侵犯。数字图书馆信息安全主要包括两个方面，即信息存储安全和信息传输安全。其中，数据库信息安全是主要问题。信息在互联网这个无序的信息网络中运行时，任何一点漏洞都会遭到偶然或恶意的攻击。一些具有超凡计算机技能的人利用系统漏洞攻击系统。软件的漏洞和后门等容易导致数据泄露，破坏信息的有效性和完整性。同时，操作系统的广泛运用，使得计算机病毒大量传播，如果数字图书馆的网络信息系统安全保障性差，将会给黑客的入侵提供大量的便利条件。一些未经系统授权的行为人通过系统认证窃取信息，导致数字图书馆的数据安全得不到保护，从而使得网络资源不稳定，信息容易被窃取，著作权人的权利受到侵犯。数字图书馆中存储文献的数据库信息遭到破坏。

我国数字图书馆读者个人信息法律保护问题。随着信息技术在网民中的普及与提高，越来越多的人掌握了一些获取个人信息的技术，由于数字图书馆的安全性并非天衣无缝，管理软件安全性保障不一，而且在客观上图书馆员的素质良莠不齐，从而造成对读者个人信息的安全侵害。第三方还可以直接侵入图书馆数据库或用户数据库，查看、篡改、传播读者个人信息，如果这种行为是出于恶意，那么读者的信息权益将会受到极大威胁。例如，2007 年年初，湖南某高校的网站发出一帖子，大爆该校图书馆泄露个人信息，使读者个人信息的安全受到威胁。数据用户在利用数字图书馆的过程中，需要输入或多或少的个人信息，而如果用户安全意识不强，有可能会导致账号和密码失窃。而数字图书馆在收集用户信息时，必然有泄密的嫌疑，如果操作不当，数字图书馆将会面临承担民事责任的法律问题。这些都造成了读者个人信息的泄漏。

(五) 图书馆数字化建设的方法对数字图书馆建设的建议

(1) 统筹规划，避免重复建设。数字图书馆是跨地区、跨行业、跨部门的系统工程，在建设中必须统一思想、统一步调、提议规划目前我国数字图书馆建设还缺乏一个全国性的宏观规划，出于各自独立、相对分散的状况，在相当的范围和层次上存在重复建设的问题。因此，各个图书馆之间要相互联系，大图书馆要起带头作用，先进图书馆要带动落后图书馆。在专家把关、科学论证的基础上，制定出各地区、各级图书馆的规划，保持大局的协调一致。

(2) 统一标准，规范管理。数字图书馆的本质特征是建立基于网络技术的数据库信息系统。数字图书馆建设中的标准化与规范化是数字化文献信息资源共享的一个十分突出的问题。建设数字图书馆的信息资源库必须由众多单位和部门通力合作，共同参与。但是，由于目前我国在数字化文献信息资源建设方面尚缺乏统一的标准，各个单位所建设的数字化文献信息资源不仅数据库本身不兼容，而且在用户界面、搜索语言等方面也存在很大的差异，这些都直接影响数据库的质量和查询服务效果。作为数字图书馆，不仅要考虑到区域联网、国联网还要考虑到最终要与全球联网，因此必须积极研制并引进国外相关标准和规范，在各种技术标准的选择中，要尽量考虑与国际标准兼容，从而使我国的数字化文献信息资源建设走上规范化的轨道。

(3) 数字图书馆的发展离不开拥有知识产权法律知识的复合型人才。图书馆界应尽早建立熟悉图书馆业务知识、网络知识、法律知识及国际公约条例知识的理论研究队伍，参与知识产权法律条文的制定，使我国知识产权立法向国际标准靠拢，并尽快制出一套适合中国特色的、对数字图书馆起到切实可行保护作用的法律、法规、规章，尽可能地达到既保护知识产权人权益，又给数字化的图书馆发展提供宽松的环境的目的。对于每个数字图书馆个体来说，了解法律特别是知识产权方面法律的专业人才也是必不可少的。所以，数字图书馆在人才的聘用和培养上也应该下大功夫。

(4) 尽快完善著作权集体管理制度。传统的图书发行主要由作者、出版社、发行商几个角色构成，经过长期演变，已经形成了相对稳定的架构。在这个架构里，取得著者的授权是关键，现今的版权法支持的是一对一授权模式。随着网络的发展，数字内容传播产业发展如火如荼，而数字传播对信息的应用方式与传统纸介图书区别巨大，采用传统的一对一模式来处理网上海量信息难以实现，只能寻找集体解决的途径集体管理在实现和维护著作权人合法权益的同时，为作品使用人提供方便畅通的使用渠道，有利于作品的广泛迅速传播。例如，中国音乐著作权协会作为国内第一家著作权集体管理组织，不仅全面为中国音乐词曲作者开展版权服务，而且还与世界上几十个同类组织签订了正式的业务合作协议，提供音乐服务或视频点播服务的网站，其所使用的素材不必一一通过著作权人的许可，只要由中国音乐著作权协会授权并向这一组织支付报酬。

(5) 加强用户和管理人员信息安全意识。信息安全意识薄弱是导致信息安全问题的根本原因。要防止安全问题的产生，就要重视系统安全，全面认识和熟练操作安全软件，及时为系统打补丁，定时升级安全软件。其实不仅馆内的工作人员（包括管理者、信息安全人员和其他工作人员）需要有强烈的信息安全意识，读者和用户也要具有一定的信息安全观念。目前，数字图书馆的用户普遍没有认识到信息安全问题的重要性，大多数人认为只要保护好密码就足够了，而且很多用户的密码设置非常简单，这为黑客获取用户密码和信息提供了便利。为了解决这个问题，数字图书馆应该定期组织用户进行信息安全培训，提高用户的信息安全意识。

(6) 增加信息安全管理人员，加强培训。目前，国内数字图书馆大多缺乏专业的信息安全管理人员，信息安全管理工作多由技术部人员来完成，由于原有的技术人员缺乏全面的信息安全管理知识和技能，难免在这方面做得不够完善，导致各种安全问题的产生。因此，各馆应适量引进信息安全管理方面的专业人才，并对现有管理人员进行全面、系统、科学的安全管理培训，从管理人员素质入手，提高信息安全管理水平。

(7) 加大信息安全保障经费投入。国内数字图书馆建设普遍存在经费不足的问题，相应的用于信息安全保障的经费也必然十分有限，很难满足数字图书馆的信息安全需求。由于受到经费限制，安全设备的采购严重不足，很难满足实际需要，这就导致在如今网络攻击日益加剧的情况下，信息安全防护能力相对薄弱，容易出现易于攻击的漏洞或弱点，导致安全事件的发生。

(8) 改善信息安全管理策略。信息安全管理策略就是根据数字图书馆的信息安全方针，依据各个部门的实际情况，分别制定不同的信息安全管理制度，目的是为针对各部门情况分别进行安全管理提供依据。目前只有少数大型数字图书馆制定了简单的信息安全管理策略，其余大部分图书馆都还未意识到管理策略的重要性，有些数字图书馆即使制定了相关策略，也没有真正地把制度落实到位，根本达不到预期的效果。各个图书馆应将信息安全管理措施落实到位，贯彻执行。

要想未来的数字化图书馆广泛、快速的发展，我们可以从以下的方法来改善、加速数字化图书馆的建设。

(1) 立足于图书馆馆藏资源状况，不断优化馆藏布局。针对以往图书馆不重视虚拟资源的现象，建设者应及时撇除“藏大于用”的陈旧观念，大力开发虚拟资源的实用价值，最终实现虚拟与实体资源并重的馆藏模式。相较于书刊、报纸等实体知识资源，虚拟知识资源具有占地小、内存大、不易损坏、交互性强等优势。虚拟知识资源所囊括的范围也非常广泛，不仅包括各种类型的电子书、电子杂志，也包含 CD 制品、视频、影像资料等内容。图书馆建设者应当重视虚拟资源的吸纳与推广环节。

事实上，实体与虚拟的资源还有着相互促进、相互配合的关系。比如说，如果能够将《哈姆雷特》原著与电影版本结合起来欣赏，就会有更加深刻的认知感受。所以，工作人员可以在书籍上给出标示，或者在资源搜集页面上提供链接，从而明晰实体与虚拟资源的交互关系。相信在融入数字化技术之后，图书馆的馆藏格局会呈现出焕然一新的面貌。

(2) 为读者们提供足够的搜寻服务，减少他们在搜寻环节所花费的时间和精力。比如，图书馆应当建立起涵盖面广、效率高的馆内搜索引擎，不断优化其性能。馆内应当配备充足的查询机器，以便读者快速地掌握藏书位置和储备状况。另外，图书馆可以聘请专业知识扎实的工作人员担任导读员，引导读者进行有意识、有方向的阅读。

在数字化图书馆的建设过程中，工作人员应重视与读者建立起双向的互动关系。唯有明确读者的知识需求，图书馆才能“对症下药”，建设完善的知识资源储备系统。考虑到网络交流的便捷性与个性化，图书馆可以营造起一个广阔的网络共享平台，让读者们以网络为载体，实现与馆藏资源“一对一”式的连接。

(3) 建设数字化图书馆，不能缺少专业化的人才支持。图书馆应积极引入一些计算机技术人员、档案专业人员以及具备知识产权知识的工作人员，让他们各司其职，共同构筑起信息化的管理格局。从图书采购环节开始，图书馆便需要信息工具的辅助。为了避免采购的书刊长期被“束之高阁”，采购人员必须要了解读者们的知识需求，而不仅仅以流行度、专业度等因素来评判一本书的实用价值。

例如，工作人员可以借由网络调查表、采购书籍征集单等形式，让师生们参与到采购环节中来，从中明确大致的采购方向与任务。此外，知识资源的录入、整理、共享等环节都不能缺少数字化技术的支撑。唯有将图书馆建设的各个环节串联在一起，用数字化技术作为“主心骨”，方能推动高校图书馆事业的不断腾飞。

数字图书馆的建设，不仅给图书馆业带来一场革命，而且也为文化传播打开了电子时代的大门。数字图书馆的数字化馆藏凭借高新技术，可以经济、快速地传播，方便地被人们所利用，从而不断地激发人们的想象力和创造力，从而成为今后经济和文化的载体和催化剂。因此，数字图书馆的建设不仅是潮流和信息技术革命的必然产物，也应该是在新的历史条件下引领文化大发展的先锋。从未来的发展趋势来看，为了实现更广阔的资源的共享，在建立完善网络安全系统的基础上，必将形成数字图书馆的资源共享，这也是未来数字图书馆的发展趋势和目标。

(六) 数字图书馆的基本模块

数字图书馆是一个开放式的硬件和软件的集成平台，通过对技术和产品的集成，把大量的各种文献载体数字化，将它们组织起来在网上服务。它由五大模块组成：各种载体数字化，数据储存和管理，组成有效的访问和查询，数字化资料的传递和接收，权限管理和版权保护。

1. 各种载体的数字化

将书刊、古籍、善本等各种文字、图像(包括地图),缩微制品包括缩微胶卷和缩微平片等,利用计算机和相关设备,将这些资料数字化。关于录音、录像、电影胶卷、唱片等可采用各个公司提供的产品,将音频、视频信息资料数字化,各公司往往提供压缩技术的先进工具来处理。

2. 数据的存储和管理

数字图书馆大多数采用客户机/服务器的模式。客户、图书馆服务器和对象服务器构成信息传递的核心结构。图书馆服务器主要管理数据的目录、索引和查询,而对象服务器用于管理数字化的对象(即各种类型载体的原文献),当对象数据直接到达客户的时候,就实现了图书馆对象数据的传送。它存储和管理的数据量是巨大的。

3. 组织有效的访问和查询

文本类型的文件检索,实现在网上的快速全文检索软件:如何为多媒体信息建立索引,让用户进行有效的查询,也是当前研究的热点之一。直接针对图像建立索引,可以按照颜色、图案来索引纺织品的图案;用边缘轮廓结合其他图像处理技术索引人脸照片等;用同样的方法,对数字化的视频和音频信息内容进行查找,这是访问 DL 的关键技术。

4. 数字化资料的传递

综合业务数字网(ISDN),目前已成为多媒体通信的基本传输网络。ISDN 分为窄带(N-IDFN)和宽带(B-ISDN),前者在美国、欧洲、日本已投入使用,它可以传输声音等连续媒体和低质量的视频信号。有线电视(CATV)广播网络,可以说是 DL 最有前途的传输环境。美国一些专家称之为“信息高速公路的最后一公里”。我国只要对目前的有线电视网络作适当改动,使其具有正反向传输功能之后,就可以用它实现高品质的计算机联网、信息终端和交互式电视等功能,就可以作为 DL 的传输环境。

5. 权限管理和版权保护

数字图书馆的安全性显得很重要,它要有一般计算机网络系统的管理功能,要重视各种类型用户的权限管理;更重要的是,必须用适当的技术确保版权人的资源不被滥用。

(七) 数字化图书馆的发展途径

1. 数字化图书馆要始终坚持科学研究和建设紧密结合

数字化图书馆建设是一项十分庞大而又复杂的系统性工程，国际上很多发达国家的数字化图书馆建设已经度过了初级阶段，正向着飞速发展的阶段进步，很多图书馆正在向着选择性、技术性和实验性为目的的数字化图书馆方向转变，在未来这些先进的数字化图书馆主要面向全社会的用户，其发展方向是全方位的。而对于我国数字化图书馆的建设，首先应该将技术和科学研究及密结合，并将其积极地应用到数字化图书馆工程建设中，并保证科研层面和建设层面保持密切联系合作，只有这样才能使数字化图书馆建设工程更加符合我国的实际国情。而最近几年的中国数字化图书馆示范系统重大应用课题开展建设，不仅能够保证我国数字化图书馆建设的正确导向，同时也能够保证最先进的技术成果迅速转化为应用产品，及时地应用到相应的工程中去。

2. 馆藏资源数字化建设要有整体的发展思路。

数字化图书馆作为一个包含海量信息资源的多宽带媒体的网络信息系统，其数据资源库应包含历史资料在内的所有资源的数字化内容。也就是在建过程中应把传统图书馆所有的馆藏资源录入到这个系统中，然后再将其他有用的数据资料整理入库，提高数据资源建设的整体性，以便更高地实现信息资源的共享和优势互补，这些工作对于数字图书馆的建设具有更为深远的意义。

我们以建设数字化资源库为例，在传统的图书馆中，一本书在不同的地区都会存在，这是地区限制的结果，也是一个十分普遍的现象，为了满足不同地区读者的需求，重复建设不可避免。但是在建设数字化图书馆过程中，由于互联网技术优势，如果一个地方建设这样书籍，而另一个地方同样也录入了这样的数据信息，就会导致对同一种书籍重复录入，增加了劳动力不说，还增加了资源信息的浪费。如果这种现象扩展到几万本甚至是几十万本的图书期刊建设中势必会造成各类图书资源的过度浪费现象。目前我国各种类型的图书馆有成千上万个，它们有的隶属于文化教育部门，有的隶属于国家教育部门，由于法律缺乏相应的管理手段，直接从行政方面对其进行统一规划建设存在很大难度。所以，我国的图书馆在建设数字化图书馆过程中应该通过国家科学技术发展，采取统一的规划措施，联合多地信息资源建设，对其协调管理，切实做好图书馆信息资源建设工作。

3. 数字图书馆建设以市场为导向，平衡好公益性和营利性之间的关系

在我国市场经济环境下，数字化图书馆建设应该充分发挥政府宏观调控能力，注重按照市场经济的规律处理建设中的问题。在建设数字化图书馆过程中，由于图书馆缺乏资金，国家投入力度不足，因此在图书馆经营过程中在保证公益性的基础上可以适当地追求经济效益。

数字化图书馆是我们国家未来图书馆的发展方向，我们必须充分了解数字化图书馆的所有相关情况，包括其优势、特点、功能以及面临的挑战等。通过高科技手段来解决数字化图书馆建设技术上的难题；通过政府的宏观调控来对数字化图书馆的建设创建一个安全的、适宜的环境；通过对人才的大力引进，提高数字化图书馆未来的核心竞争力。

第四节　图书馆的发展呈多维状态

科技的不断发展与进步，对图书馆的影响与改变是显著的。当前，我们国家的图书馆发展呈现一个多维状态，百花齐放，百家争鸣，各种形式的图书馆都在发挥着各自的重大作用。

1. 数字图书馆

数字图书馆代表了图书馆发展的方向，我国也正在加紧实施数字图书馆工程。但是数字图书馆是一个使用了现代高新技术的复杂系统，实现它并非一朝一夕之事，对于我们这样一个拥有 13 亿人口的发展中国家来说，图书馆这场以新技术为先导的革命不可能在一朝一夕完成，它需要一个渐进的发展过程。总体而言，一些大型图书馆、经济发达地区的图书馆可能走得快些，我国西部经济欠发达地区和一些中、小型图书馆这一过程就要慢些。

21 世纪中国图书馆界仍将呈现多元化格局，图书馆不可能以一种单一的形态存在，而是手工操作的传统图书馆，以计算机为运作手段的自动化图书馆与数字图书馆几种形态同时并存，表现为一种多维的发展态势。

另外，我们还应看到这种多维性不光表现在图书馆的发展形态上，同

时还表现在一个图书馆的自身结构与运作上。一个图书馆可能同时存在几种运作方式，发挥着各自不同的功能。具体表现可以归纳为以下几个方面：

（1）多种信息载体共存互补，尽管数字化信息载体将获得空前迅速地发展，但纸质印刷品非但不会消亡，而且仍在增长，仍受到广大读者的青睐；

（2）多种信息载体的存储方式与传统书、刊、报的典藏方式并存，图书馆既要保留传统的书库和阅览室，又要解决光盘等电子出版物的存储与维护问题；

（3）多种信息载体流通方式同时并存，21世纪图书馆既要运用信息网络传递信息，又要运用传统的外借、阅览、送书上门，邮寄借书、馆际互借等方式为读者服务；

（4）人与机器并存，21世纪图书馆自动化程度越来越高，机器的数量、品种、使用频率不断增长，但人的因素仍然是基本的、主要的、不可忽视的。因为一切机器都要靠人来掌握、操作、维修与管理。重要的是图书馆工作人员面对一个自动化程度越来越高的图书馆，应当具有驾驭机器的能力，以便能将图书馆变成人与信息、人与人之间交流的知识空间，变成人们乐于享用的虚拟世界、知识乐园。

2. 读者阅读需求将呈强劲增长态势

图书馆的核心价值就在于为用户提供需要，为社会创造价值。任何一个图书馆要想取得持续成功，就必须持续满足读者日益增长的需求。据国家统计局的有关部门统计，1999年，全国县以上的公共图书馆共接待读者1.8亿人次，外借书刊1.63亿册次，解答读者咨询162万条，代检索课题4.3万项，编制二、三次文献6.6万种，举办各种读书活动3万多次。这些都比20年前有了大幅度的增长，究其原因就在于近20年科技进步和社会的全面发展一直驱使劳动者加快知识更新的速度，由此也引发了读者阅读需要的日益增长。

任何事物都是有其规律的，21世纪将进入知识时代、信息时代，这将是不以人们意志为转移的历史发展进程，知识经济中所形成的“知识驱动”，将必然促使读者阅读需要的进一步强劲增长。1994年联合国教科文组织首次发表的《世界科学报告》中指出：发达国家和发展中国家的差距主要是“知识的差距”。

我国是发展中国家，要缩短和发达国家的差距，提高我国社会劳动者素质就势在必行，而这一趋势就必然为打开图书馆这座知识宝库的阅读市场展现无限广阔的前景。从现实的情况来看，劳动者知识偏低，也成为制约我国国民经济和社会发展的重要因素。

现在，一部分人由于文化水平不高，职业技能低下，缺乏就业竞争能力；另外，又有许多新兴行业和新兴工种、科技含量较高的工作岗位，劳动市场难以为他们招募到理想的求职者。要解决这一问题，关键在于提高劳动者的整体素质。因此，在未来社会，中国将会有数百万、数千万的劳动者边工作边接受培训，图书馆则是广大劳动者实施终身教育的大课堂，广大劳动者在这里表露出对知识的渴望和追求、对阅读的兴趣和爱好将会远远超过以往任何时代。

从另一个角度看，阅读是人们的一种精神追求，人民群众生活好了，就需要精神生活。人们可以到图书馆看书学习，也可以到图书馆谈天说地，纵论古今。改革开放大大开阔了广大读者的阅读视野和拓宽了他们的阅读领域。无论是对国际大事，诸如东南亚金融危机，还是对国内大事，诸如国企改革、金融改革、教育改革、住房制度、医疗制度改革等，抑或家庭问题、社会问题、孩子教育、健康长寿、花鸟虫鱼等，无不反映在阅读上，图书馆面对的是一个多元的阅读世界和动态的阅读需要。图书馆作为一种专门满足读者阅读需要的“特殊机构”，应对读者的阅读需要具有敏锐的预见能力。这也是在新世纪阅读需要呈强劲增长态势的重要因素。

就科研读者而言，他们的阅读需要呈强劲增长的势头更是不言而喻的。这是因为21世纪中国需要提高国际竞争力，需要确保国家第三步发展战略目标的实现。为此，中国正在开展知识创新工程。广大科技人员在这一科技创新工程中瞄准国家经济和社会发展战略目标，瞄准国际科技前沿积极开展科学研究，投入科技创新活动。然而，任何知识创新都离不开前人所积累的科学研究成果，都需要图书馆为他们提供最具价值的文献资料。科研人员强劲增长的阅读需要将必然对图书馆形成巨大的冲击波。有远见的图书馆领导，应具有“粮草先行”的使命感，尽快储备文献信息，采取有效措施以提高对科研读者的文献保障率，尤其是大中型图书馆，为科研读者服务是自身责无旁贷的任务，更应让图书馆从业人员尽快进入科技前沿和进入经济建设主战场，广、快、精、准地为科技人员提供文献服务。

简言之，图书馆是为读者服务的工作机构。图书馆的生存和发展有赖于广大读者对图书馆知识、信息的日益增长需求。新世纪这一需求在广大劳动者和广大科研工作者中以强劲的态势涌动着。图书馆作为科研、教育的智力后援系统，作为传播知识和信息的重要基地，作为全民享用的知识宝库，不仅有能力满足读者这一日益增长的阅读需要，还应通过调研分析，及时了解读者阅读需求的变化，紧扣时代主题，按照时代脉搏开启民智，激发他们的阅读热情，并用科技文化积累厚重、思想精深、人民群众喜闻乐见的各类书刊吸引，从而拉动广大读者日益增长的阅读需求。读者日益增长的阅读需求是图书馆可持续发展的“催生婆”，图书馆满足读者日益增长的阅读需求，应是图书馆工作中终极性的价值取向。

3. 乡镇图书馆和城市社区图书馆将会有更大发展

众所周知，中国以农民大国著称于世，世界上任何国家的图书馆都不可能像中国图书馆面对如此众多的农民读者，提高中华民族的人口素质，在很大程度上是要提高占我国人口绝大多数的农民的文化素质。中国要繁荣富强，要实现新世纪的奋斗目标，要在 21 世纪再造新的文明史，就不能不关注农民问题，对于图书馆来说，在农村建立、巩固和发展乡镇图书馆，让农民有地方获取知识营养，将是新世纪不可推卸的责任。

从文化层面来看，改革开放 20 多年来，农民的整体文化水平有了一定的提高，青少年农民已基本扫除文盲，尽管他们的文化程度还不高，当中受过中、高等教育的人占全部农民的比例还很少，但当代农民已逐步从科教兴农的伟大实践中认识到通过求知达到致富的真谛。渴望知识、信息，反映新一代农民的精神风貌。

乡镇图书馆作为农村传播知识的主渠道，农村文化活动的当家阵地，这几年已经有了一定程度的发展。全国现已建成 4 万多个规模不等的乡镇图书馆，但这个数字与 9 亿农民的实际需要还是相差太远了。乡镇图书馆的发展还未达到应有的理想目标，要改变我国 40 多万人才拥有一所图书馆的状况，加快发展乡镇图书馆、加强农村地区图书馆的网点建设，是符合中国国情的重要选择。

网络技术和数字技术的发展，使得新媒体与传统媒体在服务内容、传播途径、应用终端、业务功能等层面相互融合，边界逐渐消融，在此情景下需要意义涵盖更广阔的媒体概念，于是“全媒体”概念出现并被广泛应用。全媒体（Omnimedia），是在新媒体和传统媒体之上采用多种媒介形态（纸媒、广播、电视、手机、网络等）的融合，通过广电、电信、互联网三网融合技术，实现用户终端（电视、手机、计算机）三屏合一的融合接收，达到质变后产生的内涵丰富新颖的传播形式。正如《新媒体前沿（2011）》所指出的那样：随着不同物理网络功能逐步趋同，互联网的一些典型特征，如互联、交互、融合等，将渗透全媒体发展的技术走向，人类已经共同进入到一个被“互联网化”和“数字化”的全媒体时代。在未来图书馆信息服务中，数字图书馆和传统图书馆边界也将逐步消弭，呈现出一个区域融合、网络融合、平台融合、终端融合、信息融合的全媒体服务模式。

图书馆界对全媒体的辨析、研究及应用。全媒体是在技术进步与社会需求两重力量推动下，不同形态的新旧媒体相互会聚和交融，实现多种功能一体化的传媒形态。全媒体的意义在于无论是新媒体还是传统媒体，均可以通过更为广泛的融合，跨越平面、电视、网络、移动等传播平台，接收和发布信息，实现全方位覆盖和多角度互动，新媒体与传统媒体在融合中共生共长。文化部副部长杨志今先生在“国家数字图书馆推广工程启动仪式”讲话中指出：“以3G、智能移动终端以及数字电视等新兴媒体为代表的信息技术与通信技术的应用和普及，使信息的传输渠道变得更为多元化，全媒体时代已经来临。”传媒环境的变化正逐渐引起图书馆界的认真思考和深入探索，如何创新未来的信息服务，打造全媒体服务体系，是近年来图书馆同人十分关注并积极探索的问题。

国家图书馆对全媒体的研究起步较早，并对全媒体服务的未来发展战略进行了框架性设计。2010年2月“全媒体服务”写进了国家图书馆“十二五”规划中，确定将着力构建多网络、多终端、全媒体的数字图书馆服务体系。同时为加强全媒体文献资源建设，制定实施了《国家图书馆全媒体编目规范》。2010年10月，国家图书馆馆长周和平先生在武汉大学作学术报告时提出：加快建设覆盖全国的全媒体数字图书馆网络体系，是我国数字图书馆建设的五点思考之一。2010年12月在“国家数字图书馆推广工程”启动仪式上，国家图书馆魏大威在报告中指出：“国家数字图书馆推广工程”

要建立覆盖全国、辐射全球的全媒体数字图书馆服务平台，在未来图书馆发展中，借助手机、数字电视、移动电视、社交网络等新兴媒体向用户提供个性化、多样化、全媒体化数字图书馆服务。

上海社科院信息研究所所长王世伟教授在《全媒体时代的公共图书馆服务及其对图情教育的启示》一文中，系统阐述了全媒体概念以及在中国公共图书馆的发展，分析了全媒体时代如何改变图书馆的管理和服务，通过案例归纳出图书馆全媒体服务的特点和趋势。文章明确指出：全媒体是一个相对的概念，明天的全媒体会在今天的基础上创新和发展；在全媒体时代，数字图书馆与物理图书馆、传统图书馆是融合发展、协同发展的统一关系。他认为当前图书馆正在逐渐形成全媒体化典藏、管理、服务的新流程和新业态，图书馆的服务也将体现出可选择、多途径、高效率、融合性、交互性、并行性、以人为本七大特点。

2011年5月由中国图书馆学会主办的“全媒体时代的图书馆建设与服务创新”论坛召开，专家学者聚首一堂共话全媒体服务，体现了图书馆对全媒体的研究正日趋佳境。国家图书馆魏大威在“全媒体时代图书馆的机遇与挑战”报告中指出：在新媒体与传统媒体融合过程中，出现了全媒体化趋势，图书馆的信息获取与传播已经开始逐步走向全媒体化；业务融合、内容融合、终端融合和网络融合是图书馆全媒体服务的趋势。中国科学院图书馆孙坦在“全媒体时代图书馆服务创新的误区与路径”报告中指出：图书馆创新应随着外部传媒环境的改变重构和再造图书馆的服务和产品，以迎接图书馆的全媒体时代。尽管目前学术界对全媒体时代图书馆发展尚未形成完全统一的认识，但对全媒体将影响图书馆服务形态这一发展趋势，是共识的和毋庸置疑的。

全媒体影响图书馆的多维分析。图书馆数字文献与传统文献的融合，既为新媒体服务夯实了基础，又为传统服务拓展了新的空间。我们应该将全媒体服务创新路径的出发点调整到“需求决定服务，服务决定资源”的新模式，通过用户的需求去设计图书馆的服务和资源，构建合理而完整的全媒体信息传播格局，达到自由传播信息的理想境界。全媒体对图书馆的影响是全方位的，可以归纳为六个方面，以此展开多维分析。1.传播形态融合化。全媒体传播体现的是全相位融合——传统信息、数字信息、网络信息的全面互动、全面互补、全面互融，可以说全媒体传播是信息覆盖面最全、技术手段最全、媒介载体最全、用户传播面最全的媒体形态。全媒体从多维的角度用多种表现手法传播，让用户调动所有感官全方位地进行感受和理解，使同样的服务内容，通过自然相互嵌入的良好、灵活地组合，产生 1+1>2 的增值效果。全媒体服务的“一站购齐”式便是优化组合的产物，用户进入图书馆的服务平台，所有问题都可一次性得到解决，其搜索功能使搜索结果更准确、更清晰，它可以同时用文字、图片、音频、视频的方式反映搜索结果，其终极目标是让任何人在任何地点和任何时候获得任何想要的信息。如国家图书馆近几年就融合多种传播形态为用户服务，用户利用阅读器可以读到国家图书馆所有的数字资源，通过手机在“掌上国图”可查询书目和阅读信息，通过电视屏幕可以预约和续借图书，并享受视频等数字内容；国家图书馆还在 appstore 上进行尝试，用户可以在 iPhone 和 iPad 上通过客户端体验国家图书馆的数字资源。2. 用户服务细分化。在全媒体环境中，传播形态整体表现为大而全，而针对用户个体则表现为超细分服务。图书馆的各种传播形态更加专业、细分，如印刷报纸分化成印刷报、手机报、数字报等；纸质图书分化成纸质书，电纸书、电视书等。媒体终端依赖不同的传输网络也呈现细分化趋势，信息内容可以通过各终端获取，或在几个终端间进行切换获取。对同一用户或同一信息的服务，可根据用户个性化需求及信息特征来取舍和调整。如在对某一课题信息展示时，用图文展示课题的描述性客观信息，用音频和视频展示课题的直观动态信息，用智能手机等移动终端在线观看课题的三维展示及参与互动性讨论等。图书馆全媒体传播模式将由传统的“点对面”变为“点对点”服务，即“为用户量身定做信息”，根据用户需求、兴趣偏好或知识结构来提供个性化的网页界面和信息。细分阅读或者说个性化阅读时代已经来临，图书馆不仅要整合更多的数字资源，还要深入探析用户需求，做深度挖掘，推送用户所需，做好细分服务。3. 阅读终端多元化。全媒体时代信息终端层出不穷，变幻莫测，图书馆要认清信息终端的发展脉络与走向，找准自己未来的杠杆支点，才能迈入创新服务的战略平台。今后移动终端将引领阅读的发展方向。例如，iPad 融合了报纸、电视、网络等多种媒介，可以看电子书、看电视和新闻点播，可用翻页形式看电子报纸；虽然人们对电子书是否替代纸质书有怀疑，但电子书的四代产品更替时间仅有两年；智能手机从UC浏览器推送海量信息开启的手机阅读，瞬间发展到如今Flipboard、ZAKER、苹果阅读等订阅式阅读，促使用户由被动式接受信息转向主动式发掘寻求信息。上海交大图书馆将电子信息资源融入教务系统，推出“智慧泛在课堂”网络平台，该平台拥有482门课程的1932套教学参考资料，学生可以通过电脑、智能手机、iPad、电子阅读器链接获得“电子书包”，其内有教学参考资料，还可检索专业知识内容和书籍，不受时间、空间的制约。有专家认为图书馆正逐渐从文献中心转型为学习中心，纸本书将来不会保存在图书馆，可能存放在远距离的库房，用户利用智能终端进行阅读即可，图书馆大量物理空间可以变成学习空间。4. 服务效果立体化。结合全媒体的即时性、大容量、互动性、多样化、个性化，以及手机、手持阅读器的便携性，全媒体图书馆融入其中共同营造全天候、全方位、立体化覆盖用户面的信息服务环境，为用户构建了多向，交互、立体、融聚的传播模式，构架起一座全媒体信息立交桥。其开放平台可一次性接入文字、图片、语音、视频、动画，让信息传播从单一媒体转为多媒体的联合立体式传播。全媒体文献信息具有海量特点，且品种繁多，如同一个巨大的信息超市，可谓“取之不尽，用之不竭”，通过运用文字处理、图像编辑、视频制作的操作最终呈现声音、画面、文字的一体性，再加上超级链接功能的应用，信息表达形式达到异常丰富立体传播的效果。南京大学图书馆在读书节通过互联网发布信息，还开设了博客、微博、手机网站等新的模式，利用不同媒体、不同终端的信息同步更新，适应了不同需求，取得了良好效果。5. 传播空间泛在化。基于泛在网络在全媒体信息平台中对信息的处理、存储、关联、派生等功能的部署，促使图书馆可实现全媒体服务扩张，将服务延伸到任何有用户的地方。全媒体可创建开放式信息挖掘、分析和服务体系，抽取有关信息或服务让用户来分享价值链，让不同网络、不同设备、不同服务在任何时间、任何地点、对于任何人都保持高度链接性。全媒体其意义在于突破物理图书馆与数字图书馆的樊篱，颠覆人们的传统认识，将图书馆实体和虚拟的服务嵌入用户科研与学习过程之中，模糊和淡化图书馆与用户之间的边界，创造图书馆服务与用户空间有机融合的平衡状态，为用户提供一种到身边、到桌面、随时随地的服务。6. 信息内容丰富化。在全媒体信息环境下，图书馆利用现代数字技术，按统一标准对文字、图片、声音、图像等各种文献信息进行数字化转换，并进行有序组织，将信息资源有机地组织起来，形成一个完整的知识网络。丰富的信息资源分布在不同的系统中，形态不同，组织方式各异，方便用户检索和使用。

国家数字图书馆到“十二五”末，基本形成全国数字图书馆网络体系的全覆盖，也许经过5年的建设，可无障碍地进入到国家数字图书馆，遍览馆藏和相关资料。国家数字图书馆资源保有量已达460TB，有电子图书、报纸资源库、精品图库、工具书库等13个数据库的数字资源。国家数字图书馆到“十二五”末，数字资源总量达到10000TB，相当于26亿册图书，或926万小时视频，电子图书可达到200万种，电子期刊达到12000种。上海图书馆在世博会后，不仅保存了国际展览局的纸质图书、杂志、报告、档案，还保存了大量的照片、实物、模型、证章、票券、广告、视频，并积极策划完整地保存网上世博会的所有知识信息，博客、推特也将成为收藏品。全媒体看起来是一种传播方式和传播形态的改变，但从深层次讲，更是一种传播理念的突破和传播机制的变革。在全媒体传媒形态影响下，图书馆正在逐渐形成全媒体信息资源的典藏、管理、服务的新流程和新业态。面对这一切，我们要有充分的思想准备。

20世纪90年代，社区活动在我国城市中兴起，社区居民需要图书馆为其服务的问题也被提上议事日程，至今图书馆社区服务工作仍然处于起步阶段，它所做的工作影响力也十分有限，但其重要性以及对于推动社区精神文明建设所展示的作用已经逐渐显露出来。中国城市的社区研究是一个崭新的课题，社区文化建设是这一研究课题的重要内容。在社区文化建设中图书馆建设是其不可或缺的重要组成部分。这一点已为许多社区工作者所认同并在社区建设中付诸实施。例如，南京鼓楼区领导在小区建设时，组成“知识工程”领导小组，率领有关部门就图书馆馆舍面积、购书经费、管理人员等问题逐一落实到位，傅厚岗小区、明华新村小区、铁路小区的图书馆面积均已达到了300平方米以上。事实证明，只要区和社区两级领导重视，将图书馆建设工作作为城市社区建设的一个重要组成部分来抓，社区图书馆就能取得较快的发展。

对于图书馆来说，做好为社会基数最大的农民和城市广大居民的服务工作，也就做好了为中国大多数人的服务工作，这有利于社会稳定，也有利于全民族文化素质的提高。9亿农民和城市广大居民要读书，奠定了21世纪中国乡镇图书馆和城市社区图书馆发展的基础。尽管实现基层图书馆网点普及每个乡村和社区还有一个很长的过程，但它提供了乡镇图书馆和城市社区图书馆发展的土壤，预示着乡镇图书馆和城市社区图书馆在未来具有巨大的发展潜能，在新世纪随着城乡经济的发展，必将迎来乡镇图书馆和城市社区图书馆蓬勃发展的春天。

第五节　图书馆未来发展的趋势

图书馆必须随着时代的发展而发展，否则，它的功能将不能适应新形势的需要。关于图书馆发展的未来趋势，国内外都有很多研究。从信息技术的发展、政策环境及其他人文因素等方面对我国图书馆的发展趋势进行预测与展望，笔者在长期研究图书馆的学术基础上，参考国内外一些图书馆学家的研究成果，结合中外图书馆的实地调研，总结归纳出图书馆未来发展的十大趋势。

一、图书馆服务泛在化

"泛在图书馆"是国外图书馆界提出的全新图书馆发展理念。从本质上讲，泛在图书馆在信息资源共享的"5A"理论（任何用户在任何时间、任何地点、任何图书馆可以获得任何信息资源）的基础上，提出泛在图书馆的"8A"理论，即任何服务主体的图书馆可在任何时间、任何地点向服务客体的任何用户提供任何时期、任何类型、任何格式和任何语种的信息资源的图书馆。泛在图书馆体现为图书馆服务的泛在化、无所不在，其显著特征是：用户在哪里，图书馆的服务就在哪里，用户无论在何时何地都可以获得图书馆的服务，甚至用户可能还没有意识到却已经利用了图书馆的资源或者得到了图书馆馆员的帮助。

比较典型的案例，如中国科学院文献情报中心实行的"资源到所，服务到人"的服务模式，通过公共集成服务平台，将数字化文献资源和网络化信息服务推送到科研现场，使科研人员在实验室、办公室、野外场站和家里都能随时随地获取所需的信息；另外，图书馆开展面向一线创新基地、研究所、办公室、课题组和个人的学科化服务，努力“融入一线，嵌入过程”，致力于提升科技自主创新的文献保障能力和学科情报服务能力，成为图书馆泛在服务的典范。

图书馆工作网络化。图书馆工作网络化是指图书馆所有资源都可以通过网络来提供，图书馆所有服务都可以通过网络来获取，网络环境是全天候的，因此图书馆的服务也是永不间断的。简言之，未来图书馆的资源和服务，一切都可以在网上。

图书馆“一切都可以在网上”至少有两方面的含义：

(1) 图书馆之间实现深度整合，共建共享真正成为现实。未来的图书馆不论大馆小馆，在云环境下连为一体，各自分工，开展资源建设和服务，每个图书馆都是你中有我，我中有你，谁也离不开谁。

(2) 图书馆有了参与数字出版的条件，创新了信息资源生产流通上下游的新业态。网络环境下，图书馆不再只是信息资源生命周期中处于下游即提供信息资源服务的机构，随着网络化开放存取实践的进展，图书馆将会成为重要的信息资源数字出版机构。

图书馆资源数据化随着数字技术的发展，所有的资源都可以有数字化版本，所有资源也都是某种格式的“数据”，可由图书馆系统进行统一管理；数据管理不仅管理数据的组织、检索和提供，而且包括数据的生命周期完整过程。资源的多元化，不仅表现为数字资源的种类和格式繁多，而且表现为“数据化”和“关联数据化”，即结构化和语义化。文献资源数字化的意义。一般来说，文献的数字化，既可以很好地保存传统文献，又能使被数字化的文献成为其他馆的虚拟馆藏和整个信息网络中的共享资源；既可以丰富虚拟图书馆的信息资源，又能促进整个社会对信息资源的开发和利用。具体来说，它的意义对馆藏文献起到保护作用。馆藏文献数字化可以降低原件丢失和损坏的风险。古老的文献、照片都可以转换成数字化文献，读者不使用原件，既能避免或减少原件损坏和丢失的概率，也能扩大原始文献的利用范围。此外，馆藏文献数字化可以对已经受损的原始文献起到一定的修复和补偿作用，解决纸张老化或变质文献的保护问题。文献数字化可以提高图书馆的科学管理水平，为读者和用户提供更好的信息服务。第一，数字化文献可以支持传统图书馆的多种要求，为开展特色服务创造条件；第二，图书馆既能用较低的费用和风险对馆藏文献进行复制，也可以更有效地开展馆际互借等活动；第三，馆藏文献数字化后，可以节省图书馆的存储空间，也有利于书刊的科学化管理和维护。馆藏文献数字化，可以刻录成光碟自用或商业发行，或制成网络版放在服务器上供远程检索服务。通过电子商务系统，产生出具有经济效益和社会影响的信息产品，便于在线有偿服务与订购，从而扩大图书馆的社会影响。

图书馆文献信息资源建设。为了适应图书馆新的发展模式，图书馆应加强数字化文献资源的建设，除了购买电子出版物和光盘数据库外，还应有计划地将传统图书馆的有特色的文献转化为数字化文献。选订电子出版物时应协调订购，避免重复引进。对于利用率不高的外刊，可采用购买联机检索服务的方法。为了让订购的电子出版物充分发挥作用，要广泛宣传馆藏电子出版物的收录范围，专业覆盖面及检索方法，引导读者利用电子出版物查阅所需资料。华侨大学图书馆已建成了多媒体阅览室，将计算机、数字化等高技术结合起来，读者不仅可以阅读电子出版物，而且可以上网查询国内外大学图书馆的各种信息，检索电子期刊和联机数据库。国家很重视书目数据库和文献数据库的建设，加强了对数据库建设的宏观管理。各图书馆在数据库建设中必须树立全局观念，按国家标准办事，文献的加工整理应规范化、标准化，并充分考虑馆藏特色，突出优势，充分考虑科研、教学和市场的需要，建立有自身特色的数据库。

图书馆面临服务信息化，馆藏多媒体化，信息资源共享网络化的转变，必将推动图书馆管理自动化和科学化。随着文献载体收藏的多样化，更加要求管理手段计算机化。采购、编目、检索、流通以及图书馆各种业务工作都要加强计算机管理，才能高效率地发挥图书馆的作用，减轻图书馆工作人员的劳动，方便读者，提高图书馆的社会服务功能。图书馆现代化管理除了装备计算机等先进设备外，还要拥有先进的管理思想，高效的管理组织，科学的管理方法。思想创新是宏观的，方法创新是微观的；思想创新能用新观念作指导，方法创新能有力保证创新思想的实现和进一步丰富，两者相互作用，推动图书馆管理的科学化、现代化。

随着图书馆成为更大数据网络的组成部分，图书馆资源建设要从捕捉和记录馆藏资源的描述性细节转变到识别和建立更多资源的关联和联系上来，让发现资源之间的关系重要于发现资源本身，解决资源孤岛的问题。现在，图书馆有很多资源可以数据化，包括文献资源、书目资源、规范资源、元数据资源等都可以利用关联数据技术发布为任意开放互联的关联数据，即将图书馆数据关联数据化。如书目资源，现在一本图书，在馆藏记录中就是一条记录，如果我们把这本书揭示到章，那就相当于增加了101；如果细化到节，可能相当于102；如果再细化到知识元，就有可能是103或104。我们图书馆有的是MARC记录，我们可以把它变成XML格式，将字段析出为实体，进一步赋予语义，再变成一种新的格式，将其数据化发布到网上，这就是一条路径。总之，图书馆信息资源建设中，图书馆数据的关联数据化将成为一种趋势。

图书馆功能智慧化。随着移动终端和设备的普及，以及各类信息感知技术、增强现实和大数据分析的采用，图书馆服务的智能化水平将大幅提高。“智慧图书馆”的核心要素是“书书相连”“书人相连”“人人相连”。任何时间、任何地点、任何方式可用。智能图书馆与传统图书馆的根本性区别就在于它的个性化服务和智能交互能力。传统的图书馆服务是被动的，机械的，以单项信息交流为主，智能图书馆更像是一个充满智慧的有应答的朋友，而不是简单的应答服务。

上海图书馆推出的最新版手机APP，当读者经过阅览室时，阅览室会主动与读者打招呼，APP将会弹出提示，在地图上显示所在楼层和所处的阅览室位置。对于普通外借室的图书，在手机上能够快速定位所在的书架位置。参考外借的图书，则通过APP添加到索书列表并提交索书请求。借书时，使用上图APP只要通过身份认证即可在手机中生成一张二维码读者证。将来，读者门禁、自助设备都将支持二维码读者证的方式进行认证。

图书馆阅读移动化。全民阅读近年来受到政府与社会的广泛关注。图书馆在这方面怎样才能有更大作为呢？我们看到的一个趋势，除了图书馆内的阅读活动外，移动阅读成为了未来图书馆阅读的主要形式。

当前人们信息获取和阅读方式呈现出多渠道、移动化、社交化的特点，数字阅读正在逐渐融入大众生活，满足了任何用户在任何时间、任何地点以任何方式获取任何内容的阅读需求。数字阅读日益普及，从最初的在线阅读、电子阅读器阅读，到如今以手机、平板电脑等移动终端为载体的移动阅读。为此，许多图书馆都在移动阅读方面加大了投入。如上海图书馆，将打造市民数字阅读的整合服务平台作为近年来工作的着力点。目前，“市民数字阅读平台”提供中文电子图书近40万种、网络文学万余种、中文期刊3000种，中文报纸近千种，实现了支持智能手机、平板电脑、电子书阅读器等多种载体的移动阅读。

图书馆空间创意化。传统图书馆资源、空间和服务是三位一体的，而剥离了资源之后，图书馆空间对于证明图书馆的价值，就变得尤为重要。由于近年来数字信息和网络化的出现，使许多图书馆都面临到馆读者减少的困境。如何将读者吸引到图书馆，如何发挥图书馆作为空间的作用，是未来一段时间人们必须考虑的问题。国内外许多图书馆都在图书馆空间再造方面进行了很好的实践，从最初的信息共享空间（IC）扩展为学习共享空间（LC）、研究共享空间（RC），现在又扩展为创客空间，使图书馆的空间再造运动从很多方面重新定义了图书馆。上海交大图书馆陈进馆长提出，将信息共享空间（Information Commons）与创新社区（Innovation Commons）两个IC以乘法关系结合起来，强化学术创新支持与文化素养拓展，并形成平方级的（图书馆）服务效能提升。他认为图书馆应成为活跃的学术交流中心、炫动的知识加工中心、蕴聚的文化传承中心。

图书馆用户自主化以用户为中心是图书馆生存与发展的基础，也是未来图书馆发展的核心战略。

作为服务性机构，图书馆必须将用户及其服务作为一切工作的出发点和归宿。在竞争的环境下，如果图书馆不能充分体现以用户为中心的理念，失去的不仅是图书馆赖以存在的用户，而且还有图书馆自身。

过去，图书馆的资源和服务由图书馆说了算，图书馆有什么资源，读者才可以利用什么资源。随着图书馆读者权利意识的提升和图书馆办馆观念的转变，图书馆用户的主体意识得到了尊重和发挥。近年来开始出现的读者决策采购（PDA）就是很好的实践。更进一步的尝试最近发生在内蒙古图书馆，该馆开展的“我阅读，你买单，我的图书馆，我做主”的活动，让读者真正成为了图书馆的主人。

图书馆工作规范化。规范化、标准化是各个行业获得健康发展的一项重要保证。2008年10月，由国家标准化管理委员会批准，成立了图书馆行业专门的标准化组织——全国图书馆标准化技术委员会（简称“图标委”），负责“图书馆管理、服务，图书馆古籍善本的定级、维修、保护，图书馆环境等领域标准化工作”。

除了制定和执行各种图书馆标准以外，制定图书馆工作规范也是未来图书馆的一个趋势。现在，无论是高校图书馆还是科学专业图书馆，新的资源加工规范和流程规范都已经逐步生成，高校系统的CALIS，科研系统的NSTL，以及其他一些图书馆联盟也都在投入力量研制相关的标准化和规范，已经可以看到，我国图书馆标准化、规范化的趋势势不可当。

图书馆馆藏仓储化。随着数字技术的普及，图书馆纸本图书的利用率大为降低，对这些纸本图书的传统上架存取方式已成为图书馆管理中颇不经济的选择。但像某些激进的图书馆那样，放弃已经电子化的纸本图书，则不仅是对那些纸本图书忠实读者的粗暴拒绝，而且从根本上违背了图书馆保存与传承人类文化的宗旨。一所拥有百年历史的大学图书馆要想使自己成为充满未来气息的图书馆，就一定要在这个数字技术和新媒介日新月异的时代，既争当阅读文化新生面的促进派，又具有兼容和传承纸本阅读文化遗产的高度历史责任感。

美国北卡州立大学亨特图书馆现有纸本图书150万册，按照图书馆纸本图书的传统排架，这座总建筑面积20531平方米的图书馆，仅够勉强容纳这些纸本图书的上架存放而已。但机器人所亨特图书馆采用了纸本图书的自动化仓储系统（Automated Storage and Retrieval System，ASRS）之后，只用该馆空间的九分之一，就能存储200万册纸本图书，既有效节省了储存空间，又方便用户存取。

图书馆事业社会化随着国家公共文化服务体系的建设，图书馆的多样性得到了充分体现，满足各类读者千差万别的需求。国家图书馆、上海图书馆、广州图书馆等大型图书馆，继续像巨无霸一样包罗万象，成为国家或城市文化的象征；而大量的社区图书馆更是星罗棋布，承担着城市和乡村图书馆服务体系末梢的功能，也许这些小型图书馆只是街边的一个凉亭，只是一个咖啡馆，只是超市商店的一个角落。但所有图书馆背后都可以有行业的联合，大馆牵小馆，各司其职，服务社会。

城市或区域的信息资源及服务中心的建设将得到进一步加强。因为未来图书馆能够生存的根本原因是其有自己特有的资源，而不是因为其有单纯的资源联络节点。因为远程服务和互联网技术已经十分发达，信息资源服务商完全没有必要通过图书馆这个中间环节来为用户提供信息服务，信息资源服务商直接面向最终用户的服务模式将出现。这必然使得图书馆的存在价值受到挑战。而唯一具备竞争力的就是地区或地域的特色资源建设，这是图书馆独有的，相对成本最低的一种资源。因此，城市或区域的特色资源建设就成为图书馆生存发展的原动力。特色资源的采集、加工、整理工作将越来越受重视。与之相反，外部资源联络节点的功能将逐步削弱。

现代化图书馆的建设、创新和发展现代信息技术的发展，对图书馆是一个新的发展机遇，同时也是一个严峻的挑战。以人为本，创新服务已成为新世纪图书馆发展的主旋律。因为，服务是图书馆最基本的职能，服务是图书馆存在的理由。而提高服务水平的关键，又在于完善服务管理，更新服务观念，创新服务模式。图书馆进行服务创新，必须从人——馆员入手，解决好馆员的认识、素质、态度，只有这样，才能为服务创新创造一个优良的环境，为图书馆开展情报服务打下良好的基础。

1. 服务创新的必要性

社会网络化的日益普及，使人们的日常生活、工作方式等正在发生变化。任何人只要拥有一台电脑，连通网络，就可以获取各种各样的信息，真正做到了“秀才不出门，便知天下事”。这种获取信息的方式，既简便又省时，这是图书馆所不及的。同时，围绕计算机信息网络技术的进步，服务于各种不同社会信息需求的信息机构也应运而生，同样呈现急速发展的趋势。一句话，当今社会获得信息的渠道是多种多样的。以上情况充分说明，图书馆面临着严峻的挑战，或者说面临着多方面的威胁。因此，图书馆人员要有忧患意识和危机感，强化竞争意识。

更新观念，树立创新意识，并不是要求每个图书馆人员都刻意标新立异，另搞一套，而是以提高服务质量为标准的更新和创新。通过更新观念，使图书馆人员主动为社会、为读者提供信息服务，在广阔的信息服务中走出自己的新路子。这是实施服务创新的“源头活水”。信息化时代，知识更新速度加快，为用户提供的信息内容只有具备了“快”“新”“精”“细”的要求时，才能称得上真正意义的服务创新。因此，图书馆必须深化信息服务内容，充分挖掘馆藏实体资源和虚拟网络资源的内在价值。这是图书馆服务创新的实质内容。传统和现代互为促进，满足不同层次的读者需求。

2. 服务创新的理念

服务理念直接制约着图书馆的职能定位和服务标准，因此图书馆服务创新应从理念创新开始。

(1) 树立“以人为本”的办馆理念。传统的图书馆服务理念主要体现在“以书为本”，图书馆的业务活动围绕着书而展开，从采集到编目，从典藏到借阅，工作重心在“藏”上。现代图书馆的服务理念已经发生了质的变化，主要是“以人为本”，图书馆业务流程的每一个环节都围绕着人而展开，它主要反映在两个方面：以读者为本和以馆员为本，二者缺一不可。

“以人为本”应当贯穿图书馆服务的全过程，其核心是“读者第一”，其终极目的是读者的需要，其实现的过程是尽最大可能地方便读者。尊重、平等地对待每一位读者，不因其经济、身份、个性、成绩的差异、身体的差异、感情的亲疏而厚此薄彼、区别对待。因为“人人生而自由，在尊严和权利上一律平等”，特别是对某些身心不健康者，绝不能表现出轻视和反感的态度。相反，更应该提供周到、细致的服务，让其感到受尊重和被重视。

(2) 图书馆员角色的重新定位。多年来，不少图书馆热心于为读者找书、藏书的传统模式资源管理，图书馆充当的是把东西管好的“看摊儿”工作，藏书数量和现代化设备的多少往往作为考核图书馆业绩的一个重要标志，而相对的工作量考核得不到体现，图书馆管理人员队伍存在着很多问题，专业结构不合理、学历层次不平衡等。图书馆员应由“守门人”“中介人”，变为“知识领航员”。信息时代需要高素质的图书馆员，需要他们成为信息资源与用户之间的桥梁与纽带，成为高知识含量信息产品的设计者、操作者，成为捕捉信息资源方法的传授者。

(3) 增强“一切为了读者”的服务观念。网络环境下，图书馆的资源构成发生了明显的变化，用户概念也延伸为读者，网络用户和社会大众等共同构成的“大读者”群体。如何发挥馆员的主观能动性，馆员的知识结构，提供服务的能力，服务的意识都显得越来越重要。要做到以读者为中心，一切为了读者。具体来讲，在服务方式上应采取现实服务与虚拟服务相结合；提供信息与培养能力相结合。针对用户需求进行调查分析，明确服务方向和目标，彻底改变封闭被动的服务观念，对读者的个性化需求开展有针对性的主动和深层次的知识信息服务。在设施和环境的设置上，也要变方便馆员为方便读者。

(4) 建立打造服务品牌的意识。这些年来，国内图书馆界主要以“硬件”建设为主，思维模式还处在“有设备就有服务”的阶段，一味地追求铺摊子，而把“软件”建设放到了从属地位。对于服务就是产品，品牌就是生命这一被商界广泛推崇的思想认识不足，缺乏前瞻性和创新性。在知识经济时代，馆藏资源，用户资源，馆舍与设备资源固然重要，而把服务看作产品随时适应用户需求的变化而更新，并使其具有生命力则显得更为重要。

3. 服务创新的策略

加强图书馆建设，充分发挥图书馆的社会职能，直接关系到和谐社会的构建。

服务是图书馆的天职。面对激烈变化和竞争的市场环境，图书馆要在构建社会主义和谐社会的伟大实践中有所作为，在实现信息公平、推动社会进步、促进人的全面发展中充分发挥作用，就必须加快自身发展的步伐。在服务理念、服务内容、服务方式上积极探索图书馆服务创新的新思路，实现图书馆发展的新跨越。

(1) 拓宽服务领域。变馆藏资源为网上资源。图书馆作为一种社会基本设施和服务于广大公众的社会文化机构，积累了大量并且丰富的图书资料，这些资料的系统性、完整性是其他机构无法比拟的。图书馆工作人员要勇于创新，建立自己的数据库，让这些丰富的资料成为网上资源，使之转换成新的知识产品，为广大读者服务。加强资源交流，资源共享。图书馆人要充分利用馆藏文献，开展信息资源交流，通过网络把开发出的信息产品介绍给广大读者，使它得到有效的利用，真正实现馆藏资源共享。

(2) 转变服务方式。随着图书馆馆藏文献载体的变化和现代应用技术在读者中的普及，以及读者对图书馆需求的不断提高，图书馆单一、被动、静态的服务方式已越来越难以满足读者多样化的信息需求。现实要求图书馆工作人员要转向新的服务方式，专业化的概念非常浅显，因为是依文献类型来设置部门的，各部门工作人员只熟悉自己部门的文献类型，服务的专业化也仅停留在专业的单一文献类型上。读者要得到某一学科或某一专业的信息资料，需要跑几个部门，如借阅书籍要到流通库、阅览室，查阅期刊要到期刊库，浏览光盘要到电子阅览室等，非常麻烦。而专业化服务方式就是打破部门界限，设置若干以学科为核心的平行组织，减少管理环节，读者只需点击接触某专业窗口，便能得到与其专业相关的书籍、期刊、报纸，或网络、光盘等电子媒体资讯，省却了读者在各个部门来回奔波的麻烦，较好地满足读者的需求。由此可见，搞好专业化服务是转变服务方式的一个重要方面，是一种省时、简便、高效的服务方式。

进入21世纪，随着计算机技术、通信技术和多媒体技术的发展，尤其是网络技术为核心的现代信息技术的不断进步和在图书馆广泛地运用，使图书馆的“馆藏”结构发生根本性的变化，改变了文献的载体形式和传递方式。一方面，图书馆应努力改变原有的服务方式；另一方面，充分利用新技术，开展新的服务项目，拓展服务范围，如预约服务、跟踪服务、电话咨询服务、远程服务等。

(3) 引进和培养复合型人才。信息时代图书馆的服务过程中知识和技术含量加大，对专业人才提出了较高的要求，要求图书馆员既要有扎实的传统图书馆学知识，又要具备计算机技术、网络技术、通信技术知识，还要通晓知识产权保护和网络安全维护知识，也就是要成为复合型的人才。此外，图书馆还需要中文、外语及各种学科的专业人才。因而，图书馆一方面要逐步加大这些人才的引进力度，另一方面要对现有工作人员进行培训，也可由内部专业人才对员工进行专业知识培训。

新时期的图书馆员应充满智慧与激情，自信自强，善于学习、善于交流，能够发光发热、温暖人心，这是图书馆事业兴旺发达的基础，也是图书馆进行服务创新的基本前提。不仅要求馆员具备相应的基本素养，更应具备相应的责任意识。

当前，图书馆正在由提供信息服务向提供知识服务转变，而知识服务是建立在图书馆服务功能和专门知识基础上的一种价值取向，是一种面向知识内容和解决方案的知识创新和增值的服务，它以用户为中心，以灵活的服务模式充分利用和调动知识工作者的智慧对问题进行分析、诊断和解决为标志，就要求馆员必须具备相应的素养才能实现。知识馆员的素养具体体现在扎实的业务能力、娴熟的现代技术水平、复合的知识结构。

4. 服务创新一诺千金

一诺千金是一种作风，它的内涵涉及对社会和公众的态度。图书馆在开展服务时，更应该一诺千金，言必行，行必果。一味夸大图书馆服务功能和能力的直接恶果，就是用户对图书馆的不信任。在用户对图书馆服务持怀疑态度的氛围中进行服务创新，犹如建空中楼阁。同时，我们应该意识到，一个行业从业人员的社会定位，往往在很大程度上取决于社会的认同，而不取决于自己如何标榜。所以对所谓的“知识传播者”“知识管理者”“信息导航员”这些颇具鲜亮色彩的称谓的使用，需要慎重，需要进行强调，不能滞于口号，必需走向现实。

因此，在图书馆的宣传材料和网站建设中，对各项功能的宣传报导，应该实事求是，做不到的就不要承诺，承诺的就一定要做到。同时，图书馆要让服务承诺形成一种制度，明确服务内容，制定相应的服务要求和标准，完善服务的监督、处罚体制。

5. 服务创新莫忘细节作

为服务性、学术性机构，图书馆一直都在提倡服务，但图书馆的服务始终没能得到广大用户的认可。据笔者调查发现，各个图书馆的论坛里就有不少反映信息服务不力的帖子、反映图书馆员服务热情不够的帖子、反映信息服务不周的帖子。其实，提高用户的满意度和工作效率，从细节处入手，处处为用户着想，方便用户，也不失为一种符合实际、富有成效的创新。细节出口碑，细节出效益，图书馆信息服务各方面的提高和服务创新的实现，需要点点滴滴的细节做支撑。

同时，关于图书馆的创新性建设也在朝着数字化方向发展，而数字化对“馆藏”的发展与维护尤为重要。我们通过对数字图书馆“馆藏”发展与维护的研究，分析了传统图书馆和数字图书馆“馆藏”发展的现状，查找了影响“馆藏”发展的主要因素，提出了“馆藏”维护的主要内容和基本要求，为数字图书馆的“馆藏”发展和维护提供了借鉴依据。

目前我国各类图书馆虽然都在积极推广电子资源的利用，重视馆藏资源建设，但对“馆藏”发展观念和相关的政策支持似乎有些欠缺，以发展的眼光看待图书馆的馆藏不仅要重视馆藏资源的采购，更要关注读者的潜在需求，维护好“馆藏”，更好地为读者做好信息服务。

6.“馆藏”的发展

(1) 传统图书馆的“馆藏”发展。“馆藏发展”是一个相当广泛的概念，可是眼下国内文献中使用并不多，一般以“藏书建设”来代替，并且认为藏书建设是指符合图书馆任务与读者需求，系统的建立、发展、规划、组织藏书体系的全过程。其活动内容包括藏书基础模式的确立、藏书体系规划、藏书补充、藏书组织管理等。这些虽然涉及馆藏发展活动的大部分内容，但仍然显得过于狭窄。

自20世纪70年代，美国就开始关注与图书馆藏书有关的各项活动的相互关系，特别是在70年代末美国就出版了以“馆藏发展”为题的图书和论文集。这一方面反映图书馆员工接受了人们将目光从个别的新资料转向现代的馆藏全体的变化；另一方面也反映图书馆员工强烈地意识到图书的馆藏不仅是指图书，而是指任何形式的记录资料。美国曾有图书馆学家认为：“馆藏发展”是指弄清图书馆所服务的人员的情报需求，制定规划收集文献，克服藏书中的薄弱环节，保持藏书的活动，以保证用户使用信息资源的过程。

有人也认为，馆藏发展将从根据读者的潜在需求收藏资料转变为根据读者的当前需求来提供信息。由于馆藏发展的目标和重点转移到尽可能地满足读者的信息需求，而不是努力建立一个不断发展壮大的馆藏。所以，馆藏发展不在偏重采购，而是要求馆员学会鉴别和检索用户所需信息。应当指出，在向数字图书馆转变过渡的阶段，不可过早选择抛弃选书这个环节，但这一实事将被逐步接受，也是馆藏发展目标的重新定位，更重要的将会是整个图书馆在信息时代社会角色的再定位。

(2) 数字图书馆的“馆藏”发展。数字图书馆也叫“电子图书馆”，相对传统图书馆而言，它管理和珍藏的不是纸质的图书，而是数字化的“电子图书”，所以数字图书馆是存储和管理大量数字图书，并为人们提供网络检索和阅读服务的计算机网络系统。数字图书馆是“虚拟图书馆”，不需要规模庞大的建筑群和一排排的书架，只需几台服务器和网络即可。

数字图书馆的馆藏发展目标与传统图书馆并无不同，但由于数字化信息资源的特征、网络存取与读者使用数字化信息资源的习惯与传统文献有所不同，所以数字图书馆必须重新审视“馆藏”发展目标。传统的馆藏发展政策是最高的指导原则，它必须适应各种载体，包括数字化信息资源。对于数字信息化资源要建立一套收集各种资源的理论，满足读者的信息需求，提供有序的存取方法，并将其进行整合，确保数字化信息资源有其足够的优点被选择。数字化信息资源的收集要掌握好科学上的平衡、信息形式的平衡、指导工具与研究工具的平衡、读者不同需求的平衡。要及时做好信息资源的增值服务，要做到及时获取广泛的信息，信息之间能相互连接，达到无时间、空间的障碍，能便利、及时、快速存取，做到资源共享，便于存档、更新、保存。

(3) 影响“馆藏”发展的主要因素。数字图书馆馆藏的发展对于我们来说还是一个比较新鲜的事物，对于数字化信息资源的馆藏发展，我们应根据数字图书馆的性质任务，发现、识别、评价、选择数字化信息资源，并将其融入到数字图书馆的整体馆藏与服务当中，为了建立一个科学、合理、适用的数字化信息馆藏体系，在建立数字图书馆的馆藏发展中应考虑以下影响因素。一是用户的需求性和资源的权威性。目前大多数图书馆在推进馆藏建设时缺乏适当的馆藏发展政策，似乎也未能站在读者的角度来规划数字化信息资源的收藏和利用，有的图书馆虽然购置大量的数字化信息资源，但不是所有的信息资源都受到读者的喜爱。因此图书馆在建立数字化信息资源的馆藏发展政策时，应当首先考虑用户的需求。数字化信息资源的权威性主要应考虑信息机构的稳定性与可信赖程度、著者、出版者和权威性文章的审查方式等必须要全面考虑。

总的来说，未来图书馆的竞争是管理与服务的竞争，而这些竞争归根结底是图书馆间员工总体素质和技能的竞争。如何加大图书馆创新力度，追求读者满意理念，是值得我们不断深入探讨的问题。

图书馆未来发展的十大趋势是未来图书馆发展的主要目标，总体来说，图书馆的未来发展随着科技的发展不断进步，其核心是将图书馆打造得更为人性化，图书馆服务是发展重中之重。如何将图书馆打造成一个“以人为本”的、富有浓厚人情味的、高素质服务的图书馆，是未来图书馆竞争的关键。